"村级债务问题研究"基金资助项目（编号：32519111006）成果

外资进入后的银行业控制权与金融安全研究

Research on Banking Control and Financial Security after the Entry of Foreign Capital

刘家松　著

WUHAN UNIVERSITY PRESS
武汉大学出版社

图书在版编目(CIP)数据

外资进入后的银行业控制权与金融安全研究/刘家松著 .—武汉：武汉大学出版社,2022.11
ISBN 978-7-307-23431-4

Ⅰ.外…　Ⅱ.刘…　Ⅲ.①银行业—控制权—研究—中国　②银行—安全管理—研究—中国　Ⅳ.F832.2

中国版本图书馆 CIP 数据核字(2022)第 211749 号

责任编辑:范绪泉　　责任校对:汪欣怡　　版式设计:马　佳

出版发行:**武汉大学出版社**　(430072　武昌　珞珈山)
(电子邮箱:cbs22@ whu.edu.cn 网址:www.wdp.com.cn)
印刷:武汉邮科印务有限公司
开本:720×1000　1/16　印张:15.5　字数:248 千字　插页:1
版次:2022 年 11 月第 1 版　2022 年 11 月第 1 次印刷
ISBN 978-7-307-23431-4　定价:58.00 元

前　言

外资金融机构大规模进入中国银行业，短期内确实达到了“双赢”的效果：中资银行可全面提升管理技术和风险控制水平，健全法人治理机构；外资机构可分享中国经济快速增长的成果。然而，由于外资金融机构与中资银行的目标函数并不完全一致，长期来看，外资金融机构极有可能通过对中国银行业控制权的渐进渗透，严重威胁中国的金融安全。鉴于此，本书在厘清银行业控制权与金融安全基本理论的基础上，系统梳理了外资进入中国银行业的演变历程，并首次从绝对控制权与实质控制权的视角，探讨了外资机构争夺中资银行控制权的方式、路径及带来的金融安全隐患。借鉴国外经验，本书建议：在总量控制的前提下，应根据银行类别实行“抓大放小”的顶层政策设计，以确保中国银行业的控制权和金融安全。本书主要内容包括九章：

第一章是关于控制权与金融安全的基本理论研究。控制权按照具体权力分为物质资产控制权和剩余控制权，按照是否实质拥有分为形式控制权和实际控制权，按照是否终极控制分为核心控制权与一般控制权；金融行业的控制权包括货币主权、金融机构控制权、金融市场定价权和金融独立决策权等方面，金融行业的控制权与金融安全密切相关。本章的目的是为后续研究奠定一个基本的理论分析框架。

第二章是关于外资进入中国银行业的历程演变研究。外资进入中国银行业的历程可分为五个阶段：起步阶段（1979 年至 1993 年）、扩张阶段（1994 年至 1997 年）、收缩阶段（1998 年至 2001 年）、恢复阶段（2002 年至 2006 年）及全面发展阶段（2007 年至今）。

第三章是关于外资进入带来的中国银行控制权问题研究。本章在分析中国银行业引入外资的目的与风险以及外资参股后获取中资银行控制权的途径的基础上，以6大国有商业银行、12大股份制商业银行和城市商业银行为例，系统探讨了外资参股对中国银行业控制权的实际影响。

第四章是关于外资进入中国银行业带来的金融安全问题研究。外资进入带来的金融安全隐患包括：传导国际金融风险，推行金融霸权，危及中国信息安全，造成利益冲突与关联交易，挑战中国银行业监管能力，损害存款人利益，恶化中资银行竞争环境，侵蚀中资银行控制权，控制中资银行管理权。

第五章是关于国外银行业维护控制权和金融安全的经验研究。本章从新兴市场国家与主要发达国家两个层面，探讨了国外银行业对外开放后确保银行业控制权与金融安全的经验与教训。新兴市场国家的经验是：对外开放必须与其银行业的发展水平相适应；必须控制外资金融机构参股本国银行业的进程和程度，以确保本国的金融主权。主要发达国家的经验是：金融体制演变的决定因素是实体经济的发展需要，当实体经济发生重大变化时，金融体制也必须进行相应调整；金融对外开放的过程中一定要防控金融风险；坚持“走出去”和“引进来”对等原则；利用外资补足金融业“短板”，但是要防范外资股东损害存款人利益。

第六章是关于确保中国银行业控制权与金融安全的建议研究。本章从原则导向和具体措施两个方面，提出了确保中国银行业控制权与金融安全的建议。确保中国银行业控制权与金融安全的原则导向包括：坚持独立自主，防范系统性风险，完善金融监管机制，提高中资银行竞争力，推进利率和汇率市场化改革。确保中国银行业控制权与金融安全的具体政策措施包括：完善保护银行业控制权的相关法律法规，加强中资银行股权结构及外资引入的审查，建立大数据时代下金融安全协同治理体系，确保6大商业银行的绝对控股地位，确保大多数中小商业银行的控制权和建立存款保险制度。

第七章是关于外资参股、股权结构与中资银行风险承担的实证研究。结果表明：外资参股与否、外资持股比例均与银行风险承担负相关，股权集中度与银行风险承担正相关，股权制衡度与银行风险承担负相关，外资参股强化了股权制衡度对银行风险承担的抑制作用。本章将为制定合适的外资参股政策以降低中资银行的风险承担提供理论依据和经验支持。

第八章是关于外资参股、董事会特征与商业银行经营绩效的实证研究。结果发现：(1) 董事会规模、非执行董事占比、董事会会议频率、专业委员会数目均与经营绩效之间存在显著正相关关系；(2) 董事会中外资董事占比的增加、董事会规模、董事会会议频率、专业委员会数目与经营绩效之间的正相关关系均会显著减弱，然而非执行董事占比与经营绩效之间的正相关关系则会显著增强。据此，本章建议：(1) 应鼓励外资参与董事会治理，适当扩大董事会规模；向外资股东提供适量的非执行董事席位；适度增加董事会会议频率；积极完善专业委员会体系。(2) 控制董事会中外资董事占比的不合理增加，确保外资董事与独立董事之间的实质性独立。

第九章是关于外资参股、股权结构与商业银行经营绩效的实证研究。结果表明：是否境外引资与银行绩效负相关，外资持股比例及持股时间与银行绩效均呈倒 U 形关系。以此结论为量化分类标准，本章首次将外资股东区分为战略投资者与财务投机者，进一步分组检验了商业银行境外引资后的股权结构特征与银行绩效的关系，结果发现，战略投资者在帮助商业银行完善股权结构、优化公司治理方面的作用明显大于财务投机者。本章的研究成果将为商业银行防止外资股东从名义上的战略投资者蜕变为实质上的财务投机者提供理论依据和经验支持。

目　　录

第一章　控制权与金融安全的基本理论

本章主要研究控制权与金融安全的基本理论问题，目的是为后续研究奠定一个严谨的理论逻辑分析框架。

第一节　控制权的基本理论

一、基本含义

企业控制权的形成与社会经济的发展密不可分，因此控制权的发展来源也与企业自身产权制度的演变息息相关。随着时间的推移和世界经济全球化的进程不断加快，当代企业控制权的发展也正在经历从相对集中到相对分散的演变过程。

在封建社会发展末期和资本主义萌芽初期，由于商品经济的发展刚刚起步，企业控制权主要集中在资本家手中，由此催生了一种将所有者和经营者合二为一的产权结构——企业主制。随后，在企业规模逐步扩大以及商品经济进一步发展壮大的现实条件下，企业主制由于无法满足企业融资需求和管理需求而逐渐被淘汰，进而产生企业合伙制度。企业合伙制可以分为普通合伙和特殊合伙两种类型。普通合伙制度是指企业控制权掌握在所有合伙人手中，特殊合伙制则是把企业控制权放在少数合伙人手中，“有效的所有制，即对财产的有效控制，在法律上集中到一个小的管理团队手中”（Demsetz，2003）。同时，为了降低企业合伙制在管理层面的外溢性，通过将企业控制权与有限责任挂钩，以达到管理成本最小化从而利益最大化的目的，由此产生了股份制，也就是股权可以转让的有限责任制度。股份制不仅可以顺应企业规模逐步扩大的趋势，而且可以为股东提供用于避险和及时脱身的“紧急出口”。

从内涵上来讲，控制权可以作为企业组织内部成员、群体或者其他社会结构拥有的品质和属性，同时也可以作为指标来衡量组织内成员之间的互动关系。对此，诺贝尔经济学奖得主 Herbert A. Simon 认为，“通常情况下，只有当工人的可接受范围大于老板权力决定范围时，工人才愿意认可老板的权威，即工人服从于老板的命令指挥”（Herbert A . Simon，1951）。

二、具体分类

企业控制权按不同的标准可具体分为三类：第一种是根据具体权利，区分为物质资产控制权（specific rights）和剩余控制权（residual rights）；第二种是按照是否拥有名义控制权，区分为形式控制权（formal authority）和实际控制权（real authority）；第三种是依据终极控制权持有的有无，区分为核心控制权与一般控制权。同时，也有不同学派的研究学者认为，企业控制权具有归属性权力的特点，当其属于不同群体的时候，发挥的作用也不尽相同。股东的企业控制权，即明晰控制权，主要指企业最终或者法律层面的控制权；经营者的企业控制权，是指管理者实际拥有的控制权，多为剩余控制权；生产者的控制权，也叫参与控制权，体现了企业组织内所有成员在参与企业日常经营决策活动时所拥有的权力。

另外，Hermalin（1998）主要从领导与控制之间差异的视角解释控制权的真正含义，通过研究发现控制权实质上是一种绝对权力，且具有强制性。而领导又称为非正式控制，不具有强制性，是企业内部成员自愿选择追随的，领导者通过激励和分享权益来吸引追随者接受其领导，并通过自我能力的展示让追随者相信自己有更好的、更能为企业争取利益的信息渠道，所以追随者自愿接受领导并在这个过程中赚取利润。但是这个过程的前提是员工与领导者间已经建立了良好的信任关系，且员工相信领导者在透露信息时百分之百地坦诚。

（一）物质资产控制权和剩余控制权

20 世纪 80 年代后期，Grossman-Hart-Moore（简称为 GHM）通过研究提出了“不完全契约理论”(the incomplete contract theory)。在这个契约理论中，GHM 通过构建新的数学模型为“新产权学派”相关理论提供了更加充分的支撑，同时，采用“剩余控制权”（residual rights）来定义企业控制权，具有一定的创新性。

不完全契约理论认为，契约的不完全性导致了产权安排重要性的差别。那么，为什么契约是不完全的呢？根据 Hart（1995）的研究结论可以知道，由于世界充满不确定性，人们不可能预先知道未来将会发生什么。其次，即使能够预先知道，签订契约的双方也很难用同一种语言将所预言的内容写进契约当中。最后，就算签订契约的双方可以在未来将要发生的事上立场保持一致，并且得到独立的第三方的证实，但当契约双方发生矛盾和冲突时，应该怎么解决，到底哪方可以获得控制权，还会存在所谓的“剩余控制权”问题，因此，由于未来的不确定性和人的有限理性，契约总是不完全的。

Grossman 和 Hart（1986）从不完全契约理论的观点出发，认为契约权利（contractual rights）包括“物质资产控制权”（specific rights）和“剩余控制权”（residual rights）两类。其中物质资产控制权是指在契约中白纸黑字明确规定的对物质资产（physical assets）控制的权利，该权利同时也是企业中另一方所需承担的责任，而剩余控制权则是以购买为代价，且严格区分了购买方（即付出购买代价的一方）与被购买方，将控制权从投资激励后果中解放出来，具体是指契约中除去物质资产控制权剩下的部分。GHM 还认为所有权的明晰是分配控制权的基础。资产的所有权者可以通过允许或限制资产的使用体现出其对资产的控制力，同时 GHM 也发现将资产分配给最关键和相关性最高的人，往往可以实现更高的资源配置效率，即著名的最优所有权理论，由于对物质产权的控制是实现控制权的前提，因此物质资产的控制权的本质就是企业所有权。

针对“剩余控制权”（residual rights of control）的后续研究，张维迎（1996）创新地提出了将剩余索取权定义为企业控制权，并进一步将此概念简化为“不包含在企业合约中的特别规定活动的决策权”，不仅突出了剩余索取权的不对等性，也反驳了当时的主流理论界都认同企业剩余控制权存在的前提是由于契约不完全性这一观点。按照 Grossman 等人的观点，由于未来的不确定性较大并且契约存在不完全性，企业中获得剩余控制权的人并不一定是具有索取权的人，导致剩余控制权相较于剩余索取权而言在企业产权结构中处于更加核心的地位。因为在企业利润未获得之前，分配问题不具有意义。因此，Hart（1995）认为考虑到剩余索取权实际应用中的偏差，用剩余控制权来反映企业所有权的内涵或许更加合适。

毫无疑问，Grossman 等人的研究成果为企业合约理论的进一步研究打下了基础。但仍有一部分研究学者认为，Grossman 等人对剩余控制权的定义偏理想化情形，导致人们很难真正将剩余控制权概念运用至实际的企业治理分析结构中（杨瑞龙，周业安，1997）。举个例子，Grossman 等人认为剩余控制权不包括契约中已经书面规定的活动决策权。但在处理企业的实际业务时，类似人事任免权和重大项目投资权等涉及公司的战略决策、影响公司未来发展的权利，并非不重要的事项，所以该理论在这方面的界定有失偏颇。

由上述所知，把契约中未明确规定的活动决策权作为剩余控制权这类做法是有问题的，限制了企业控制权的真正内涵。针对这个问题，杨瑞龙和周业安（1997）将剩余控制权的范围从契约中未明确规定的活动决策权扩大为企业的重要决策权。这与 1997 年周其仁“企业控制权就是排他性利用企业资产，特别是利用企业资产从事投资和市场营运的决策权”的定义在本质上是一致的。

（二）名义控制权和实际控制权

部分研究学者认为 GHM 对控制权来源的解释并不符合企业实际情况，相反，他们认为，企业中以契约手段分配的权力而并不一定是实际控制权。现实生活中，大部分公司的控制权并不全部由所有者掌控，例如在一些股份制企业中，大股东仅仅具有有限的控制权，董事会中的高级经理人员、高级经理、部门经理等反而拥有了对本公司员工的完全控制，大股东在现实状况下处于“橡皮图章”的地位，难以对直系下属经营行为进行完全控制。相反，通过选拔和政府任命的国有企业的厂长、经理却能够对企业形成实质控制，即使在他们不具有对等所有权的情况下。

早在 1968 年 Max Weber 通过研究社会中不同行业和不同部门中的权利分配关系，发现在政府部门、制造业企业、服务行业、银行业中，无论在哪个部门，支配权的作用发挥远远大于所有权，由此按照是否拥有名义控制权进行分类，区分为形式控制权（formal authority）和实际控制权（real authority）。Tirole（1997）认为形式控制权主要来源于机构的资产所有权，也就是通常意义上组织由谁说了算。比如股份制企业中的形式控制权属于公司股东，即股东可以决定公司的大小事务。当然，公司的具体规定和章程会通过条文的具体形式将控制权进行专有配置。其弊端在于：企业中实际作出经济管理决策的人并不是形式上具备控制权的人，最终导致形式与实质的不匹配。董事会与公司经理间控制权分配的变化就是典型的例子，一般的公司法规定，董事会对公司重大决定如更换经理人、决定经理人报酬、制定公司重大发展战略等具有形式控制权。但是，董事会的形式控制权是否生效，即可否对公司重大决定形成实际的控制，取决于董事会对信息掌握的程度。当董事会非常了解本公司具体经营和行业发展前景时，董事会中的相关高级管理人员将对于公司发展具有更全面更长远的规划，此时形式与实际控制权重合。但当董事会受限某种原因未掌握足够信息时，或者他们掌握的信息少于公司经理时，他们在制定重大战略决策时可能会听从公司经理的建议，公司的发展决策可能实际由公司经理制订，此时，尽管董事会仍然拥有形式控制权，但最终的实际决策权属于经理，实际控制权与形式控制权分离。

另外，Aghion 和 Tirole（1997）在 Max Weber（1968）理论的基础上，对于控制权进行了合理与法定的区分。由于组织中权力类型各不相同，企业为了在未来提高经营管理的效率和质量，通常会根据公司制度赋予不同职级的员工不同权力。公司总经理与部门经理之间也存在控制权配置的问题。当总经理授予某部门经理权力时，该部门经理就拥有了该部门的形式控制权，这一分配方式将同时导致控制权的“下放”，如果该部门经理了解该部门的经营管理现状，则控制权的最终控制方为部门经理。相反，若此时总经理对于部门相关信息的掌握程度比该部门经理更多，那么总经理将拥有对部门经理的实际控制权。尽管从理论上而言，由于形式控制权的限制，总经理并不能强制实施部门经理的控制权，但考虑到职场中上级权威和部门经理在信息上本来的欠缺，该部门经理大致最终会采用总经理提出的决策，此时形式控制权与实质控制权不统一，总经理拥有实际控制权。这个例子充分证明是信息优势而非所有权来决定实际控制权的分配。由此可见，Aghion 和 Tirole（1997）的研究结论首次从信息优势的角度来定义控制权，这种独特的视角对后续控制权的研究具有重大的理论与现实意义。

三、控制权的配置问题

控制权如何配置一直是企业制度安排中的重点内容，涉及企业资产所有者与人力资本所有者之间企业控制权划分的问题。所以，配置问题研究的是，控制权如何事前配置，能够在最大程度上保证事后的结果符合社会效率最大化的要求。控制权的配置问题在企业理论研究中的热度一直居高不下，目前已有许多研究成果，但众多学者观点不一。争论的焦点集中于人力资本在权力配置中扮演的角色到底是什么。综合他们的观点，主要形成了以下两个不同的理论流派：一方面，有学者认为控制权的配置是企业理论发展的产物，因此应当重点与交易费用经济学、产权经济学和团队生产理论相结合；另一方面，有学者则是从管理者“人”的角度，从控制权的份额和权利分配的公平性出发，将控制权配置问题与人力资本的激励特性、博弈能力及人力资本的专用性投资的理论基础相融合。

综上所述，以上两种理论都较为片面地理解了控制权的配置问题，都或多或少存在偏颇。第一种理论并没有从人力资本造成的控制权与剩余索取权角度去考虑权利的共享问题，而第二种企业理论尽管认识到人力资本在控制权分配中的重要性，但并没有真正厘清企业资产所有者和人力资本所有者所拥有的控制权差异是什么、两者间具体的作用机制等这些问题。并且目前学术界现有研究对企业控制权概念定义庞杂，要知道对控制权有一个准确且清晰的界定在探讨企业如何进行权力分配中十分重要，例如，由于主流企业理论的剩余控制权缺乏进一步的细分与界定，因此难以解释清楚其如何引发企业控制权共享问题。

当控制权的配置体现在控制权在各个经营管理层级之间进行分配转移时，股权在控制权配置中的话语权越发显著。在现行公司法律框架下，目前很多企业存在资产所有者和人力资本所有者中的股权冲突问题，究其根源就在于核心控制权的配置和获取问题，企业资产所有者向人力资本所有者出让了一定份额的股权，导致了核心控制权的流失，进而加大了企业的外部风险。

在实践中，一些企业在控制权的分配上，赋予了人力资本所有者参与剩余利润分享的权力，同时为了避免资产所有者核心控制权的流失，它实际上只给予重要人力资本相应的剩余索取权，人力资本所有者并不具有购买普通股的权力，同时也不享有共同决定权，这一权利配置方式在一定程度上反映出资本所有者和重要人力资源核心控制权的冲突问题。这一控制权配置方法相较美国的效率至上原则，对重要人力资本可能更为有利，其通过立法允许其在分享利润的同时可以拥有企业的共同决定权。

四、外资参股对中资银行控制权的影响

目前关于外资参股对中资银行控制权影响的研究，主要有“控制权不会转移说”和“控制权转移说”两种截然不同的观点。“控制权不会转移说”认为，外资参股有利于完善中资银行的治理结构，在参股比例的严格限制下，不会导致中资银行控制权的转移。如交通银行前董事长蒋超良（2008）认为，在国家政策的限制之下，外资机构参股投资不可能控制中国银行业；朱盈盈等（2008）认为，在现有制度和法律框架下，引入境外战略投资者不会威胁到中国金融资源的控制权。“控制权转移说”认为，外资参股必然导致中资银行控制权的转移，如史建平（2006）认为，战略引资后中资银行极有可能被外资机构控制。然而，由于外资大规模参股中资银行的时间相对较短，很多隐性问题还没有彻底暴露，中资银行的战略引资行为在国内外也无经验可寻。

目前的相关研究还仅仅停留在简单的定性争论阶段，不仅对银行业控股权和控制权的理论研究非常笼统，没有进一步将银行业控股权细分为绝对控股权和相对控股权、控制权细分为名义控制权和实际控制权，而且缺乏对中国外资参股政策局限的深层次分析以及对外资参股争夺中资银行控制权的方式、路径与案例的系统研究，从而导致相关的研究结论不具有逻辑说服力和现实指导性。

五、外资参股后中资银行控股权与控制权的重合与分离

外资参股后的中资银行控制权竞争呈现出新的特征：公司内部有了新的控制权争夺主体——外资机构。外资机构能否顺利实现对中资银行从“参股”到“控股”甚至“控制”的嬗变，取决于中国的外资参股政策是否为外资机构通过“参股”争夺中资银行控股权甚至控制权提供了现实可能。因此，在厘清控股权与控制权关系的基础上，结合对中国外资参股政策的局限导致中资银行控制权可能丧失的方式、中资银行与外资机构的长期目标差异的分析，就可以从理论上推导出外资参股争夺中资银行控制权的方式。

控股权与控制权均可以进一步细分，控股权并不等于控制权，两者之间呈现出非对称性。

（一）控股权：绝对控股权与相对控股权

控股权是指持有公司优势比例表决权股份的股东拥有能够决定召开股东大会、董事会人选或重大财务经营决策的法定权力，其中持有公司优势比例表决权的股东称为控股股东。对控股股东的界定标准，经历了由单一客观持股数量标准认定到多元实质控股标准认定的重大转变。一般认为，持有超过50%公司股份的股东即可认定为控股股东，然而，在现代大规模的股份制公司中，由于公司股权结构的逐渐分散，股东对公司控股权的实际行使并不以持股数量超过50%为必要条件，股东即使持有较低的股份，也完全可以通过董事兼任、协议转让等方式来实现公司事实上的控股权。因此，只要持有股份数量所享有的表决权能够对公司股东大会、董事会决议产生实质性影响的股东即可认定为控股股东。与此相对应，控股权可进一步细分为绝对控股权和相对控股权，绝对控股权是指持股在50%以上的控股股东拥有的控股权，相对控股权则是指持股在50%以下的控股股东拥有的控股权。

（二）控制权：名义控制权与实际控制权

控制权是指对公司管理组织架构、可供支配和利用资源进行控制的权力，是建立在对公司控制基础上的一种集束权力。Aghion 和 Tirole（1997）认为，基于拥有权力和实际行使权力的不同，控制权可分为名义控制权和实际控制权。

名义控制权是指理论上拥有公司决策的权力，通常来自所有权，如股份制公司中的控股股东拥有名义控制权，即拥有最终决定公司重大决策的权力。实际控制权是指实际行使公司决策的权力，实际控制权通常来自对技术、知识产权、品牌、销售渠道等公司关键资源以及信息的控制。

随着现代公司股权多元化和分散化的加剧、董事会作用的增大和职业经理人制度的建立，名义控制权与实际控制权开始逐渐分离，即拥有名义控制权未必同时拥有实际控制权。实际控制权可通过相应的制度安排分配给特定主体，如股东可将实际控制权通过制度和公司章程的方式分配给董事会，此时，股东拥有名义控制权而董事会拥有实际控制权。在股份制公司内部，不同股东之间、股东与董事会之间、董事会与总经理之间、总经理与部门经理之间都可能发生名义控制权与实际控制权相分离的情形。

（三）控股权与控制权的重合与分离

控股权与控制权既可以相互重合又可以相互分离。控股权与控制权的重合情形发生的原因是：控股权与控制权都源于特定股东以自己意思表示对公司本身所产生的根本影响力，控股权是影响控制权的最重要因素。由于各国公司法都规定了持有表决权股份比例与董事会席位的对应关系，获得控股权，原则上就意味着获得公司董事会席位的多数表决权，从而法定获得了公司的名义控制权，在公司股权高度集中的情况下，获得了公司控股权也就获得了公司实际控制权，此时，公司控股权与控制权相互重合。

控股权与控制权的分离的原因是：控股权是公司法明确赋予的权力，强调的是控股，以持有公司有优势比例表决权的股份为必要条件；控制权并不是法律明确赋予的权力，强调的是控制，并不以持有公司有优势比例表决权的股份为必要条件。获得了公司控股权有可能只是获得了公司名义上的控制权，并不一定能确保获得公司实际控制权，控股权只是获取实际控制权的充分而非必要条件，两者之间呈现出非对称性。当公司名义控制权与实际控制权相互分离时，公司控股权与控制权也相互分离。

第二节 金融安全的基本理论

金融安全作为一个包含文化、经济、国际政治等多方面的综合性重大课题，其研究框架的理论分析非常重要。金融安全与经济安全和国家安全这两个概念环环相扣、互为关联。经济安全与国家安全囊括了金融安全，金融安全是维护另外两个安全的重要组成部分，研究金融安全，应该从政治和经济两个角度进行分析。金融权利的博弈与斗争和金融经济的效率与稳定是金融安全的两个重要的子课题，需分别用到政治学和经济学方面的理论分析工具。

从政治学视角，最关键的一点是理解受金融因素影响后导致的国家“非经济核心价值”的变动，金融安全作为国家主权的重要支撑，其可能会影响国家政治和军事等领域的安全。如今，信息科技和经济发展将全球紧密相连，金融相关领域的政策与手段已经成为国与国之间的博弈与竞争的重要手段。如何在国家进行金融开放决策时，利用金融控制与反控制的博弈筹码展现世界影响力，对世界各国而言都是非常重要的。

概括来讲，维护金融安全的首要条件是确保金融核心价值，金融核心价值是指金融机构通过市场对资源有效配置的能力，而一个国家对核心资源的配置和控制一定会涉及金融权力的问题。资源控制权配置的高效和自身金融体系的稳定，两者不能被割裂开来去研究，两者需要齐头并进。仅仅保证金融资源的控制权，忽视体系内存在的各种风险隐患和弊端，不能支撑金融业长久的健康发展；而只单纯地去考虑金融业的市场大环境和所获利益，忽视了金融资源的控制权掌握，甚至可能威胁到国家安全。因此，在目前复杂的国际金融大环境下，需要与时俱进不断寻找国家金融的开放程度和金融控制权不丧失间的动态平衡，因为金融开放一定避免不了一个被不断分享的金融非核心主权。关于金融安全的国内外文献可以分为金融安全的影响因素、内涵以及指标评价、预警体系这几个方面。

一、金融安全的影响因素

金融安全的维系与经济社会政治环境的发展息息相关，导致其影响因素也需要从金融系统整体来分析。如何去理解金融安全，从经济学视角来看，首先需要着重考虑的是金融体系的稳定和金融财富安全，因为国家金融业的健康发展和金融信用本身的稳定是确保金融安全的基础。考虑到金融和经济两者之间的相互影响，金融风险超出阈值后导致金融危机的爆发也会连累实质经济的健康发展，这样看来金融危机与经济危机的界线很难被严格区分，维护经济安全的核心部分就是保证社会的金融安全。

国内学者王元龙（2004）研究了金融安全的影响因素，认为国家金融安全程度的高低主要取决于防范金融风险的能力，他将影响因素划分为外在和内在两个方面，其中外在因素主要是国际金融地位和游资造成的冲击；内在因素是指由于经济体系本身存在的缺陷而引起的金融安全问题。

二、金融安全的内涵

1997 年亚洲金融危机的爆发使得很多中国学者逐渐开始关注金融安全这个

课题。从定义上解释，金融安全指的是一个国家具有稳定运转的金融体系和完善规范的金融制度，即使在某一时间受到外界一定程度的干扰也能使本国的金融发展和经济处在一个比较稳定的状态，在此情况下，外界各方会提升对该国经济发展前景的预期。

首先，国家周围环境、所处的时代、国情和战略目标以及目前发展所达到的状态都不尽相同，因此国内外学者关于金融安全的内涵并没有统一的观点，而这些恰恰对于确定一个国家的金融安全边界而言非常重要。尽管对金融安全的概念并不能达成一致，但学者们往往将金融安全看作国家安全战略、国家经济安全的一个子集。所以，对于一个国家而言，金融安全问题无疑是需要重点关注的。

金融安全这一概念最早由 Fisher（1933）提出。在他文章里写到，“当金融危机爆发，通货紧缩和过度累积的债务往往是一起发生的，并且提出了基于银行贷款的债务通货紧缩理论，用于解释金融的内在脆弱性”，基于 Fisher 这一观点，后续许多学者都将金融安全和金融危机、金融风险两者一起来讨论。Minsky（1964）在 Fisher（1933）的理论基础上抛出了金融脆弱性假说，他认为银行危机、银行脆弱性与经济周期之间存在某种联系，对于银行这些信用创造型机构和借款人来说，其某些特征会使得金融体系存在内在脆弱性。Samuel Phillips Huntington（1996）研究西方文明，归纳出了近现代西方文明领先世界过程中的 14 个战略要点，其中控制国际银行体系、掌握国际资本市场和控制硬通货三点都可以归纳入金融安全的范畴。Greenwald and Stiglitz（2003）则通过分析宏观金融运行规律来发现金融机构的破产将对金融安全造成巨大的负面影响，因此需高度重视这一问题，他们通过量化预估金融机构的破产概率，提出作为监管当局应当定期预估金融破产概率，以维系金融体系的整体稳定。另外，在金融危机背景下，一国社会资金整体运行在受到严重影响的前提下，有必要对金融秩序和金融机构的安全性重构，以重新维持金融秩序。从国家层面的角度出发，对于一国存在多个市场的一般均衡效应和单一市场的局部均衡效应并不一致的情况下，为了最大限度地保持金融系统的稳定，国家需对金融机构重组所造成的金融安全风险和危机进行量化分析与预测。Greenwald and Stiglitz 研究金融机构的破产概率和危机救助时，得出金融机构的破产保护和危机救助是保证金融安全的首要原因。

“国家金融安全”是指能够抵抗来自国内外利率、汇率等方面的攻击，从而保证金融体系安全、正常有效的运行状态（梁勇，1999）。一方面，国家金融安全的稳定状态，很大程度依靠国家的能力和是否有信心维护，只有不断维护才能达到政治、经济上的共同安全。另一方面，由于经济安全与金融安全并不完全相同，张幼文（1999）在分析后得出，越发深入的世界金融一体化格局会将局部地区的金融问题迅速扩散至世界，并且随着全球经济不断得到蓬勃发展，金融作为现代经济的核心，一旦金融体系内部发生问题，极易导致整个经济系统出现危机。因此，他认为金融安全与经济安全在本质上并不相同，金融安全仅是实现经济安全的充分条件，但无论如何，不可否认，维护经济安全首先就要重点关注金融安全。

李怀珍（2000）和李富川（2000）在金融安全的定义中充分重视了政府的宏观指导性作用，他们提出金融主体、政府、监管部门三者有机联动，发挥各自的功能优势，就能达到金融安全。金融安全的实现需要一国政府遵循相关规则、规律，对金融体系进行监管和指挥，并确保整个金融业保持高抗风险能力和高竞争力，利用好金融体系自身的风险防控和监督调控作用。王元龙（2003）在《中国金融安全论》中指出，金融安全指的是货币资金供给和融通的安全，金融安全的范围比较广泛，只要经济活动与货币流通、供给及信用有直接关系，都属于金融安全。具体来说，国内学者从以下不同的角度来定义金融安全：

第一，国际关系角度。梁勇（1999）研究得出，保证金融安全的首要任务是必须确保金融体系拥有一个完整的“核心金融价值”，这一价值包括维护该价值的信心和实际行为。具体而言，他认为“核心金融价值”主要囊括三个层次：一是国际金融流通中国家自身的“金融价值”；二是受他国金融因素影响的国家“核心价值”；三是金融本身的“核心价值”。由于各式各样的经济问题会潜藏在金融的各个领域之中，危机的构成并不是一蹴而就的，而是不断累积形成的，当一切金融问题积压到整个金融系统无法承受的时候，它们将会猛地爆发出来，这时将会对一个国家或地区的金融体系造成摧毁。因此，对于一个国家或者地区的政府而言，其防控风险爆发的能力，以及金融市场是否认同政府拥有这种能力对金融安全程度高低有直接影响。由此可以得出国家金融安全的概念：一个国家在面临内外突发状况的冲击时，能够全力维持本国金融体系的正常运转，避免其经济、金融遭受巨大的损失，以及对这种维护能力的强烈自信，并由此确保国家政治、经济与军事的安全。综上，梁勇认为金融安全是指一个国家能够抵御内外部的金融冲击保持金融制度和金融体系的平稳健康发展，尤其是面对冲击时也依然能阻止金融与经济剧烈下行。

第二，货币资金流通角度。货币资金流通角度也可称为金融安全的实质性角度。因为金融的本质在于对货币资金的分配与运行，王元龙（1998）首次从货币资金流通的视角分析概括金融安全的内涵，但是他认为金融安全不仅包含货币资金流通的安全，也包括经济安全的相关定义。由于金融安全的内涵及范围广泛，所以只要是跟货币资金流通和信贷安全有关的经济活动都属于金融安全范畴。杨晨平、霍晓飞（1998）分析后同样得出，金融安全主要指货币资金流通的安全。因此，金融安全包含的经济活动广泛，涉及资本流动和国际收支的各个方面，比如说对外直接投资、对外借款和对外贸易等。

第三，政策能力角度。翁东玲（2010）认为，一个国家如果能够维护金融体系和制度的平稳运行，控制金融风险范围，在金融体系受到伤害的时候将损失降到最小，能够最大限度保护本国经济利益，那么这个国家就实现了金融安全。李莉（2017）认为金融安全指的是一个国家从宏观层面具备抵御国内国际各类冲击的综合能力，且该能力能够在确保金融体系各项功能正常发挥的状态下，在最大限度上降低金融固有风险，发挥其降低信息成本、分散风险等基本功能的一种趋势，但这一切的前提是该国家处在开放条件下。陈建齐（2017）的研究也补充了这一理论，他认为金融安全指一个国家保障金融运行和发展不受根本威胁的能力，具体表现为金融发展的过程中具有防范各种风险的能力。金融安全的目标是保护金融制度不受冲击、金融主权不被侵犯、跨境资本受到限制不会大规模无序流动、金融资产价格在较小范围内波动，只有达到以上目标才能实现金融促进实体经济发展。

第四，相对角度。戴小平（2000）则认为金融安全是相较于金融风险而提出的。如果某一地区某一个时间段没有出现导致经济和金融紊乱的金融风险，那么该地区就算维护了金融安全。

三、金融安全的层次划分

以往学者的研究主要从经济学传统领域，如宏观经济、国家战略和金融体系内部三种研究方向来阐述金融安全的内涵和影响机制，鲜有文献具体分析金融安全的范围和层次。所以，为了清晰理解金融安全与国家安全、经济安全之间的相关层次关系，我们需要抛开传统的分析逻辑，选择恰当的理论基础剖析金融安全的层次划分问题。金融安全作为金融系统性风险问题之一，包含金融危机在内的宏观经济问题，如石油价格波动、能源供应短缺问题、次贷危机、腐败与反洗钱等等直接触及国家安全底线和军事政治的问题，也包含在金融安全问题之中。因此，我们需要结合各国政治经济社会全方位去考量金融安全的定义，从更深层次的角度去拓展金融危机带来的后果，这些均属于金融安全的层次和结构问题。

四、金融风险与金融危机

传统意义上对于金融的经典定义为，在不确定的经济背景下对资源进行跨期分配的手段，因此赋予了金融宏观调控“无形之手”的功能，背后反映的不仅是时间序列性的问题，更包含了风险的不可预见性。具体来说，风险不可预见性所代表的是一种时间价值的随机表现，也包含社会信用问题。一般来说，这种不确定性更偏向于强调金融风险造成的负面后果，这些后果将给金融带来脆弱性（Minsky，1982）。金融个体作为金融市场的重要组成部分，具备了金融体系固有的高杠杆与高负债特征，导致在整个金融系统中，单个金融企业都有成为风险源头的可能性。由此可以推断出，整个金融体系并不是坚不可摧的，且由于信用危机容易造成初始冲击，从而造成风险的传染性和破坏性，金融市场中各个环节与整体经济与社会环境息息相关，导致每个盘根错节的交易联系都将会使风险引起跨期度、跨行业、跨市场的破坏性，造成“1+1>2”的破坏力。由于单一个体的金融风险往往不具有强破坏性，只有当单个金融风险集聚、扩大并在整个金融系统中传递，导致整个金融系统各个部门崩坏，在此过程中其发挥的巨大传染性风险才会对整个经济体造成金融安全的威胁。

西方经济学的理论中，对于金融危机具有多重定义，不仅单指货币和信用领域的危机，还可能包括“全部或者大部分金融指标——资产（证券、房地产、土地）价格、商业破产数、短期利率和金融机构短暂、急剧且超周期的恶化及金融机构的倒闭。”我国学者认为，金融危机是指金融体系出现系统性风险爆发的一种极端情况，而且金融危机是危害整个国家金融安全最主要的途径（刘锡良，2004）。

针对金融安全与金融风险的关系，二者息息相关但又有所区别。可以说金融风险更多代表着金融安全纯粹经济学层面的研究内容，在经济和金融全球化日益深化的今天，金融领域是各国竞争中“没有硝烟”的战场。具体来说，金融风险包括市场风险、信用风险和操作风险等形式。凡是存在金融活动的领域中均存在一定的金融风险，对金融风险控制得好，就能够实现金融安全，因此，金融风险不一定必然导致金融危机。然而，当金融风险不断累积和爆发时，就必然会造成对金融安全的严重损害，最后导致金融危机。

目前研究普遍局限于对金融危机与金融风险形成机制进行深入探究，现有文献深度结合经济全球化或超国家利益，从微观金融主体银行业去分析其与金融安全的关系。早在 19 世纪中后期，马克思和恩格斯从政治经济学的角度展开研究，他们对于自由竞争阶段的资本主义金融危机进行了科学的理论分析，马克思主义认为，不能完全割裂地谈经济发展与政治现象的关系，需要在经济现象发展的基础上，基于不同国家群体、不同阶级之间的生产关系及各自在此世界经济结构中所处的相对地位，来研究金融危机。因此，现代学者在剖析国际政治危机等问题时，在看待金融安全问题时，更加注重金融安全的另一个侧面：金融的权力面。在当前，世界经济正面临百年未有之大变局，国际金融体系的权力格局动态变化的根源，主要来自经济全球化发展过程中金融安全威胁和金融危机的累积发展。由于发达国家在国际金融货币体系和金融市场中的地位较高，可动用的国际资源丰富，且拥有成熟的金融风险监测预警系统，防范和化解金融风险的能力较强；而广大发展中国家，由于在国际金融货币体系和金融市场中的地位较低，可动用的国际资源极其有限，且金融风险监测预警系统不成熟，防范和化解金融风险的能力较弱。我国作为发展中国家的代表，应当主动强化金融安全观意识，这不仅是大局意识和全局观的体现，更是促进经济持续发展的必要手段。

第三节　控制权与金融安全

一、国家主权和经济全球化

厘清“国家主权”和“国家”的概念是研究国家层面安全问题的前提。《牛津法律大辞典》（1988 中译本）中将“国家”定义为“在法律上组织起来并具有自己政府的人的联合，人是组成国家的基础个体单元”。现代国家概念起源于资产阶级革命时期，文艺复兴和欧洲神权的衰落对应着欧洲民族国家的兴起。1648 年《威斯特伐利亚和平条约》承认了每个主权国家在自己国土范围内享受本国主权。洛克、孟德斯鸠和卢梭等著名思想家，从人本意识和契约理论的视角出发，重新定义了现代国家的概念，他们认为国家是社会个人和社会团体共存并相互达成契约的结果，而契约是社会每个个人自然权利相互让渡后的结合。这种结合的最高表现是人民权，同时国家主权就是人民权的宏观表达方式。1576 年法国著名重商主义学者让·博丹在其著作《论共和国六论》中首次定义了近代主权的概念。上述理论对后来的国家观以及作为国际法基础理论的关于“国家基本权利”理论原则的形成产生了决定性的影响。《牛津法律大辞典》认为“国家主权”是国家根据国际法所享有的、必需的、最为重要的权利，是国家的基本权利，国家只有享有这种权利才能被承认为国家。因此，国家主权是国家最基本的属性。

国家的自然权利主要包含了以下四种权利：独立权、平等权、自保权以及对内最高管辖权，这四种权利分别从对内和对外的视角阐述了自然权利的划分标准。由于“国家”与“国家主权”是论述“国家安全”概念的原点，尤其是主权中的“自保权”，因此我们认为国家安全的首要任务是保卫国家，而主权的最高表现是保证该国的生存权和发展权。国家安全时刻确保国家的“核心价值”，具体内容主要有国家统一、领土完整、内外经济持续运转、制度和统治完全自主的状态、维护这种状态的能力以及人民对维护这种状态能力的信心和主观感觉(梁勇，1999)。美苏冷战以后，世界格局发生巨大变化，各国的国家安全观念从以军事安全为重点的传统，逐渐转变为偏向包括政治、文化、经济、外交和国防等多方面融合的综合国家安全观，在此基础上国家主权的独立性、自主性和排他性需求越发明显，这是社会历史发展中经济主权向政治维度延伸的必然发展路径，也是维护国家主权的重点核心部分。

二、全球化对主权的冲击

经济全球化引领了人类社会全球化的发展。其典型特征有跨国公司的繁盛、资本的多国流转、国际贸易的增加、网络经济的发展等。在当今世界体系中，各国国家主权其实也可以看作是对于特定经济主权的维护机制，由于经过长期的发展，经济和社会的发展需要使得国家的主权与特定的经济社会活动和利益相融，然而两者的冲突也正是推进其各自发展的重要导火索，实质上国家经济主权的动摇、威胁的增加，也一定是经济全球化过程的必然现象。徐开金（2002）指出，由发达国家发起的经济全球化浪潮声势浩大，在冲击各个国家的经济主权的同时与引导各国经济互动构成特殊的主权关系。

由于参与经济全球化过程中的主权国家考虑到自身经济利益的增长和长远发展规划，需要让渡自己部分经济主权，这就产生了经济主权的分享现象。其中经济主权的让渡可以从空间和权能两个角度进行划分：空间经济主权让渡的往往只是特定的生存发展空间，如行业领域等；权能经济主权让渡涉及的内容如所有权、经营权、经济运行法规制定权、剩余利益分配权等。可以想象，有经济分享行为的国家在一定程度上也会通过该行为增加风险，这一现象在遭遇经济危机后的国家尤为显著。德国经济学家觉特拉赫（1995）认为，发展中国家往往更愿意在经济全球化过程中通过牺牲这一有限制的、部分的独立主权分享，并以这一行为产生的风险交换本国发展工业的机会。

1997 年亚洲金融危机的爆发引起了我国政府、学术界和公众对国家经济安全问题的广泛关注和讨论。因此，众多国内外的相关研究主要从经济主权的视角出发，重点研究经济全球化导致的主权分享是否会割裂各国的核心经济主权，而这一分享行为的上限是否因国别、地区或者行业而有所不同。由于历史长河的发展推进，经济社会发展在各个主权国家发展各不相同，导致每个时代经济特征都存在差异，主权的内容与观念也正发生着与时俱进的改变。相比于核心主权的稳定性，非核心主权的行为可能更加丰富和多样。

三、金融体系的控制权与主导权

与经济主权相对应，金融主权是一国在处理对外对内涉及金融事务时的独立权利。具体表现为国家对金融体系的控制权与主导权。同样，金融主权也可被分为核心和非核心主权行为。其中，本章主要针对核心金融主权进行解读，相比于非核心主权行为，核心主权行为主要从宏观的角度出发，是涉及国家发展战略、经济命脉和基本制度的金融权利。可以按照不同的理论基础划分为货币主权、金融机构控制权、金融市场定价权和金融调控决策权四个维度。这四个维度的金融主权互相影响、互相牵制，对待这些核心主权的范围应当更加审慎。

（一）货币主权

货币问题实质上是资金分配问题，涉及整个金融体系的方方面面，也是一切经济活动和业务活动的起点和重点。因此，对于货币问题不能以纯粹的经济眼光来看待，应当放在国家金融安全主权的大方向来考量。迄今为止，国际货币体系的动态演进过程正在向中心—边缘的结构靠近，这个过程的深度和广度主要取决于中心国家之间实力的相对变化，中心国家可以掌握实体经济的收益和输出通货来掌控国际金融与贸易，从而最终获得收益（Benjamin，1997），在此基础上，Goodhart（1998）甚至提出了“货币即权力”的论断，而金融历史学家 Ferguson（2002）通过梳理 1700—2000 年货币与权力的历史发展，发现决定一国经济政治制度演进的关键因素往往是政治因素而非经济因素。同理，国与国之间货币汇率的确定，往往是各利益集团和国家之间为争夺对自己有利的选择而进行斗争和妥协的结果而非“客观”的货币比价反映，因此，仅从经济学角度依靠汇率决定模型来解释和预测汇率的未来波动变化是存在较大缺陷的，其主要原因就是对国与国之间政治博弈的忽略（Blomberg，Hess，1997）。

随着国家实力的增强，人民币的权威与国际影响力也越发突出。人民币国际化现已成为国际学术界讨论的热点。由于国际货币的竞争，国际货币体系在未来较长时间将同时包含不止一种的国际主导货币，暂时不会形成货币垄断的局面。中国人民币国际化应设立进入主流货币的目标，争夺国际经济金融权力再分配过程中的应许之地，这关系到中国的国家与金融的根本利益，对中国金融安全影响重大，而这些都离不开政府从国际政治外交、国家经济金融、货币建设及其竞争策略等多层面多维度地来制定动态战略规划。

（二）金融机构控制权

金融安全问题的关键与经济安全对应，要求对一国“核心金融价值”的维护，那么什么是一国的核心金融价值呢？金融作为现代经济的核心，掌握着经济资源的配置。因此，核心金融价值主要体现在国家对资源配置能力的掌控，在国家面临巨大冲击和威胁时，政府必须要具有完全调控全国金融资源的能力。金融功能观（Merton，1995）从这一角度出发，将金融核心价值等同于国家对金融资源配置能力的控制权。其控制方式包括股权数量、金融机构开设权力和金融机构的经营能力等。

随着我国不断地通过银行业改革引进战略投资者，某些学者提出，境外资本入股中国金融企业一方面是逐利，另一方面更长远的目标可能是要谋求中国金融业相关的控制权，以此达到控制中国的经济资源、左右中国经济的目的。当然，就目前的开放程度看来，上述说法可能高估了其严重性，然而其担忧也不无道理。随着我国金融业的开放程度的加强，各经济主体间博弈也会愈演愈烈，金融安全与金融主权的预测与判断将更加重要。

（三）金融市场定价权

价格是市场经济的信号，随时反映出消费和资源配置的风向。一国确保了金融产品的定价权就几乎等同拥有了整个市场。从国际现状看，现在国际商品的价格主要是在伦敦、纽约、芝加哥等全球几大国际金融中心定出来的，掌握金融市场定价权对于一国的金融安全至关重要。我国近年来的金融发展态势迅猛，金融衍生品市场也向世界展现出了巨大的潜能和活力，作为发展中大国，世界各国多个金融市场针对这一空前发展的金融市场推出了针对性的金融产品，例如新加坡交易所推出的全球首只以中国 A 股市场指数为标的的新华富时中国 A50 指数期货，芝加哥商业交易所（CME）推出的人民币兑美元、人民币兑欧元美元的期货期权和新华富时中国 25 股指期货，中国香港交易所推出的 H 股金融指数期货等。然而，如果我国金融监管机构对外开放政策不够完善，将导致境外资本通过投资“钻空子”，从而抢占我国金融期货市场的核心市场地位，若不加以重视，一方面已有的指数资源影响力会下降，另一方面也会在价格的形成机制中边缘化，增加我国金融体系和国家经济面临的风险。同时随着中国经济的快速走高，能源和大宗原材料面临的需求增加，因此建立一个健全、活跃的衍生品市场对掌握大宗商品的定价权显得越发重要（巴曙松，2006）。

（四）金融调控独立决策权

随着金融全球化的发展，国际金融组织拥有了越来越多的资源用以协调和救助面临金融冲击的各国，这些组织利用其职权不断地对发展中国家（尤其是因发生金融危机而需要援助的国家）施加影响，例如国际货币基金组织在处理金融危机时，往往以不予拨款及终止合作等方式作为隐形威胁，干涉被援助成员国自主化立场的金融改革措施和进程，掠夺这些成员国的金融主权。这些金融霸权行为一方面导致金融中心国家无端抢占全球金融市场核心地位，并操控和控制经济全球化的动向，同时扮演着游戏规则的制定者、司法者以及最大的始作俑者。

中心—边缘结构性国际金融体系的劣根性导致在巩固核心成员国金融主权的同时，一定程度上也不可避免地削弱了部分发展中国家的金融主权。以1997年亚洲金融危机后的韩国为例，IMF承诺其援助贷款的前提条件是要求韩国以近乎无限制的方式开放其金融市场，具体行为包括：韩国将无条件允许外国银行或非银行金融机构全面参与韩国证券交易活动，政府无权管控中央银行正常工作等。毫无疑问，这些苛刻的条件使韩国在很大程度上丧失了独立选择其金融体制以及控制对外开放进程的权利。许多国际金融法学家认为这一霸权行为打着金融调控的幌子，以形式上的援助协议置换了韩国相当一部分金融主权。事实上，独立自主是一国的立国之本，主权受到威胁的结果必然导致一国在本国金融政策的决定、金融体制的选择和金融监管的实施行为上被操控和控制。

四、控制权与金融安全的关系

一直以来，国家安全与国家政治、国家金融发展的关系一直是学者们争论的热点问题。因此，我们认为需要将控制权问题与金融安全相结合，并且要从政治和经济两个角度综合探讨经济金融领域的安全问题，这一理论基础将涉及政治经济学、国际关系学以及20世纪70年代兴起的“国际政治经济学”。政治经济学主要从经济体制运行规律的角度考虑资源分配效率，国际关系学则更加关心国际市场活动中权力与利益的分配。16、17世纪以来，学术界主要研究范式是基于政治经济学理论展开，试图从宏观和微观的层面共同解释经济运行的深层路径，并从商品流通、资本分配和消费者视角解释控制权问题。随着“国际政治经济学”的兴起，与政治经济学相比，这两种学派均认为国家性质以及国际政治经济的结构性特点决定了国家间的合作与冲突，也决定了不同民族对于国家、主权、安全等基本概念的认识与理解。综上所述，由于人文主义和各国政治经济发展历史的不同，这些主义或理论的建构者、继承者以及成千上万的拥护者都仅仅基于自身角度分析和解释国家间关系与权力控制之间的相关问题，具有一定的片面性。

随着通讯、交通技术以及经济行为全球化的发展，一些西方学者提出了高度综合的、折中的全球主义的理论体系，这一理论体系试图将国际政治经济学与全球主义相融合，它主张将经济行为中的跨国公司以及有想象力的国际组织和民族国家视为同等重要。其次，全球化理论又强调国家在政治经济生活中的作用显著，应超越单纯为国家利益参与国际事务的守夜人角色。全球化理论强调合作与冲突的同时存在是当今国际政治经济的本质内容。

随着我国金融开放程度的不断加深，目前多数人更倾向用现实主义眼光分析国家主权与安全，通常“以国家或民族为中心”作为逻辑起点。中国正处在社会、经济双重转型的关键点，面临着 21 世纪“全球化”带来的机遇与挑战，内外环境变化节奏极快。因此，从哲学认识层面厘清安全问题的实质，对认识世界的本来模样、分析现阶段中国政府与民众所持的观念与思维、寻找正确的国家关系信念具有至关重要的意义。

本 章 小 结

本章主要研究控制权与金融安全的基本理论问题。控制权按照具体权力分为物质资产控制权和剩余控制权，按照是否实质拥有分为形式控制权和实际控制权，按照是否终极控制分为核心控制权与一般控制权，控制权的配置问题是企业制度安排的重要内容。金融行业的控制权与金融安全密切相关。金融安全可以从国际关系角度、货币资金流通角度、政策能力角度和相对角度等不同视角进行定义，金融体系的控制权包括货币主权、金融机构控制权、金融市场定价权和金融独立决策权等方面。外资进入中国银行业后，将会对中国银行业的控制权和金融安全带来巨大的影响。本章这些问题的研究，将为后续研究奠定一个严谨的理论逻辑分析框架。

第二章　外资进入中国银行业的历程演变

本章将重点介绍外资进入中国银行业的模式、发展历程以及外资进入后对中国银行业带来的影响。

第一节　外资进入中国银行业的类型

一、外资进入中国银行业的背景

（一）国际背景

经济全球化作为现代世界经济发展的重要特征之一，将世界经济有机地联合为一个整体，是当今经济发展的重要趋势。经济全球化是指商品、技术、信息、服务、货币、人员、管理、投资、金融等活动的全球化，通过生产要素在国际间的分工实现其在全球范围内的最佳配置。随着信息科技的不断进步，人们在全球范围内进行生产和交换时的成本降低，经济全球化在各国间不断发展且越发密切。经济全球化下，全球贸易、投资得到了快速发展，全球贸易总额不断增长，从 1950 年的 610 亿美元发展至 1970 年的 3120 亿美元，从 1990 年的 3. 18 万亿美元，发展至 2005 年的 21. 1 万亿美元，后于 2018 年全球贸易总额达到 39. 34 万亿美元。

经济全球化起源于 18 世纪中叶的第一次工业革命，第一次工业革命发生后，人类逐渐进入蒸汽时代，机器代替了手工劳动，极大地提高了生产效率，促进了商品经济的发展，同时在重商主义影响下，跨国贸易空前繁荣，地区与地区间贸易活动逐渐增加。到 19 世纪 70 年代，第二次工业革命兴起，电力技术发展飞速，其被运用后社会生产力得到进一步提升，资本主义经济也因此更加繁荣，掀起了第二轮规模更大、范围更广的经济全球化浪潮。后经第二次世界大战，第三次信息科技革命到来，全球社会经济、政治、文化又一次重大飞跃，极大地解放了社会生产力；在信息技术革命的加持下，信息传递成本大大降低，贸易方式的改变、相应配套设施的完善也打破了地域限制，进一步强化了经济全球化的深度和广度。经济全球化的优化配置功能将有利于国家与国家间的合作交流，有利于科技在全球范围内传播与进步，有利于促进不发达地区的发展提升。

跨国公司作为世界经济活动的重要载体，推动了经济全球化的发展。20 世纪 90 年代初，跨国公司大约有 3. 7 万家，1997 年时，跨国公司数量增加至 5. 3 万家，在全世界各地的雇员超过 7000 万人。跨国公司作为资本国际化的产物，其在推动世界生产要素的流通和资本国际化中起到了重要作用。

随着近年来全球正面临百年未遇之大变局，金融全球化不可避免。经济全球化下，各国金融交易已突破地域限制，跨国公司的活跃、金融管制的放松以及通信技术的发展使得金融交易能够在全世界范围内进行，各国金融市场交流日益紧密，逐渐趋向成为一个一体化的全球金融市场，具体表现为金融市场高度一体化、全球货币体系一体化、金融协调和监管一体化、资本流动全球化、金融机构全球化。随着金融全球化的不断发展，国际资本大规模流动，金融机构跨国业务蓬勃发展，国际融资总额从 1992 年的 2000 多亿美元增长至 1997 年 8. 8 万亿美元。银行业资本的跨国流动正在逐渐成为金融全球化的普遍特征，不少银行在海外新建营业机构，或以并购模式进入其他国家。如 1995 年 3 月，国际荷兰银行集团以 11 亿美元收购巴林银行；1998 年 11 月，德意志银行耗资 101 亿美元收购美国信孚银行；2001 年 5 月，花旗银行花费 125 亿美元并购墨西哥国民银行。

（二）国内背景

1. 改革开放的实行

1956 年我国完成三大改造，确立了社会主义计划经济，计划经济在早期为中国恢复经济和初步发展做出了巨大贡献，但仍存在不少弊端：如以计划为纲领，忽视实际需求，制约了商品经济的发展，体制僵化，劳动者积极性不高。为促进我国经济的快速发展，1978 年在邓小平的带领下我国开始实行改革开放。

改革即对内改革，主要包括经济体制和政治体制改革等，经济体制改革主要是将我国过度集中的计划经济体制转变为社会主义市场经济体制，政治体制改革是指更多地发展民主、完善法制建设等；开放是指对外开放，积极开展对外贸易，吸引外资并实施“引进来”和“走出去”的双向战略。例如我国在2001年12月正式加入世界贸易组织（WTO），标志着我国对外开放的一个重大成就。WTO为我国发展全球化经济提供了一个多边、稳定、无条件最惠国的待遇，逐步消除一些成员对我国的歧视性贸易限制，使我国能够更好地融入国际经济社会，享受多边贸易带来的好处。加入WTO时，我国亦在降低关税、消除非关税壁垒以及外汇业务等方面许下承诺（表2-1），并逐步履行承诺，促进了我国的经济体制改革，使我国经济市场化水平和开放性大幅提升。

表2-1 **我国加入WTO时的部分承诺**

承诺主题	承诺内容
外资待遇	外企和外国国民在贸易领域享有平等的国民待遇。
	外国权利持有人在所有知识产权方面的国民待遇和最惠国待遇全面符合世贸规定。
	国内不设置壁垒，外资可自由选择合作伙伴，并在法律框架内自由决定股权比例。
扩大外资银行外汇业务范围	正式加入时，取消外资银行外汇业务的客户对象限制，即外资银行可向中资企业和中国居民提供外汇服务，且不需要进行个案审批。
	正式加入时，允许外资银行增加外币交换、同业拆借等业务。
扩大外资银行人民币业务范围	允许外资银行增加票据贴现、代理收付款项业务。
	逐步取消外资银行经营人民币业务的地域限制。
	放宽对异地业务的限制，允许在一个城市获准经营人民币业务的外资银行向其他开放人民币业务城市的客户提供服务。
	逐步取消人民币业务客户对象的限制。

从表2-2中可以看出，改革开放前，我国进出口贸易较少，进出口总额较小，增速也较慢，1978年我国进出口总额只有206.4亿美元。随着改革开放的不

断推进，我国进出口贸易日益兴盛，2000 年进出口贸易总额达 4743 亿美元，相较于 1978 年增长了近 23 倍；2001 年我国加入了 WTO，进一步加强了我国与国际市场的贸易往来，2005 年，我国进出口总额达 14219.1 亿美元，相较于 1978 年增长了近 69 倍。截止 2020 年，我国进出口贸易总额已高达 46559.1 亿美元。

表 2-2　　**中国进出口总额（亿美元）**

年份	进出口总额	出口总额	进口总额
1952	19.4	8.2	11.2
1957	31.0	16.0	15.0
1962	26.6	14.9	11.7
1965	42.5	22.3	20.2
1970	45.9	22.6	22.3
1975	147.5	72.6	74.9
1978	206.4	97.5	108.9
1980	381.4	181.2	200.2
1985	696.0	273.5	422.5
1990	1154.5	620.9	533.5
1995	2808.6	1487.8	1320.8
2000	4743.0	2492.0	2250.9
2005	14219.1	7619.5	6599.5
2010	29740.0	15777.5	13962.5
2015	39530.3	22734.7	16795.6
2020	46559.1	25899.5	20659.6

数据来源：历年中国统计年鉴。

目前来看，我国改革开放政策的实施对经济发展有着巨大影响，不仅明显提高了我国社会生产力，还加强了我国与国际社会的关联度。外资直接投资规模不断扩大，从 1983 年的 9.16 亿美元增长至 2020 年的 1443.7 亿美元（表 2-3 及图 2-1）。

表 2-3　　中国外商直接投资数据（亿美元）

年份	1983	1984	1985	1986	1987
FDI	9.16	14.19	19.56	22.44	23.14
年份	1988	1989	1990	1991	1992
FDI	31.94	33.92	34.87	43.66	110.01
年份	1993	1994	1995	1996	1997
FDI	275.15	337.67	375.21	417.26	452.57
年份	1998	1999	2000	2001	2002
FDI	454.63	403.19	407.15	468.78	527.43
年份	2003	2004	2005	2006	2007
FDI	535.05	606.3	603.25	658.21	747.68
年份	2008	2009	2010	2011	2012
FDI	923.95	900.33	1057.35	1160.11	1117.16
年份	2013	2014	2015	2016	2017
FDI	1175.86	1195.62	1262.67	1260.01	1310.35
年份	2018	2019	2020		
FDI	1349.66	1381.35	1443.7		

数据来源：东方财富 Choice 数据。

2. 银行业改革开放

在金融全球化的背景下，我国金融业逐步有序地对外开放。银行作为我国金融体系的核心，其对外开放是我国金融业对外开放的重点关注对象，也是推进我国银行业优化改革并提升其竞争力的重要举措。改革开放以前，我国银行业为“大一统”的单一制银行结构，所有者缺位现象较为严重，公司治理制度不够健全，易出现内部人控制等问题。为了提高我国银行业的经济效益，我国银行业对内进行改革，打破中国银行大一统的局面，对外进行开放，为外资进入中国银行业提供了机会。

我国银行业改革可划分为以下四个阶段。第一阶段（1979 年至 1993 年）我

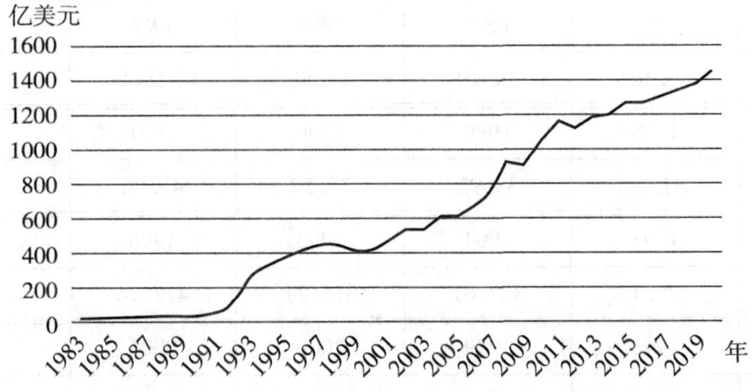

图 2-1　中国外商直接投资规模

数据来源：东方财富 Choice 数据。

国打破了银行业大一统的局面，实现了中央银行和专业银行分立；同时部分城市开放营业性外资金融机构，但严格限制其经营范围和业务对象。第二阶段（1994 年至 1997 年）我国针对国有独资商业银行进行改革，通过成立专门的政策性银行以分离原专业银行的政策性业务，引导国有独资商业银行向自主经营、自担风险、自负盈亏、自我约束、市场化活力更高的方向发展。我国还成立发展了 12 家股份制商业银行，为我国银行业注入了新的活力。第三阶段（1998 年至 2001 年）我国采取了一系列措施处置国有银行不良资产问题，如取消贷款限额，尝试贷款质量分类，特别国债注资，成立资产管理公司等；同时逐渐放开人民币业务，开放同业拆借市场。第四阶段（2002 年至今）我国重点关注国有商业银行股份制改革，通过完善管理体制、调整治理结构、优化经营机制以提高银行的经营业绩，并积极引入外资参与到国有商业银行股份制改造中，提高了国有银行的国际竞争力与抗风险能力。

加入 WTO 后，我国银行业放宽了对外资持股比例和业务范围的限制，引资政策渐渐宽松，进一步扩大了银行业的对外开放程度，外资在我国也得到了全面发展，外资机构数量、投资总额、总资产规模均有大幅度增长。以外资银行在华总资产规模为例（表 2-4 及图 2-2），2002 年外资银行在华总资产规模为 2881 亿元，2007 年首次超过 1 万亿元，达到 1. 24 万亿元，增长十分迅速。截至 2020

年，外资银行在华总资产达 4.78 亿元，相较于 2002 年的 2881 亿元总体增长了近 16 倍。

表 2-4　　外资银行在华总资产情况

年份	外资银行在华总资产（亿元）	增长率
2002	2881.00	—
2003	3330.50	15.60%
2004	5160.00	54.93%
2005	6353.00	23.12%
2006	8194.00	28.98%
2007	12390.70	51.22%
2008	13739.20	10.88%
2009	14350.80	4.45%
2010	19016.20	32.51%
2011	23383.70	22.97%
2012	24582.40	5.13%
2013	25805.00	4.97%
2014	28143.00	9.06%
2015	27684.00	-1.63%
2016	31669.73	14.40%
2017	42482.89	34.14%
2018	44177.00	3.99%
2019	45071.15	2.02%
2020	47857.57	6.18%

数据来源：东方财富 Choice 数据。

二、外资进入中国银行业的模式

国外的外资流入主要有两大类方式：新建投资和跨国并购，但此分类方法并

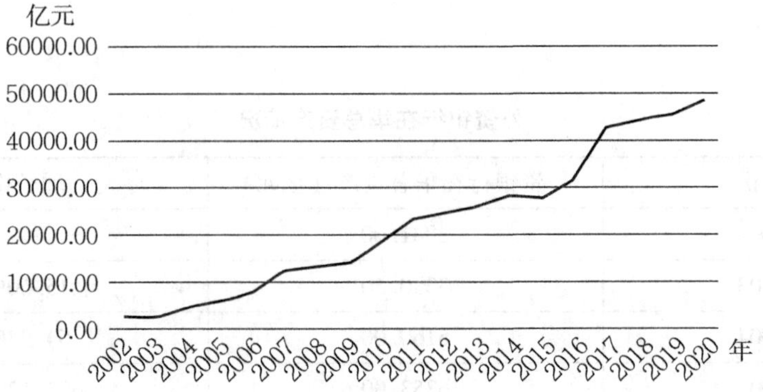

图 2-2　外资银行在华总资产情况

不太适用于中国。我国不允许外资获得中资银行的实际控制权，因此我国并不存在真正意义上的跨国并购，而是以参股模式进行的战略投资。因此，外资主要通过新设外资银行和参股中资银行两种模式进入中国。新设外资银行是指外国银行经批准后在中国境内合法设立外资独资、中外合资、外国银行分行等多种类银行以及外国银行代表处；参股中资银行是指通过购买中资银行部分股份，进入中国银行业。随着中国银行业引资改革步伐的逐渐加快和 2006 年 12 月的对外全面开放，越来越多的外资机构选择以参股投资的途径进入中国银行业。根据银保监会数据统计，截至 2019 年，外资银行在华共设立了 41 家外资独资银行、118 家母行直属分行和 187 家代表处，外资银行营业机构总数 993 家，资产总额高达 4. 5 万亿元。

（一）新设外资银行

2006 年国务院发布的《中华人民共和国外资银行管理条例》（以下简称《外资银行管理条例》）规定，外资银行是指依照中华人民共和国有关法律法规，经批准在中华人民共和国境内设立的下列 4 种机构：外资独资银行、中外合资银行、外国银行分行和外国银行代表处。其中，除上述的外国银行代表处外，其余三种银行类型都统称为外资银行营业性机构。根据外资机构是否具备法人资格，可将其分为两大类，一类是具备法人资格的机构，如外资独资银行和中外合资银行；另一类是无法人资格的机构，如外国银行分行和外国银行代表处。外资以新设方式进入我国银行业呈现出以下特点：一是进入模式由“非法人机构”向“法人机构”转变；二是进入规模不断变大，在我国机构数量、总资产规模均呈上升趋势；三是经营地域不断扩大，由沿海城市向内陆地区发展。

1. 外国银行代表处

外国银行代表处是外资银行依法在境内设立的用以完成咨询服务及市场调查的一个非营业性机构。通常情况下，这些代表处的职能有限，不会在境内提供相关金融服务，不具体开展获取利润的业务，不开展存贷款业务，也不办理汇票、信用证等结算业务，其主要功能在于为境外银行总行提供境内资本市场的发展情况、相关政策等，同时代表境外母公司与中国客户联络，帮助母公司完成中国客户的相应业务。1979 年日本银行在中国成立代表处，这是外资首次进入中国银行业，选择的进入模式便是设立代表处。自此以后，外资陆续以设立代表处的方式进入中国银行业。至 2010 年中国已有 45 个国家和地区的 185 家银行设立了共 216 家代表处（表 2-5）。

表 2-5 **在华外国银行代表处数量**

年份	1979	1980	1981	1982	1983	1985	1986	1991	1992
总数	1	11	32	54	81	146	180	218	277
年份	1993	1994	1995	1996	1997	1998	1999	2000	2001
总数	302	393	519	527	543	284	247	233	213
年份	2002	2003	2004	2005	2006	2007	2008	2009	2010
总数	211	216	233	238	242	242	237	229	216

数据来源：银保监会历年年报。

2014 年 12 月之前，根据我国相关条例规定，外国银行若想在我国申请设立外商独资银行、中外合资银行或分行等营业性机构，必须提前在中国境内设立代表处。直至 2014 年《外资银行管理条例》的修订，才放宽了此项规定，外资可自主选择是否设立代表处。2019 年我国外国银行代表处数量为 187 家，主要集中于上海和北京两地，占总体的 78%，其中上海共有 83 家外国银行代表处，北京共有63家外国银行代表处。

设立外国银行代表处的优点在于设立成本较低，日常支出较少，能够为以后设立更高级别的机构打下基础，但其缺点在于代表处不能从事相关的金融服务，经营范围受限。因此，首次进入我国银行业的外资，可通过设立代表处的方式试水，待熟悉我国市场环境后再升级为分行或其他形式来开展更多的业务。

2. 外国银行分行

外国银行分行是设立在境内、不具有独立法律地位外国银行的下属分支机构，是外国银行在中国境内业务的延伸扩张，与母行之间存在连带关系，借贷政策直接受母行控制，经营活动受母国税收及法律制度的影响，没有独立的资产和负债，也不能独立承担法律责任，在中国境内可以承办的业务也较少，仅能从事我国允许的如吸收存款、发放贷款以及货币市场等银行业务。设立外国银行分行能够更快更有效地为客户提供跨国业务，方便其在国际金融市场筹借资金；但其存在设立成本较高、设立周期长的缺点。由于外国银行分行未在东道国注册，不具备独立的法人资格，因此东道国会对分行进行较为严格的监管，以保护东道国存款人的利益。

1982年，我国香港南洋商业银行于深圳设立了我国第一家在内地经营的外资银行分行。随着我国银行业对外开放的程度逐步增加、要求逐渐放宽，例如2006年颁布的《中华人民共和国外资银行管理条例》规定外资银行的准入与监管标准与中资银行一致后，在华外资银行的分行数量迅速增长，截至2010年，外资在华共设立了329家分行（表2-6）。

表2-6　　**在华外资银行分行数量**

年份	1985	1986	1987	1988	1989	1990	1991	1992	1993
总数	15	22	25	27	28	31	39	49	71
年份	1994	1995	1996	1997	1998	1999	2000	2001	2002
总数	91	117	132	142	153	156	158	158	146
年份	2003	2004	2005	2006	2007	2008	2009	2010	
总数	156	167	184	200	241	278	300	329	

数据来源：数据来源于银保监会历年年报。

相较于设立外资独资银行的高门槛而言，我国对于外资设立分行的限制更少，因此，设立外资银行分行是外资进入中国银行业时考虑的主要模式，其经营形式大致分为两类：法人银行分行和归属母国的银行分行。截至2020年底，我国共有外资银行分行463家，其中法人银行分行与银行分行总数之比为74.5%，归属母国的银行分行占比25.5%，分布在我国各直辖市和省会城市（表2-7），其中，上海拥有最多的外资银行分行，共84所，其次是北京、广州和深圳，各有46家、36家、43家外资银行分行。各省会城市中，除拉萨、兰州、西宁和银川外，均有外资银行分行。

表2-7　　在华外资银行分行所在地分布

城　市	数量（家）
上海	84
北京	46
广州	36
深圳	34
天津	23
青岛	19
苏州	17
重庆	16
成都	16
杭州	14
厦门	13
武汉	11
大连	11
沈阳	11
福州	10
南京	8
哈尔滨、昆明	两地各有7家
长沙、无锡、西安	三地各有6家

续表

城　市	数量（家）
宁波、东莞	两地各有 5 家
珠海、南昌、济南、南宁、合肥	五地各有 4 家
郑州、潮汕	两地各有 3 家
长春、太原、烟台、南通、佛山、乌鲁木齐	六地各有 2 家
石家庄、绍兴、盐城、泉州、海口、呼和浩特、常州、威海、贵阳、扬州、中山、镇江、唐山、昆山	十四地各有 1 家

数据来源：银保监会、天眼查、企业公开信息、亿欧智库。

3. 中外合资银行

中外合资银行是指外国金融机构与中国企业合作共同出资创立一个新机构，具备独立的法人资格，受中国法律的监管，可与中资银行进行竞争。当外资缺乏对中国市场的了解时，其中国的合作方可以利用本土优势降低其投资失败的风险，还可以帮助其迅速了解中国市场，为后续在华进一步发展打好基础。

设立中外合资银行可以一定程度上防止外国银行的危机传导至合资银行，有利于维持中国金融市场的稳定，但大部分国家对外国银行的出资比例都有较为严格的限制，以避免合资银行完全由国外金融机构控制。我国先后在厦门设立了厦门国际银行，在深圳设立了华商银行，在上海设立了上海巴黎国际银行和华一银行，在福州设立了福建亚洲银行，在宁波设立了浙江商业银行，在青岛设立了青岛国际银行共 7 家中外合资银行。其中，1985 年 8 月成立的厦门国际银行（2013 年由中外合资银行改制为中资商业银行）作为我国首家中外合资银行，由中国工商银行、亚洲开放银行、日本新生银行等机构合资组成，可为境外境内企业和个人提供全面外汇和人民币业务。

4. 外资独资银行

外资独资银行是由一家外国银行单独出资或一家外国银行与其他外国金融机构共同出资设立的营业性机构，主要受东道国法律制约。相较于分行，外资独资银行对资产的要求更高，所受的业务限制更少。1984 年我国成立首家外资独资银行：珠海南通银行。2006年以前，我国外资独资银行数量较少（表2-8），直至2006年年底出台《外资银行管理条例》，赋予了外资银行分行法人权利，允许其人民币业务的经营，促使大量外资银行分行申请改制为法人银行，建立外资独资银行。仅一年时间，我国外资独资银行数量就从2006年年底的14家增长至2007年年底的24家，增长了近1倍。截至2020年年底，中国共有外资独资银行41家，大部分在上海注册。汇丰银行是我国注册资本最多的外资独资银行，注册资本达154亿元，东亚银行、渣打银行、三菱东京日联银行和三井住友银行在华注册资本也均超过了100亿元人民币，分别是141.6亿元、107.27亿元、100亿元和100亿元。

表2-8　　**早期在华外资独资银行**

银行名称	注册时间	股东及出资比例	总部
珠海南通银行	1984年10月	摩根士丹利国际银行有限公司100%	珠海
德富泰银行	1992年6月	美国联合银行有限公司100%	上海
新联商业银行	1993年7月	菲律宾联盟银行有限公司78.8%、陈永栽12.7%、其他个人合计8.5%	厦门
宁波国际银行	1993年6月	印尼国际银行51%，西大洋银行49%	宁波
协和银行	1994年12月	美国协和集团100%	宁波

数据来源：历年《中国金融年鉴》。

（二）参股中资银行

参股中资银行是指外资通过与中国银行签订协商合同，经审批后在一定比例下购买该银行的股权，成为中国银行的股东。1996年亚洲开发银行以1900万美元参股中国光大银行3.28%的股权，开创了外资参股中资银行的先河，当时，政府采用个案报批制度给予外资参股中资银行的资格，2002年底，我国共有7家外资机构成为5家中资银行的股东（表2-9）。

表 2-9　　**2003 年前外资参股中资银行一览表**

<table>
<tr><th>中资银行</th><th>外资机构</th><th>参股时间</th><th>参股比例</th></tr>
<tr><td>光大银行</td><td>亚洲开发银行</td><td>1996 年 10 月</td><td>3. 28%</td></tr>
<tr><td rowspan="4">上海银行</td><td>国际金融公司</td><td>1999 年 9 月</td><td>5%</td></tr>
<tr><td>香港上海汇丰银行</td><td rowspan="3">2001 年 12 月</td><td>8%</td></tr>
<tr><td>上海商业银行</td><td>3%</td></tr>
<tr><td>国际金融公司</td><td>2%</td></tr>
<tr><td>南京银行</td><td>国际金融公司</td><td>2001 年 11 月</td><td>15%</td></tr>
<tr><td>上海浦东发展银行</td><td>花旗银行</td><td>2002 年 12 月</td><td>5%</td></tr>
<tr><td rowspan="2">西安商业银行</td><td>国际金融公司</td><td rowspan="2">2002 年 9 月</td><td>12. 5%</td></tr>
<tr><td>加拿大丰业银行</td><td>12. 5%</td></tr>
</table>

数据来源：根据中资银行官方网站、媒体报道等公开信息整理。

原银保监会于 2003 年发布《境外金融机构投资入股中资金融机构管理办法》，首次允许境外金融机构参股中资金融机构，自此，越来越多的外资机构以购买股权的方式进入我国银行业，具体数据如表 2-10 所示：国有银行中，中国银行 24%的股份由淡马锡、苏格兰皇家银行、瑞银集团等参股占有；中国工商银行 10%的股份由高盛证券、安联集团和美国运通参股占有。股份制商业银行中，光大银行、民生银行、深圳发展银行、渤海银行、华夏银行和中信银行等均有外资参股。上海农村商业银行、南京城市银行、重庆市商业银行等城市商业银行也有外资参股。

表 2-10　　**2003—2006 年外资参股中资银行一览表**

<table>
<tr><th>中资银行</th><th>外资机构</th><th>参股时间</th><th>参股比例</th></tr>
<tr><td rowspan="3">兴业银行</td><td>香港恒生银行</td><td rowspan="3">2003 年 12 月</td><td>15. 98%</td></tr>
<tr><td>淡马锡</td><td>5%</td></tr>
<tr><td>国际金融公司</td><td>4%</td></tr>
<tr><td rowspan="2">民生银行</td><td>国际金融公司</td><td>2004 年 7 月</td><td>1. 22%</td></tr>
<tr><td>淡马锡</td><td>2004 年 11 月</td><td>4. 55%</td></tr>
</table>

续表

中资银行	外资机构	参股时间	参股比例
深圳发展银行	通用电气	2004 年 8 月	17.89%
	新桥投资集团	2005 年 9 月	7%
济南商业银行	澳洲联邦银行	2004 年 9 月	11%
交通银行	香港上海汇丰银行	2005 年 3 月	19.9%
北京银行	荷兰国际集团	2005 年 4 月	19.9%
	国际金融公司		5%
杭州商业银行	澳洲联邦银行	2005 年 6 月	19.9%
中国建设银行	美国银行	2005 年 6 月	8.52%
	淡马锡	2005 年 7 月	6.04%
南京市商业银行	德国金融开发集团	2005 年 7 月	13.3%
中国银行	苏格兰皇家银行	2005 年 8 月	10%
	美林		5%
	淡马锡		2.4%
	瑞银集团	2005 年 9 月	1.6%
	淡马锡	2006 年 2 月	5%
中国工商银行	高盛、安联集团、美国运通	2005 年 8 月	10%
华夏银行	新加坡磐石基金	2005 年 9 月	6.9%
	德意志银行	2006 年 5 月	14%
渤海银行	香港渣打银行	2005 年 9 月	19.99%
南京城市银行	法国巴黎银行	2005 年 10 月	19.7%
宁波城市银行	新加坡华侨银行	2006 年 1 月	12.2%
乌鲁木齐商业银行	巴基斯坦哈比卜银行	2006 年 2 月	19.9%
中信银行	香港中信国际金融控股	2006 年 4 月	19.9%
	西班牙对外银行	2006 年 12 月	5%
天津市商业银行	澳纽银行	2006 年 7 月	20%
杭州市商业银行	亚洲开发银行	2006 年 8 月	5%
广东发展银行	花旗银行	2006 年 11 月	19.9%
上海农村商业银行	澳纽银行	2006 年 11 月	19.9%

续表

中资银行	外资机构		参股时间	参股比例
重庆市商业银行	香港大新银行		2006 年 12 月	17%
	凯雷投资基金			7.99%

数据来源：根据中资银行官方网站、媒体报道等公开信息整理。

随着 2006 年 12 月中国履行加入 WTO 时的承诺对银行业全面开放，我国取消了外资银行在中国经营审慎性、客户和地域的限制，越来越多的境外投资者选择以参股中资银行的方式进入中国银行业。外资参股的对象也越来越广，从股份制商业银行、城市商业银行逐渐开放至国有商业银行，参股策略也由传统的单一外资银行入股转变为多个财团共同出资参股多个银行。目前，外资参股我国银行机构呈现出参股金融机构多元化、投资对象类型多样化的特点。

外资参股中资银行步伐迅速加快，参股比例逐步提高，参股规模日益扩大，可以呈现出“双赢”的效果：对外资而言，既可以规避新设机构审批的限制，又可以有效利用中资银行的网络和资源进行业务拓展，分享中国经济增长的成果；对中资银行来说，不仅有利于健全法人治理结构，全面提升管理技术、风险控制水平、产品创新与服务能力，而且有利于促进中国银行业的改革深化和科学可持续发展。

值得注意的是，对于以参股模式进入我国银行业的外资需区分战略投资者与财务投机者，中资银行引进外资是将外资股东定义为战略投资者、希望通过多元化的股权结构改革，在中资银行内部形成不同性质股东相互制衡的股权结构，从而实现优化公司治理、降低中资银行承担的风险的目的。然而实践中，外资股东逐利的本性决定了其极易从名义上的战略投资者蜕变为实质上的财务投机者，外资股东的投机行为又会导致中资银行风险承担的增加。

外资股东如何区分为战略投资者和财务投机者，目前国内外均无清晰的界定标准。一般认为，战略投资者指以追求长远战略利益为目的，积极参与中资银行的公司治理，致力于提高中资银行长期经营绩效且主要通过股利分红方式获利的外资股东；财务投机者指以追求中短期利益为目的，不积极参与中资银行的公司治理，不关注提高中资银行长期经营绩效且主要通过投机方式获利的外资股东

（表 2-11）。

表 2-11　　**战略投资者与财务投机者对比**

	战略投资者	财务投机者
投资目的	以长远战略利益为目的	以短期利益为目的
是否参与公司治理	积极参与公司治理	不积极参与公司治理
获利方式	主要通过股利分红方式获利	主要通过投机方式获利

其中，财务投机者根据主要获利方式的不同，可进一步区分为非投资交易财务投机者、短期财务投机者和长期财务投机者三种。非投资交易财务投机者指通过对内“技术锁定”及对外“关联交易”方式获利的外资股东。对内“技术锁定”方式获利指外资股东借引入先进技术和管理经验的名义将商业专利、金融产品和管理服务系统高价搭售给中资银行而获利；对外“关联交易”方式获利指外资股东借参与中资银行经营管理之机将商业信息或资金提供给其中国境内嫡系分行而获利。短期财务投机者，指 3 年股权锁定期满后在中资银行股价高时通过直接套现方式获利的外资股东。长期财务投机者指通过相对控股或非控股方式实质控制中资银行获利的外资股东。相对控股方式实质控制中资银行，指在中资银行股权结构分散的情况下，外资股东也极易取得第一大股东地位而实质控制中资银行；非控股方式实质控制中资银行，指在中资银行公司治理不完善的情况下，外资股东也可通过股东间协议、董事会和管理层控制、技术和品牌优势等非控股方式而实质控制中资银行，外资股东如果实质控制了中资银行，就可能通过将中资银行逐渐演变成其全球分销渠道或转嫁风险的工具而长期获利。

可见，战略投资者与财务投机者的区别主要体现在外资股东的投资目的、投资行为对中资银行公司治理及长期绩效的影响、主要获利方式等方面。由于外资股东的投资目的和主要获利方式在实践中难以观察和准确计量，这既给境外引资前中资银行对外资股东性质的甄别带来了较大困难，也给境外引资后外资股东从名义上的战略投资者蜕变为实质上的财务投机者提供了可趁之机，因此，在中资银行与外资股东的互动过程中，外资股东会占据主导地位。

（三）两种进入模式的比较

1. 准入门槛比较

外资进入中国银行业主要有新设和参股两种模式，这两种模式的主要差异在于准入门槛不同。我国对外资银行在华设立外资银行有着较为严格的监管，准入门槛较高，进入时间较长。根据《中华人民共和国外资银行管理条例实施细则》，外国银行若想在中国设立相关机构，不仅需要满足银保监会规定的审慎性条件，还需要报送所在国家或地区金融体系情况和有关金融监管法规摘要。此外，外资银行需满足“经营状况良好，无重大违法违规记录”等一般性原则，才能增加设立分支机构或营业网点；初始运营资金必须大于等于价值1亿元人民币的等值可自由兑换货币才能增设一个分行。但外资银行以参股中资银行的方式进入中国银行业的限制较少，准入门槛较低，所需时间也较短。

2. 进入成本比较

通过新设外资银行的模式进入中国银行业的成本比参股模式更高，因为外资对境内的了解程度不深，其在境内设立外资银行前，需进行大量的前期准备和筹建，了解境内市场、法律、金融环境，还需要培训员工，获取业务，时间、资金、人工的投入成本较高。外资通过参股中资银行的模式进入中国银行业无需设立新机构、培训新员工，可以避开各种政策限制，以较低的成本进入；还可以直接享有中资银行已有的资源，短时间内了解并适应国内的政策环境、人文环境、市场环境等。

3. 进入速度比较

外国银行在华设立外资银行首先需要进行可行性分析，之后对项目进行评估，然后开始建设，在建设过程中，由于对国内金融市场不熟悉，外资银行需要花费几年的时间才能在中国市场稳定下来，进入速度较慢；相较而言，参股模式进入中国银行业不需要固定资本的投入，通过考察目标银行，确定参股意向后，便可进行谈判和签约，进入中国市场，进入速度更快。

4. 业务扩张比较

出于对本国银行业的保护，东道主国家往往对外资银行在本国的业务范围规定了较多的限制，如新加坡遏制外资银行参与本地银行相关的经营业务，德国规定外国银行不能将德国投资公司的互助基金作为存款。我国也会限制外资银行在华的人民币业务经营对象、经营地域等，具体规定如表2-12所示。相比之下，参股模式进入中国银行业的外资可以避开业务上的较多限制，业务扩张更具优势。

表2-12 **外资银行在华开展人民币业务的限制**

经营人民币业务的限制	外资银行
业务对象限制	2003年开放对中资企业业务；2006年开放对居民个人业务。
经营地域限制	加入WTO后，开放上海、天津、深圳和大连；而后逐渐开放广州、青岛、珠海、武汉、南京、济南、成都、福州、重庆、北京、昆明和厦门等城市；加入后5年内，取消地域限制。
最低营运资金要求	对于全面经营人民币和外币业务的分行，营运资金不少于6亿元，其中人民币资金不少于4亿元，外币资金不少于2亿元人民币等值的自由兑换货币。
其他监管要求	外资银行的投资总额不得超过其实收资本加储备金之和的30%；外资金融机构在中国境内吸收的存款不得超过其总资产的40%。

5. 控制权比较

外资通过设立外资银行的模式进入中国银行业，可以独享外资银行的控制权，拥有自主话语权，能够决定银行的发展事项。参股中资银行可以享受中国经济快速增长的成果，但外资以参股模式进入中国银行业时，占有的股份较少，控制权较弱；此外，外资参与中资银行治理过程中，可能会在企业文化、管理理念上与中资银行存在差异，甚至产生冲突，需要相互沟通与磨合。

6. 风险与收益比较

外资银行可享有设立的外资银行百分百的利润，利润空间更大，但与此同时，外资银行承担的风险也更大。以参股模式进入中国银行业时，由于占有的股份较少，可供分享的利润也较少，但相应的需承担的风险也更低。

综上所述，新设和参股两种进入模式在东道国准入门槛、进入成本、进入速度、业务扩张、控制权以及风险与收益上存在差异，各有优劣，外资应根据自身实际情况选择最适合的进入方式（表2-13）。

表2-13　**两种进入模式的比较**

	设立外资银行	参股中资银行
准入门槛	高	低
进入成本	高	低
进入速度	慢	快
业务扩张	难	易
控制权大小	大	小
风险与收益	高	低

三、影响外资进入中国银行业模式选择的因素

外资在进入中国银行业时，存在新设和参股两种进入模式，国内外学者在大量实证研究的基础上发现，外资自身因素和东道国因素均会对其进入模式的选择产生影响。

（一）外资自身因素

外资在选择进入东道国的方式时，受到自身因素的影响，如对外投资经验、对外投资战略、对外投资成本、外资具备的优势等。

对外投资经验：外资自身投资经验的丰富程度会影响外资进入海外市场的方式。对外投资经验较少、对东道国环境不熟悉、对东道国文化不了解的外资出于风险的考虑，一般不会直接在东道国设立分行和独资银行，而是选择以设立代表处或参股方式进入东道国，先以此方式熟悉东道国的市场环境、文化环境、经济发展水平等，弥补其在经验上的不足，而后再考虑是否在东道国设立分行或独资银行；对外投资经验较丰富、对东道国环境较为熟悉的外资有能力开发差异化产品、提供创新技术，且难以从入股的东道国企业获得新技术、新经验，因此其倾向于新设一个机构进入东道国。当外资选择进入中国市场时，若其曾投资过中资银行，对中国银行业的发展较为熟悉，或拥有对其他国家进行海外投资的丰富经

验，其倾向于在中国设立分行或独资银行；反之，若其未曾投资过中国，对中国市场环境了解程度不深，也缺乏对其他国家的海外投资经验，其倾向于以参股模式进入中国市场。

对外投资战略：外资对外投资采取的战略不同，其进入方式也不同。外资对外投资战略有差异化竞争战略、战略联盟战略和分层战略。差异化竞争战略是指外资借助自身产品和服务优势，与东道国银行展开竞争，抢占市场。当外资采用差异化竞争战略时，其对自身竞争能力存在信心，倾向于以新设方式进入东道国银行业，并获取百分百的利润。战略联盟战略是指外资为实现战略性目的与东道国银行达成的一种长期的合作方式，当外资对东道国市场不了解时，会选择与东道国银行结成联盟，低成本进入市场，降低投资风险，此时外资多以参股模式与东道国银行构建战略联盟。分层战略是指外资对客户进行划分，为不同类型的客户提供专属的定制化产品和服务，对于银行来说，其业务成本大多以次计，利润以量计，同样性质但不同金额的服务成本相近，但利润相差较大，如一笔 100 元的存款和 100 万元的存款，对银行来说，人工和技术成本相同，但带来的利润相差甚大，因此银行多采用分层战略，将客户区分为普通客户和 VIP 客户，提供不同的服务。当外资采取分层战略时，其通常既在东道国新设营业机构又参股东道国银行，其新设营业机构主要面向高端客户，参股的东道国银行主要面向低端客户。外资可根据其针对中国市场制定的投资战略，选择相应的进入方式。

对外投资成本：对外投资成本会对外资进入东道国方式的选择产生影响。一般而言，外资以新设方式进入时需要购置资产、培训员工，且可能面临高额的垄断租金和扩张成本，进入成本较高，相比而言，以参股模式进入时成本更低，因此外资在选择进入中国银行业的方式时，会综合考虑不同进入模式下所需花费的投资成本及预期能获取的投资收益，并选择适宜的、利润最大化的进入方式。

外资具备的优势：外资进入方式的选择也与其具备的优势相关，国际生产折中理论就表明，当外资同时拥有所有权、内部化和区位三类优势时，外资倾向于以直接投资的方式进入东道国，若仅能保证所有权方面的优势，外资通常选择技术授权方式间接进入东道国，若具有内部化优势和区位优势，外资更可能考虑通过出口方式进入（表 2-14）。所有权优势是指外资具备的无形资产优势、规模经济优势、生产管理优势等，内部化优势是指通过内部交易体系的建立可以降低运营成本的优势，区位优势是东道国提供给外资当地的各类优惠政策等。中国在税收、经营权等方面为外资提供了许多优惠待遇，外资进入中国市场后在贸易上能够享受平等的国民待遇，具备区位优势。当外资自身同时具备内部化优势，并相较于中资银行而言具备所有权优势时，其倾向于对中国银行业进行直接投资。

表 2-14　　外资优势与进入方式选择

方式	所有权优势	内部化优势	区位优势
对外直接投资	具备	具备	具备
出口（贸易式）	具备	具备	不具备
无形资产转让	具备	不具备	不具备

（二）东道国因素

除外资自身因素外，东道国的政策、市场结构、技术水平等因素也会影响外资进入方式的选择。

东道国的政策：外资进入东道国模式的选择很大程度上受到东道国政策的影响，若东道国以积极的态度吸引外资，对外资的限制较少，外资可以自由选择进入模式；若东道国的政策存在限制，那么外资只能以东道国政策允许方式进入。以中国为例，1994 年前，《关于向金融机构投资入股的暂行规定》规定中资金融机构不能接受外资投资，受此政策限制，此时期外资只能选择新设方式进入我国银行业。《中华人民共和国外资银行管理条例》规定外资必须在中国境内设立代表处 2 年以上才有设立外商独资银行的资格。据此政策，外资若想在中国成立外资独资银行，需要先在我国设立代表处，而后根据实际经营情况再拟订其下一步的进入方式。

东道国的市场结构：外资进入东道国模式的选择与东道国市场结构有关。当东道国市场饱和时，外资若以新设模式新设外资银行进入东道国市场，难以抢占市场，或者需要以更大的成本才能在东道国立足，获利空间较小；若外资以参股模式进入东道国市场，可以帮助参股中资银行改善公司治理，提高中资银行的经营效率，同时提供创新服务，帮助中资银行吸引客户，提高其竞争力，扩大市场份额，从中获取利益。因此，当东道国市场倾向饱和时，外资更愿意以参股的方式进入。反之，当东道国市场还未达到饱和时，外资在东道国新设的银行机构具有较大的发展空间，能够和东道国银行进行竞争，且外资拥有先进的管理经验和优质的服务水平，在竞争中往往展示出优势地位，能够占领一定的市场，获得利润，因此当东道国市场空间更大时，外资更愿意以新设机构的方式进入。目前，随着我国银行业市场饱和度的不断上升，越来越多的外资以参股模式进入我国银行业。

东道国技术水平：东道国技术水平也会影响外资进入东道国的模式。东道国银行技术水平越高，其平均经营成本越低，低成本使东道国银行在与外资银行竞争时占据一定的优势，无惧外资银行进入带来的挑战。当东道国银行的技术水平高于外资银行时，新设立的外资机构难以在成本上获得优势，获利风险较高，此时外资倾向于以参股模式进入东道国银行业，反之，当东道国银行技术水平低于外资银行时，外资倾向于以新设模式进入东道国银行业。此外，当东道国银行的技术水平高于外资银行时，外资往往选择参股进入东道国银行业，便于其学习东道国银行业的新技术、新知识，提高自身经营效益；当东道国银行的技术水平远低于外资银行时，外资难以获得东道国的技术溢出效应，此时，外资更倾向于新设机构进入当地。

第二节　外资进入中国银行业的发展历程

外资进入中国银行业的发展历程，与中国银行业的外资引入政策密切相关。

一、引入外资进入中国银行业的相关政策

为推进改革开放的进程，吸引外资进入中国，我国政府多次出台与外资银行有关的政策文件，以鼓励外资的进入（见表 2-15）。

表 2-15　**我国境外引资相关政策**

时间	政策文件	主要内容
1983 年	《关于侨资、外资金融机构在中国设立常驻机构的管理办法》	侨资外资金融机构，如确有需要可申请在中国北京和经济特区设立常驻代表机构。
1985 年	《中华人民共和国经济特区外资银行、中外合资银行管理条例》	确立了外资金融机构在我国经济特区设立营业性分支机构的法律架构，标志着我国金融业开放向规范化方向发展。
1987 年	《中国人民银行关于经济特区外资银行、中外合资银行业务管理的若干暂行规定》	加强和改善了对经济特区外资银行、外资银行分行、中外合资银行的业务管理。
1991 年	《中国人民银行关于外资金融机构在中国设立常驻代表机构的管理办法》	此办法规范了对外资金融机构在中国常驻代表机构的管理，对外资金融机构在中国境内开放城市申请设立常驻代表机构等事项进行了规范。
1994 年	《中华人民共和国外资金融机构管理条例》	首个外资银行管理条例，明确规定了外资银行的市场准入条件和监管标准，并允许设立外资银行、外国银行分行、合资银行。
1994 年	《外资银行人民币专用账户暂行管理规定》	外资银行只办理结汇业务，暂不办理售汇业务。所有办理结汇业务的外资银行，必须严格按照该规定开立和使用人民币专用账户。
1996 年	《上海浦东外资金融机构经营人民币业务试点暂行管理方法》	允许外资银行在上海浦东试点经营人民币业务，服务对象限于外资企业和境外居民。
1996 年	《外资银行结汇、售汇及付汇业务实施细则》	规定外资银行只能办理外商投资企业的结汇、售汇及付汇业务，非外商投资企业贷款项下的结算业务和国家外汇管理局批准的其他结汇、售汇及付汇业务。
1996 年	《在华外资银行设立分支机构暂行管理规定》	允许上海等四个城市符合条件的外资银行分行设立支行；允许符合标准的在华外资独资和合资银行设立分行。

续表

时间	政策文件	主要内容
1998年	《关于批准外资银行加入全国同业拆借有关问题的通知》	允许外资银行加入中国同业拆借市场。
1999年	《关于扩大上海、深圳外资银行人民币业务范围的通知》	放宽对外资银行人民币业务的区域限制和人民币业务的规模限制。
1999年	《外资银行外部审计指导意见》	为规范外资银行的外部审计工作，本方法针对外资银行聘请注册会计师的原则、聘请会计事务所应具备的资格、审计程序与方式、审计内容和范围等做出规定。
2002年	《外资金融机构驻华代表处机构管理办法》	为适应对外开放和经济发展的需要，加强对外资金融机构驻华代表机构的管理，本办法针对外资金融机构在华设立代表处的申请与设立、监督与管理、终止与处罚等做出规定。
2003年	《境外金融机构投资入股中资金融机构管理办法》	规定境外金融机构可通过参股方式进入中国银行业，并对持股比例上限做出了规定，原先单一外资金融机构的参股中资银行比例从15%放宽至20%，全体外资金融机构的参股比例也从20%放宽至25%。
2004年	《境内外资银行外债管理办法》	国家对境内外资银行的外债实行总量控制，境内外资银行借用外债，签约期限在1年期以上（不含1年期）的中长期外债，由国家发展改革委按年度核定发生额；签约期限在1年期以下的短期外债，由外汇局核定余额。
2006年	《中华人民共和国外资银行管理条例》及《中华人民共和国外资银行管理条例实施细则》	将外资银行的准入与监管标准放宽至与中资银行一致，外资银行办理人民币业务不再受到地域和客户的限制。
2010年	《境内银行境外直接投资外汇管理》	规范境内银行境外投资业务，如境内银行办理境外直接投资的注册、审核、变更等程序。

续表

时间	政策文件	主要内容
2014年	《中华人民共和国外资银行管理条例（2014年修订）》	外资银行营业性机构已经或者可能发生信用危机，严重影响存款人和其他客户合法权益的，国务院银行业监督管理机构可以依法对该外资银行营业性机构实行接管或者促成机构重组。
2014年	《中国银监会外资银行行政许可事项实施办法》	规范银监会及其派出机构实施外资银行行政许可行为，明确行政许可事项、条件、程序和期限，保护申请人合法权益。
2015年	《中国银监会外资银行行政许可事项实施办法（2015年修订）》	放宽了外商独资银行股东条件，取消了需在境内设立代表处2年以上的规定。
2017年	《关于外资银行开展部分业务有关事项的通知》	对外商独资银行、中外合资银行、外国银行开展国债承销业务、托管业务、财务顾问等咨询服务业务等内容进行了规定。
2018年	《中国银监会外资银行行政许可事项实施办法（2018年修订）》	增加了外资法人银行投资设立、入股境内银行业金融机构的许可条件、程序和申请材料等规定。
2018年	《中国银保监会关于废止和修改部分规章的决定》	删去了外商在中资银行和金融资产管理公司的持股限额规定。
2019年	《关于进一步扩大金融业对外开放的有关举措》	推出11条扩大金融业对外开放的政策，如允许外资机构在华开展信用评级业务时，可以对银行间债券市场和交易所债券市场的所有种类债券评级；鼓励境外金融机构参与设立、投资入股商业银行理财子公司等。
2019年	《中华人民共和国外资银行管理条例（2019年修订）》	此次修订扩大了外资银行商业存在形式选择范围，取消来华设立机构的外资银行总资产要求，取消人民币业务审批，调整外资银行分行生息资产指标要求等，持续推动中国银行业对外开放进程。

续表

时间	政策文件	主要内容
2019 年	《中国银保监会外资银行行政许可事项实施办法》	持续推进银行业对外开放措施依法落地，允许外资银行在中国境内同时设立分行和外资法人银行，取消外资银行来华设立营业性机构需满足的总资产要求，放宽中外合资银行中方主要股东选择范围。

二、外资进入中国银行业的发展历程

银行业对外开放作为我国改革开放的重要内容之一，是中国融入全球经济的必然要求。自此，外资逐渐流入中国。我国在 2001 年加入 WTO 后，进一步增加了对外开放程度，进一步推动了外资进入我国银行业。目前，外资银行已在中国银行业占据了相当的比例。我国银行业采取了逐步开放政策，依据市场环境及政策环境的变化，可将外资进入中国银行业的历程划分为 5 个阶段（见图 2-3）。

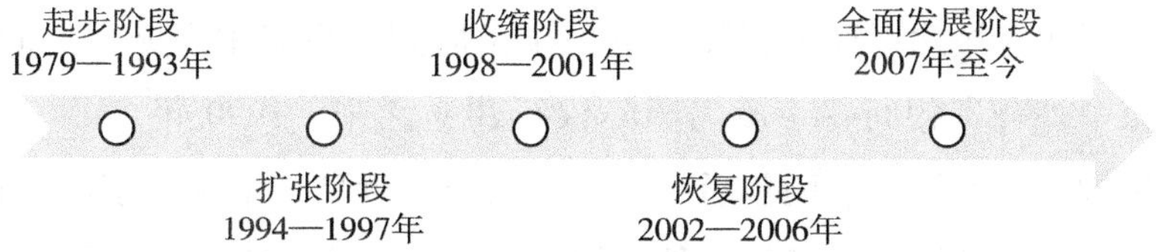

图 2-3　外资进入我国银行业的发展阶段

（一）第一阶段：初始阶段（1979 年至 1993 年）

1979—1993 年是外资进入中国银行业的初始阶段，在此阶段，我国限定了外资银行可进入的城市并仅允许外资设立代表处或营业性机构。1978 年 12 月，我国开始实行对内改革、对外开放的政策，作为改革开放重点行业之一，我国银行业积极响应政策，引入外资，并基于维持银行业稳定的考虑，选取了逐步开放战略。

改革开放以前，为保障计划经济的实行，我国银行体系为高度集权的“大一统”模式，只有中国人民银行一家独大，储蓄、贷款等金融业务均由中国人民银行承办管理，此次改革针对银行业的举措之一便是打破“大一统”格局，将商业银行属性的业务从中国人民银行中分离出来，建立专业银行和央行明确分工的双层银行体系架构。1979 年 2 月，中国农业银行重新建立；1 个月后，中国银行从中国人民银行分离出来，成为专注外汇的专业银行；1983 年 5 月，中国人民建设银行亦从财政部独立出来，是中国建设银行的前身；1984 年 1 月，中国工商银行成立，主要负责工商信贷和储蓄业务的处理。

实行改革开放后，我国社会经济等方面均取得了长足的发展，也加大了与其他国家的贸易往来，吸引了外资对我国进行投资。1979 年，日本输出入银行成为进入我国的第一家外资机构，在北京开设代表处；1982 年，中国香港南洋商业银行在深圳设立第一家外资银行分行。同年，我国逐步设立经济特区，特许外资在经济特区内设立营业性金融机构，并不断扩大其经营地域。1984 年，我国第一家外资独资银行——珠海南通银行由摩根士丹利国际银行有限公司设立。1985 年，我国颁布的《中华人民共和国经济特区外资银行、中外合资银行管理条例》，开放了深圳、厦门、珠海、汕头和海南，允许外资设立营业性分支机构；随后，对外开放区域除了经济特区外进一步扩展到了更多中心城市。同年 8 月，我国第一家中外合资银行——厦门国际银行建立起来。1990 年，第一家外资营业性金融机构在上海设立。两年后，大连、天津、青岛、南京、宁波、福州、广州 7 个城市直接对外资银行开放，外资银行进入中国不再需要通过我国香港、日本和欧美银行间接进入。截至 1993 年底，我国共成立了 76 家营业性机构，资产总额接近 89 亿美元（见图 2-4）。

（二）第二阶段：扩张阶段（1994 至 1997 年）

1994 年至 1997 年是外资在中国银行业的飞速发展阶段，在此阶段，我国社会主义市场化经济体制更加完善，对外贸易开放程度增强，经济发展迅速。随着外资迅速进入我国银行业。我国颁布了一系列法律法规，如 1985 年的《中华人民共和国经济特区外资银行、中外合资银行管理条例》和 1994 年的《中华人民共和国外资金融机构管理条例》，进一步全面完善了外资的规范管理，明确了外资进入中国金融市场准入条件和监管标准，相应的外资监管法制化、规范化得到

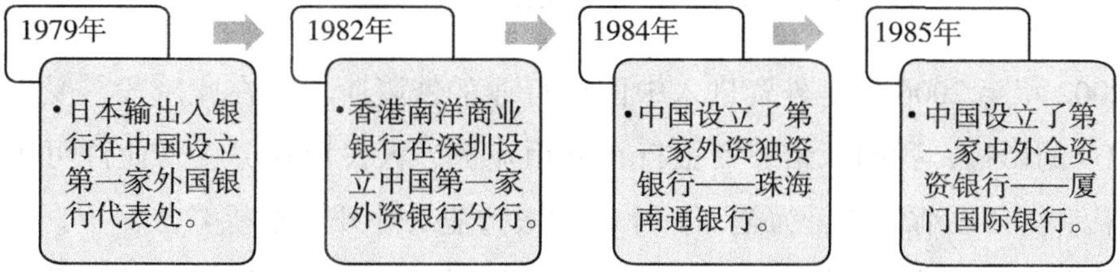

图 2-4　外资进入中国银行业情况

增强。在此阶段，银行业对外资开放的地域进一步扩大，外资不仅可以进入中心城市和沿海城市，还可以扩张到全国整个范围，如 1994 年，外资可在武汉、杭州等 10 个内地城市设立金融性机构；截至 1995 年年底，中国已对外资开放了 26 个城市。此外，1996 年颁布的《上海浦东外资金融机构经营人民币业务试点暂行管理办法》允许少数外资银行对外提供人民币业务，扩大了外资银行的业务范围。1997 年底，中国外资银行营业性机构共 164 家，资产总额是初始阶段的 4 倍多。

（三）第三阶段：收缩阶段（1998 年至 2001 年）

1998 年至 2001 年是外资进入中国银行业的收缩阶段。受亚洲金融危机的影响，中国经济增速下跌，对外贸易严重受挫，以外贸业务为主的在华外资银行难以避免不利影响，致使业务收缩、资产降低；与此同时，外资出于规避风险的考虑，更加谨慎地对待在华机构投资和业务拓展事项，进入中国银行业的脚步也有所放缓，甚至存在个别外资银行退出中国市场的现象，外资银行在华总资产额从 1997 年至 1999 年下跌了 60 多亿美元，并且在 1997—2001 年 4 年内，仅增加了 13 家外资银行营业性机构，4 年内的增长率共为 18%。为尽可能消除亚洲金融危机带来的负面影响，吸引更多的外资进入中国，促进外资银行在中国的发展，我国政府采取了一系列政策措施，进一步扩大对外资银行的开放程度。如新增深圳作为允许外资银行经营人民币业务的第二个试点城市，又如 1998 年发布相关通知允许外资银行与全国银行间同业拆借，增加其人民币业务资金获取来源。

（四）第四阶段：恢复阶段（2002 年至 2006 年）

2002 年至 2006 年是外资进入中国银行业的恢复阶段。在此阶段，受中国加入 WTO 的影响，我国承诺外资银行在外币业务、人民币业务、营业许可等多方面的限制将会逐渐取消，为全面有序推动银行业对外开放不断努力。

我国于 2001 年 12 月 11 日正式加入世界贸易组织（WTO），标志着我国对外开放进程质的飞跃。WTO 是一个独立于联合国的永久性国际组织，致力于实现世界贸易的自由化和公平。加入 WTO 时，我国承诺取消人民币业务服务的对象和地域限制，入世两年内允许外资银行给中国企业提供人民币业务，入世 5 年内开放中国所有地域；在外汇业务方面，允许外资银行对任何对象提供服务，允许外资银行设立同城营业网点，审批条件与中资银行相同。

为履行承诺，提供给外资银行更自由的发展条件，2002 年国务院和人民银行分别颁布了《中华人民共和国外资金融机构管理条例》《中华人民共和国外资金融机构管理条例实施细则》和《外资金融机构驻华代表机构管理办法》，逐步取消外资银行设立地区、服务对象以及业务项目等限制，扩大外资银行经营范围，允许其办理部分人民币、衍生性金融商品、保险代理等业务。

加入 WTO 后，政府为实现金融机构的统一监管，2003 年 4 月国务院开设中国银行业监督管理委员会（银监会）。2003 年 12 月，银监会开放外资银行经营中资企业人民币业务的资格，许可济南、福州、重庆和成都 4 个城市经营人民币业务，随后，又逐渐开放外资银行在昆明、北京、厦门、西安等城市的人民币业务。我国于 2003 年 12 月颁布的《境外金融机构投资入股中资金融机构管理办法》规定，境外金融机构通过参股方式进入中国银行业的持股比例上限升高 5%，单一外资金融机构参股比例从 15%放宽至 20%，全体外资金融机构也从 20%放宽至 25%，同时为进一步吸引战略投资者，银监会在 2006 年的《国有银行公司治理及相关监督指引》条例中，确定了战略投资者引入的五大原则，持股比例原则上大于等于 5%，投资者股权持有期应保持 3 年以上，同时战略投资者的背景、资质、经验、专业度和合作意愿等应当被评估审核，并要求其向国内银行派出董事，战略投资者投资商业银行性质的国有银行最多两家。银监会于同年 12 月实施的《外资银行管理条例》和《外资银行管理条例实施细则》主要是将外资银行的准入与监管标准确定为与中资银行一致，通过保证外资银行办理人民币业务享受所谓国民待遇，打破地域和客户限制，以吸引更多的国外战略投资者进入商业银行，改善中国银行的公司治理结构。

自从2001年12月我国加入WTO以来，不仅积极履行承诺，逐步放宽了外资银行外汇业务和人民币业务的准入条件，还同时取消了地域限制和客户对象限制，并根据时代和经济社会的发展需要，因时制宜地给予了针对性的配套措施，如通过更优惠政策鼓励外资银行选择中西部地区和东北地区，调整外资银行营运资金政策和外资机构参股中资银行比例上限，开放当地的外资代理保险业务等。此阶段是对上一阶段的过渡调整。随着我国对外资的限制不断减少，外资银行在华的未来发展前景良好。刚加入WTO时，外资银行在我国的机构总数只有190家，经过5年的开放调整，至2006年末，在华外资银行营业性机构已增长60%多，达到312家，资产总额超9000亿元。

（五）第五阶段：全面发展阶段（2007年至今）

2006年年底，我国银行业在原有基础上进一步加大开放力度，取消了对外资银行的所有非审慎性限制，外资进入中国银行业迎来了全面发展阶段，外资在中国的机构数量、资产规模等迅速发展。同时大量外资银行跟随法人银行政策，对其分行申请改制，将原有的银行分行升级成外资法人银行。2007年以前，非法人性质的分行占外资银行比例约90%，至2007年底，非法人性质的分行占比已减半至45%。外资银行转制的政策实施也不断推动外资金融机构网点向中西部和东北地区延伸。

2008年全球金融危机蔓延至全世界，部分外资银行难以维持经营，开始撤离中国市场或减持中资银行股份，外资银行机构数量在2008年出现了大幅下降，摩根大通、苏格兰皇家银行等陆续减持其在中行、工行、招行等银行的股权。随着国内经济逐渐稳定，外资银行机构数量才逐步回升。在此期间，也有部分外资扩大了对中国的投资，2009年2月，恒生银行收购烟台市商业银行20%的股份，共出资8亿人民币；同年年底，加拿大丰业银行也出资购入西安银行股份。

随着银行业开放的深化，我国银行业循序渐进地完成对外开放目标，政策放宽领域涉及外资银行及营业机构业务、经营地域和持股比例等多个范围。2015

年，国务院修订《中华人民共和国外资银行管理条例》，进一步放宽了外资银行的市场准入条件和经营人民币业务条件。2017 年，国务院发布的《国务院关于扩大对外开放积极利用外资若干措施的通知》修订了《外商投资产业指导目录》及相关政策法规，降低了诸如服务业、采矿业等多个行业的外资准入壁垒。同年银保监会发布的《关于外资银行开展部分业务有关事项的通知》进一步规范了外商独资银行、中外合资银行、外资银行在国内开展的国债承销业务、托管业务、财务顾问等咨询服务等业务。2018 年，中国银保监会陆续出台了《银保监会加快落实银行业和保险业对外开放举措》《中国银行保险监督管理委员会关于废止和修改部分规章的决定（征求意见稿）》，取消了对中资银行和金融资产管理公司对外资持股比例的限制，实施内外一致的股权投资比例规则，并将外资人身险公司外方股比例上限提升到 51%，3 年后不再设限，持续推进外资投资便利化(图 2-5)。2019 年，国务院发布《关于进一步做好利用外资工作的意见》已经全面取消了外资银行等金融机构的在华业务范围限制。

2018年：15条银行业保险业开放措施	2019年：19条金融业开放措施
· 取消银行和金融资产管理公司的外资持股比例限制； · 允许外资银行在我国境内同时设立分行和子行； · 对商业银行新发起设立的金融资产投资公司和理财公司的外资持股比例不设上限； · 开放外资保险经纪公司经营范围；鼓励在信托、金融租赁、汽车金融、货币经纪、消费金融等银行业金融领域引入外资； · 大幅度扩大外资银行业务范围。	· 取消单家中资银行和单家外资银行对中资商业银行的持股比例上限； · 取消外资银行来华设立外资法人银行的100亿美元总资产要求和外资银行来华设立分行的200亿美元总资产要求； · 放宽中外合资银行中方股东限制，取消中方唯一或主要股东必须是金融机构的要求； · 取消外资银行开办人民币业务审批，允许外资银行开业时即可经营人民币业务； · 允许外资银行经营“代理收付款项”业务。

图 2-5　2018 年、2019 年与外资银行相关的金融开放措施

在此阶段，我国银行业与国际市场进一步接轨，外资对我国持续渗透，投资金额不断增长，在华设立机构数量也逐年上升，在我国银行业中扮演着越来越重要的角色。2019 年末，中国共有 41 家外资独资银行、118 家直属外资银行分行和 187 家代表处，外资银行营业机构总数达 993 家，资产总额共计 3. 37 万亿元。

自1979年日本输出入银行在华建立代表处以来，外资银行在中国发展已有40余年，从外资银行在华的发展历程来看，可以发现随着我国对外政策的逐步开放，外资在我国银行业中的参与度逐渐增强、机构数量不断上升、经营范围日益拓宽、服务对象越发多元化，有着如下变化：在进入模式上，由一开始的设立非营业性机构，到设立营业性机构，再到以参股模式进入我国银行业；在业务范围上，由仅提供外汇业务到允许外资银行提供人民币业务；在业务种类上，由单一向多元发展；在服务对象上，从外资企业即境外居民到中资企业再到中国本地居民；在经营地域上，从沿海开放城市向内地发展，从中心城市向县域地区逐渐蔓延。

三、外资进入中国银行业的动因

（一）追随客户

追随客户是指当母国客户进入中国市场发展，外资会追随母国客户，进入中国银行业，为其提供国际结算、直接投资等服务，以避免客户的流失。随着世界经济贸易的迅速发展，各国经济融合程度不断加深，不少企业进入国际市场，开拓跨国业务。若外国银行在母国与许多进出口企业间有着较为长期的业务往来和稳定的合作关系，当这些企业对外投资或交易时，便产生了跨国金融服务的需求，为与这些企业客户继续保持合作，银行需要为其提供相应的跨国服务，也就说银行需要将自己的业务进行国际化拓展，如在客户投资国设立代表处、分行等，追随客户进入其他国家，为客户提供相应的服务。一方面，外资企业刚进入中国发展时，尚未与中资银行建立联系，也不了解中国银行业环境，更倾向于选择本国的银行进行业务往来，该国银行为满足外资企业的需求，为其提供所需的信息，可进入中国银行业成立外资银行，在中国境内建立起长效的信息网络。同时，外资进入中国银行业能够丰富其国际化布局，降低交易成本。另一方面，外资银行的进入也会间接带动与外资银行关系密切的客户进入中国市场，银企之间相辅相成，互相促进导致银行的海外规模不断扩大，也给银行带来了更多的海外业务量。

（二）分散风险

根据投资分散理论，市场风险一般分为个别风险和系统风险，其中系统风险是不能避免的风险，而个别风险可以通过分散投资、进行不同资产组合的方式来规避，即分散投资可以在兼顾收益的同时缓解风险，提高风险收益比。分散投资主要有四种方法，依次是对象分散法、时机分散法、地域分散法和期限分散法。对象分散法顾名思义是指商业银行将投资资金合理分布在不同类型的多个投资对象上；时机分散法是指商业银行选择合适的投资时机，可纵向多次对某个项目或证券进行长期投资，分散因投资时机过于集中而带来风险；地域分散法指的是商业银行可以投资一个国家不同地区甚至国内国外多个金融市场上发行的证券，分散地域集中的系统性风险；期限投资法指的是商业银行选择投资不同期限的证券，调节利率，降低风险。

对于外资而言，进行跨国投资可以避免因母国政治、经济的动荡而可能出现的损失，一定程度上分散风险。如果外资仅在母国发展，其受母国政策和经济的影响较大，当母国政治和经济发生较大变化时，外资极易受到波动，导致经营和发展具备不确定性，形成较大的风险。当外资进行跨国投资，如进入中国银行业时，由于不再是单一的资产经营，而是形成了一个资产组合，外资能够比较有效地分散因在母国单一经营带来的风险。因此，外资基于规避风险的考虑，有动机进入中国银行业，实现银行资本的国际经营。

（三）扩张市场

当外资在母国受到较多限制时，会通过跨国投资的方式扩张市场，获取利润。如美国不允许商业银行从事投资业务，不少商业银行便在其他国家设立营利性机构，花旗银行为规避当局管制，积极开拓欧洲市场。发展中国家金融业较发达国家起步晚、业内各方面发展规范存在差距，发达国家金融业发展更为成熟，在技术、人才等方面较发展中国家均有优势，因此，外资倾向于在发展中国家开拓市场。作为世界范围内最大的发展中国家，中国正处于经济高速成长的红利阶段，潜力巨大。同时，中国银行系统尚不发达，在管理水平、创新能力等方面距离外国银行还有一定的差距，外资能够在中国银行业的竞争中获得较大的优势。

此外，自改革开放以来，中国政府为吸引外资进入，在税收、经营范围、控股年限等多方面给予了优惠宽松的政策待遇，为外资在华发展提供了良好的政策环境。因此，面对具有广阔发展前景、巨大经济潜力以及秉持对外开放的中国市场，外资进入后具有可观的利润空间。

（四）获取利益

外资进入其他国家后，能够利用自身优势在东道国市场获取更多的利益。根据国际生产折中理论，只有当外资同时具备所有权优势、内部化优势和区位优势时，才会进行海外扩张。所有权优势是指外资在母国的经营中较之东道国的银行业所独有的资产和所有权，如特有的技术、专业化服务、资产规模、创新能力、国际化经验等。这些资产和所有权使得外资在与东道国银行业进行竞争时，具备诸如资金优势、业务优势、管理优势等，能够帮助外资在竞争中抢占市场，赢得利润。发展中国家银行业发展水平往往不如发达国家，也存在较多问题，如中国银行业在运营中仍存在诸如内部人控制、激励约束机制不完善、效益有待增加等问题，在资金上、业务上、管理上与发达国家存在差距，不具备优势。内部化优势是指外资通过直接对外投资，能够使中间产品内部化，减少交易成本，从而增加收益，提高利润。区位优势是指外资在投资地域上获得的优势，其可以选择市场潜力大、自然资源丰富、劳动力廉价、优惠丰厚、监管宽松的东道国进行投资，更易获得丰厚利润。入世之后，中国取消了对外资的地域、客户和业务多种限制，还在税收政策上给予了外资银行较大优惠，基本上是超国民待遇，如外资在特区的营业税可以得到进一步优惠的减免、外汇贷款可以结汇等。可见，在外资具备所有权优势、内部化优势和区位优势并选择进入中国银行业后，其能够利用自身优势在竞争中胜过中资银行，吸引更多的客户，获得比国内更高的利润。

（五）降低交易成本

根据内部化理论，当市场不完全时，一个生产环节较多的企业，如果其将中间产品交由外部企业生产，外部企业会分走一部分利润，无法达到利润最大化的目标，但如果企业建立内部市场，通过内部交易获得中间产品，则可一定程度上降低交易成本。外资与其他国家进行贸易往来时，出于内部化的考虑，其倾向于直接进入其他国家市场，对其进行直接投资，通过内部机构协调资源配置，降低交易成本，进而实现生产的利润最大化。一方面外资进入其他国家后，扩大了自身的经营规模，能够实现规模经济，降低固定经营成本，提高经济效益；另一方面外资进入其他国家后，经营业务会有所增加，能够实现范围经济，即经营多种业务的单位成本会小于只经营少数业务的单位成本，从而降低成本，获得超额利益。

第三节　外资进入对中国银行业的影响

一、积极影响

（一）有利于学习先进的管理理念和管理方式

与中资银行相比，外资银行实力更加雄厚，不仅拥有更为充足的资金，还具备更先进完备的管理经验和经营策略，中国银行业引进外资不仅可以缓解资本金不足的紧张局面，提高资本充足率，从而改善银行的财务状况，为银行的稳健经营奠定良好的基础，还可以学习先进的技术和管理经验，提高银行的核心竞争力。

作为行业的佼佼者，外资在长期经营过程中积累了丰富的技术和管理经验，具备先进的经验策略，拥有领先的技术创新能力。中资银行与它们相比往往在经营管理、开发创新等方面存在较大的差距。因此外资进入中国银行业，一方面可以向中资银行输入先进的管理理念和知识，另一方面还可以向中资银行提供新技术、新产品。外资进入中国银行业后，中资银行可在与外资合作与竞争过程中，了解到外资银行的管理理念和经营方式，并根据自身情况进行学习，改善自身的管理方式，提升管理水平。此外，外资进入中国银行业后，为提高竞争力其会推出新的金融产品以拓宽业务范围，吸引客户；中资银行也可借此机会学习和吸收这些新技术、新产品，并加以创新，开发出更先进的技术，以更好地满足市场需求，提高银行的经营效率。

中资银行主要通过以下三种方式向外资进行学习：一是人员流动，即外资进入我国后，往往会从母国派遣高管和技术人员来到中国，并带来先进的管理理念和经营方式，中国员工在经过母行人员的相关培训后，能够掌握外资先进的技术和管理方式，而后通过劳动力市场进入中资银行，进而将这些知识带入中资银行；二是技术合作或技术转让，即外资直接与中资银行达成技术合作或转让协议，中资银行直接学习和获取相关知识与技术；三是相互竞争，即中资银行在与外资银行竞争过程中，会高度关注外资银行的经营模式、金融服务、管理方式等情况，并从中选取值得学习的内容，运用到自身经营管理中，提高自身竞争能力。

（二）有利于改善市场结构，加强市场竞争

外资的进入可以改变我国银行业寡头垄断的市场竞争局面，发挥“鲶鱼效应”，强化整个银行业的竞争，有利于提升中资银行的盈利能力和经营效率，促进中资银行改革创新，降低我国银行体系的系统性风险。目前我国证券市场发展尚未成熟，银行体系对外开放较晚，中资银行长期受政策保护，发展较慢，存在不良资产偏高、资本充足率低、流动性差、服务质量不好等问题。外资具备充足的资本、先进的管理技术，无论其以哪种模式进入我国银行业，其强大的竞争能力都会给中资银行带来压力，为保持市场，这些竞争压力能够促使中资银行进行改革，如增加运作效率、转变经营理念、增强金融产品供给能力、提高资金管理能力等，解决现存问题，并采取相应措施提高竞争力，如提供更优质的服务、更多样的产品等，以保持市场不被外资抢夺。

外资的进入强化了中国银行业竞争的同时，还增加了中国银行业的不确定性因素，加大了监管难度，一定程度上影响了中国银行业的稳定性。中国现有的监管制度、手段和方法可能并不适用于管理外资银行，易出现监管真空现象，难以实现有效监管。为增强我国银行体系的稳定性，我国银行业必须不断完善监管制度，对外资进入的准入要求、操作规则等进行规范，朝着市场化、宽松化的方向变革。

（三）有利于完善中资银行的公司治理，提高经营绩效

外资进入中国银行业后，中资银行经营资本得到补充，资产规模会扩大，此

时外资派驻董事进入中资银行董事会，中资银行的董事会规模也会增加，依据资源依赖理论，董事会可利用的各类资源增加，从而有利于对资产规模扩大后的中资银行进行更为有效的运作而提高经营绩效。外资董事可参与中资银行董事会的治理和运营管理，如参加董事会会议，在会议上与中资董事就中资银行的管理理念、内部治理动机、商业运营模式等进行充分沟通，可以帮助中资银行引进和学习先进管理理念和风险控制技术以完善公司治理，提高银行绩效。如 2006 年 12 月，花旗银行以 20%的持股比例参股广发银行并派驻了 6 名董事。根据广发银行公布的年报数据分析，2007 年至 2012 年花旗银行持股期间，广发银行的资本充足率从 7.14%逐步上升至 11.27%，不良贷款率从 4%大幅度降低至 1.48%，总资产收益率也由 0.66%逐步增长至 1.08%。

此外，由于历史原因，中资银行的股权结构多较为集中，故外资股东参股中资银行后多为非控股股东，派驻的董事也多为非执行董事。外资非执行董事作为外资股东的代表，不在中资银行领取薪酬，也不受制于管理层，具有更强的独立性和监督动机，可通过增强董事会的独立性和专业性而完善中资银行董事会的内部机制，有效防止控股股东实施不利于非控股股东（包括外资股东）的行为，促进中资银行绩效的提高。如果外资非执行董事的占比增加，则非执行董事对执行董事的制衡度会加强，中资银行董事会内部的独立性和专业性会得到进一步增强，从而更有利于缓解第二类代理问题的负面作用而提高银行绩效。

根据资源依赖理论，董事会下属专业委员会体系的设立与完善，可使董事会各成员之间的职责更加明晰、分工更加合理，从而提高董事会的专业性和运作效率。因此，外资进入后，中资银行可依据实际情况建立健全董事会下属专业委员会体系，在董事会下设立若干性质不同的专业委员会，形成权责明晰、分工合理的董事会内部治理格局，可提高中资银行的经营绩效。

（四）有利于改善中资银行股权结构，降低风险承担

银行作为金融业的核心组成部分，特殊性的地位决定了集中型的股权结构普遍存在于银行业。集中型的股权结构，使得银行大股东拥有绝对的控制权，而银行中小股东控制权较小，难以约束大股东的行为，对大股东的制衡能力较差，缺乏制衡的大股东更有机会和动机使用关联交易等手段进行资金套现，更会选择激

进的投资策略，使银行承担较大的风险，损害中小股东的利益。可见，当银行股权集中度较大时，管理层的意志可能会直接代替大股东的意志，两者之间建立起长期稳定的合作关系，管理层由于面临股东造成的压力较小，可能怠于履行自己的职责，从而出现第一层面的代理问题。同时股权过于集中会导致大股东侵蚀小股东的权利，在缺乏股权制衡的前提下，民主决策形同虚设，大股东直接和间接控制重大决策，中小股东行使不了参与公司决策的权力，从而出现第二层面的代理问题。这两个层面的代理问题都会侵蚀中小股东的利益，不利于中资银行的风险控制。

外资以参股模式进入中资银行或者继续增加其持股比例，可以增加银行股权制衡度，改善中资银行的股权结构，降低风险承担。根据金融脆弱性理论，外资以参股模式进入后，能够改变中资银行的外部环境，同时，外资股东的参股会使中资银行的股权结构多元化，引进先进的银行治理机制，对中资银行原有的银企关系进行重构，使中资银行在选择贷款对象、贷款方式及贷款收回等方面更加合理，使中资银行的信贷量在其可控范围内变动，保证银行信贷资金的稳定性，维持良好的资金供求关系，从而降低中资银行的风险承担。根据战略管理理论，中外银行间形成战略联盟，进行优势互补，可以实现双赢。对外资股东而言，战略投资于中资银行可以绕开各种政策限制，低成本地进入中国银行业并分享中国经济快速增长的成果；对中资银行而言，引进外资战略投资者，可以在弥补资本金不足的同时，引进先进的技术和管理经验，提高银行的核心竞争力。外资股东与中资银行的战略联盟可达到优化互补双赢的目的，由此中资银行的风险承担得以下降。根据委托代理理论，由于历史原因，中资银行股权结构较为集中，因委托代理而导致的“大股东控制问题”和“内部人控制问题”都非常严重。引进外资股东后，中资银行可以变集中型股权结构为分散型股权结构，形成大股东与中小股东相互制衡的局面。分散型股权结构，既能够避免“大股东控制问题”，又能够解决“内部人控制问题”，从而提高中资银行的经营绩效，降低银行的风险承担。

股权制衡度的提高有利于使银行由“一股独大”的股权结构发展为“多股均衡”的股权结构，由一个大股东发展为多个大股东。此时所有股东的权力可以通过多个大股东的相互制衡得以实现，银行管理层的行为更易受到监督，管理者的“道德风险”更易减少。外资股东作为投资者，为追求其在中资银行的投资回报，势必会将先进的管理理念和内部治理方法一并带入中资银行，同时也在一定程度上平衡了股权集中与分散之间的矛盾，使中小股东的利益得以保护，对于降低银行风险承担有着重要的作用。

二、消极影响

外资快速进入中资银行后，对中国银行业改革起到积极促进作用的同时，无疑也会给银行业带来极大的冲击和挑战，如抢占中资银行市场和客户、造成利益冲突与关联交易、威胁中资银行的控制权、带来诸多不容忽视的金融安全隐患等。

（一）抢占中资银行市场和客户

外资进入中国市场后，相较于规模较小、需求较为分散、服务成本相对较高和缺乏担保的普通客户，其目标客户是规模较大、利润较高和信誉良好的优质客户，如在华的跨国企业、三资企业、发展良好的大型外向型国有企业、上市公司、富裕人群等。银行的利润相当程度地取决于客户，尤其是优质客户。据统计，银行业80%的利润来自20%的客户，60%的业务来自10%的高端客户，因此，优质客户是中外资银行竞争的焦点之一。进入我国银行业的外资往往实力强大，具有较强的创新能力和竞争能力，能够根据市场变化和客户需求设计开发各种个性化和综合化的金融产品，吸引我国财务状况较佳、盈利能力较强、信誉较好的优质客户，将财务状况较差、盈利能力较差、信誉不好的客户留给中资银行，中资银行为获得更优质的客源，可能放宽其贷款标准，导致中资银行的经营风险提高。新设立的外资银行在资金、管理和技术等方面都存在优势，在个人理财、外汇交易、个人消费信贷等业务上具有较强的竞争力，致使中资银行客户的流失严重。除了抢占中资银行市场与客户外，外资的进入还可能会造成国内人才的流失。外资高薪的工作待遇、优越的工作环境能够吸引国内优秀人才的加入，致使中资银行面临人才流失和人才短缺的冲击。

（二）造成利益冲突与关联交易

外资进入中国银行业，可能会造成两个方面的严重后果：一是利益冲突。随着中国银行业的全面开放，外资银行分行与外资参股中资银行之间在客户资源方面的激烈争夺将无法避免，这将形成直接的利益冲突和同业竞争。中资银行的外资参股股东必然会借参与经营管理之机，将商业情报甚至优质客户提供给其嫡系分行。客户优势是中资银行与外资银行竞争的主要优势，如果这一优势被削弱，其在未来的竞争中将处于非常不利的地位。同样原因，外资股东也不乐见其参股的中资银行向其母国拓展业务。外资股东的这种不公平竞争行为将会直接削弱中资银行的国内和国际竞争力。二是关联交易。不言而喻，外资银行中国分行与外资参股中资银行之间具有关联性，外资银行就可以利用其对自身分行和参股中资银行在管理和信息方面的便利渠道，进行关联交易。如外资参股中资银行可以利用其优势从国内金融市场吸收本外币资金，通过关联关系，拆借给受到业务范围和机构网络限制的外资银行分行，由后者在国内或国际金融市场上运用资金。这种资金的定价、交易和运用过程将对目前的本外币金融监管形成冲击，造成经营风险和风险传递。

（三）威胁中资银行的控制权

目前中国银行体系主要由国有大型商业银行、股份制商业银行、政策性银行、邮政储蓄银行（简称邮储银行）和外资银行等组成。其中，工商银行、农业银行、中国银行、建设银行以及交通银行五大国有商业银行是中国银行业的绝对主体。五大国有商业银行在整个金融资源中起着举足轻重的作用，允许外资参股五大国有商业银行，如果不能确保国家对五大商业银行的绝对控制权，将直接影响到国家的金融安全。

虽然中国针对外资进入制定了一系列政策，在一定程度上降低了外资机构可能带来的利益冲突、市场垄断，在短期内也确保了中资银行控制权不会丧失，然而，这些政策在中资银行控股权与控制权保护方面存在局限性，并不能长期有效遏制外资对中资银行实际控制权的争夺。

控股权是指持有公司优势比例表决权股份的股东拥有能够决定股东大会、董事会人选或重大财务经营决策的法定权力，其中持有公司优势比例表决权的股东称为控股股东。控股权可进一步细分为绝对控股权和相对控股权，绝对控股权是指持股在50%以上的控股股东拥有的控股权，相对控股权则是指持股在50%以下的控股股东拥有的控股权。控制权指的是对公司管理组织架构、可供支配和利用资源进行控制的权力，是建立在对公司控制基础上的一种集束权力，可划分为名义控制权和实际控制权。名义控制权是指理论上拥有公司决策的权力，通常来自所有权，如股份制公司中的控股股东拥有名义控制权，即拥有最终决定公司重大决策的权力。实际控制权是指实际行使公司决策的权力，实际控制权通常来自对技术、知识产权、品牌、销售渠道等公司关键资源以及信息的控制。

基于绝对控股权与相对控股权、名义控制权与实际控制权的视角，即使外资最高参股比例存在限制，也只能保护中资银行绝对控股权不丧失，并不能保护中资银行相对控股权不丧失，更不能保护中资银行实际控制权不丧失；外资机构可以通过相对控股方式和非控股方式争夺中资银行的实际控制权。

通过相对控股方式争夺中资银行的实际控制权：在中资银行股权分散或变化的情况下，外资极易取得第一大股东地位，可通过投资成为第一大股东、增资扩股、期权投资、联合“中国境内分行”投资等具体路径，分别直接、逐步、约定、间接获得中资银行相对控股权。获得相对控股权，外资机构就可以调整中资银行的董事会、总经理并全面介入中资银行的日常经营管理，从而实质上获得中资银行的实际控制权。

通过非控股方式争夺中资银行的实际控制权：由于名义控制权与实际控制权的分离，外资机构即使不是中资银行的控股股东，但仍有可能利用其技术、管理方面的优势，获得中资银行的实际控制权。外资通过非控股方式争夺中资银行的实际控制权的路径有：签订投资协议，获得管理控制权；附加霸王条款，获得超额收益控制权；利用关联交易，获得利益输送控制权；凭借技术优势，获得新业务控制权；多方金融参股，获得混业经营控制权。

可见，即使我国为保护中资银行的实际控制权对外资采取了一系列限制措施，但外资机构仍能通过相对控股或非控制权方式获得中资银行实际控制权，威胁中资银行的控制权，危害中国的金融市场的安全与稳定。

（四）带来金融安全隐患

金融安全是指一国金融业对外全面开放的情况下，确保国内主要金融资源的控制权不受外资侵害，同时国内金融体系运行高效且稳定，能够有效抵御各种内外冲击。银行是现代经济社会的中枢，在中国，金融体系实际上以银行业为主导。外资进入中资银行，会带来诸如传导国际金融风险、危及中国信息安全、推行金融霸权、挑战中国银行业监管能力、损害存款人利益等金融安全隐患。

传导国际金融风险：外资进入使得中资银行与外资机构所在国的金融及经济发展的密切程度大大上升，而外资机构的资金调度受其境外总行的影响，中国监管当局对其总行的风险难以有效监测和控制。如果外资机构所在国发生经济动荡或金融危机，风险会立即波及其在中国的外资金融机构，外资机构有可能缩减中国市场的信贷规模甚至采用出售股权的方式撤出，导致中资银行股价的大幅下跌并波及中国的实体经济，对经济安全构成威胁。这势必给中资银行的经营带来不确定性，加大银行经营风险。如受金融危机影响，2009 年 7 月 1 日美国银行出售所持建设银行 56. 2 亿 H 股，其持股比例由 19. 1%降至 16. 6%，而瑞士银行则出售其中国银行的 34 亿全部股份。因此，当遇到金融危机或者是经济不景气时，中国银行极有可能受到波及，导致股价的大幅下跌并波及中国的实体经济，对经济安全构成威胁。

危及中国信息安全：银行是现代经济社会的中枢，是各种商业信息的汇集地，外资机构参股中资银行，极易造成商业信息外泄，危及中国信息甚至国家安全。目前很多外资机构参股中资银行时均将整合客户资料作为合作的重要内容，这就为外资机构获取客户资料信息提供了便利条件。如汇丰银行参股交通银行时双方达成的一项重要条款，就是要帮助交通银行整合其客户数据，以提高交通银行的运行效率，但同时汇丰银行也就获得了交通银行所有客户的第一手资料，为其进一步进入中国市场、从其他渠道与中资银行竞争创造了条件。此外，外资机构委派至中资银行的董事和代表也可以在参与公司决策事项过程中，间接知晓中资银行的商业信息，并有可能通过各种渠道透露到国际市场或竞争对手的一方，使得中国企业的一举一动都处在竞争对手的监控之下，为中国企业参与国际竞争埋下很深的隐患。

推行金融霸权：外资机构在参股中资银行的同时，有可能附加种种不合理的霸王条款，如与中资银行签订有失公平的“保护性条款”、高价兜售专利技术和管理系统等，借以推行金融霸权。如根据中国银行在香港上市的招股说明书发布的信息，苏格兰皇家银行作为投资者购买中国银行股份时获得了一系列“保证和保护性”安排。其中最引人注目的一条就是：中行承诺在2007年以前，中行每年度末每股资产净值不低于2004年年底的水平，否则须予以赔偿。类似包赚不赔的“保护性条款”，在参股中国银行的淡马锡集团以及参股工商银行的高盛财团那里都再次出现。这种“保护性条款”实际上是一种赤裸裸的政府担保，显然违背了市场公平公正规则，侵害了原所有者的合法权益。此外，部分外资机构参股中资银行后，并不关心中资银行经营机制的改善，而是借引入先进管理经验的名义，将一些商业专利、技术和管理系统等高价搭售给中资银行。即使该中资银行经营状况不佳，外资机构也可以按照合同坐收专利、产品和管理系统等的使用费，中资银行每年甚至还要付出高昂的服务费、维护费和咨询费。

挑战中国银行业监管能力：由于境外战略投资者在企业评价、风险管理、资产负债管理等方面拥有较高的水平，往往能够采用一些较强的规避措施，致使中国银行业监管出现“真空”。尤其是大多数外资金融机构采取混业经营的方式，使得中国监管机构相互衔接的协调机制和信息交流已经落后于其发展速度。目前中国对金融控股集团的监管存在监管重叠与监管缺位并存的现象，监管效率低下，潜在的风险很大。此外，外资金融机构的进入也会给中国银行业带来一个金融创新的高潮。整个金融体系增加活力的同时，也给金融体系的监管带来了新的风险。尤其是随着金融电子化、网络化发展和金融全球化进程的加快，传统的以有形金融为调整对象所建立起来的监管制度受到了严峻挑战。

损害存款人利益：对存款人的利益而言，最大的威胁莫过于外资参股中资银行的债务清偿危机。外资参股中资银行的债务清偿风险高于外资银行分行和中国国有商业银行：外资银行分行不具有法人资格，其债务全部由境外母行承担，因而存款人储存于外国银行分行的存款是以其母行的所有资产作为清偿保证的；中国国有商业银行由于有国家信用，由国家承担无限责任，因而也不存在债务清偿的风险。与此截然不同，一旦外资参股中资银行不能清偿到期债务，出现债务清偿危机，将缺乏明确的债务清偿责任承担主体。如果仍然由中国政府承担无限责任，则显示公平；如果根据法人有限财产责任的理论，外资股东只需对参股中资银行以出资额为限承担有限责任，这又会极大地损害存款人的利益。

三、对策分析

外资进入中国银行业虽然有利于中资银行学习先进的管理技术、改善市场结构、完善公司治理、改善股权结构，促进中国银行业的繁荣发展，但外资的迅速扩张也对我国银行业带来了一定的负面影响，如抢占客户、造成利益冲突、威胁控制权、带来金融安全隐患等，对我国银行业提出了许多挑战。为确保国家金融安全，我国必须有针对性地采取防范对策。

（一）提高中资银行竞争力

在银行业对外全面开放已不可逆转的情况下，只有中资银行自主创新能力和核心竞争能力的不断提高，才能有效遏制外资机构对中资银行实际控制权的激烈争夺。中资银行应以"引资"为契机，以"引制""引智"和"引技"为目的，通过股权合作而开展中外银行间的深层次合作，积极借鉴外资机构在公司治理、经营管理、风险控制、新业务开发和金融创新等方面的先进经验，显著提高中资银行的国际化水平、自主创新和综合竞争能力，从根本上确保外资参股后的中国银行业控制权和金融安全。

（二）完善相关法律法规

目前中国关于外资参股后银行业控制权方面保护的法律法规并不健全，缺乏相关的配套法规。因此，完善相关的法律法规迫在眉睫。具体来说可以通过以下途径：

设立金股制度。由于5大商业银行和12大股份制商业银行的国有大股东，通常是财政部、汇金公司、社保基金、地方政府、国家控股的重点大型国有企业等，极易出现内部人控制的现象，为保证国家对中国银行业的总体控制，中国可借鉴英国经验设立金股制度，在5大商业银行和12大股份制商业银行控股权与控制权变动危及国家金融安全的时候，可立即利用金股股份行使表决权。

制定中资银行第一大股东管理办法。由于获得了第一大股东地位，在某种程度上来说就获得了实际控制权。因此，应从制度上确保大多数商业银行的第一大股东为中资股东。5 大商业银行应明确规定外资不能成为第一大股东；12 大股份制商业银行应控制外资机构成为第一大股东的数量，对已经成为第一大股东的外资机构，可通过金股等制度对其实际控制权进行严格约束；其他银行，对外资机构通过直接投资、增资扩股、期权投资、联合“中国境内分行”投资等路径企图实现从参股到控股的行为执行更严格的控制制度。

制定中资银行实际控制权管理办法。由于控股权与控制权、名义控制权与实际控制权的分离，外资机构可以通过非控股方式获得中资银行的实际控制权，因此，应制定中资银行实际控制权管理办法。对外资机构通过签订投资协议、附加霸王条款、利用关联交易、凭借技术优势、多方金融参股等路径企图获得中资银行全部或部分控制权的行为，执行更严格的控制制度。

设计银行业反垄断制度。外资大规模参股中资银行并逐渐混业经营，从长期看很可能形成垄断态势。因此，应设计银行业反垄断制度。银行业反垄断制度可包括两方面的内容：其一，报批义务制度，即规定外资参股中资银行达到一定程度、股权变化、涉及混业经营时应及时报批；其二，积极审查制度，即规定监管当局有主动审查垄断情形的权利。

（三）确保中资银行的控制权

银行业控制权是关系到一国金融安全的核心问题，必须从维护国家战略利益的角度出发，保持对银行业的控制权。

确保 5 大商业银行的绝对控股地位：在中国银行业结构体系中，5 大商业银行（工行、农行、中行、建行和交行）是中国银行业的绝对主体，在整个银行业当中有着举足轻重的地位和作用，如果不能确保 5 大商业银行的绝对控制权，将直接威胁到中国的金融安全。中国目前对不同地位和作用的银行执行统一的外资参股控制权保护政策，这种顶层设计政策思路既不利于吸引外资，也不利于保护中国银行业控制权。我国应实行“总量控制”和“抓大放小”的顶层设计外资参股控制权保护政策：在“总量控制”的前提下，放弃“一刀切”的做法，根据不同类型的银行在中国整个银行业地位和作用的不同，实行区别的外资参股控制权保护政策，即在总量上，设置一个明确标准，外资参股中国银行业的股份不能超过某一限度，以确保国家对中国银行业的整体控制权；在具体中资银行的战略引资行为上，对5大商业银行实行控制权绝对保护，对12大股份制商业银行实行控制权重点保护，对其他银行的控制权可在适度保护的前提下进一步对外开放。这样可达到既吸引外资又保护整个中国银行业控制权之目的。

确保大多数中小商业银行的控制权：中国中小股份制商业银行股权呈高度分散及公司治理结构不完善的情况下，外资机构极易取得中资银行的实质性控制权。因此，国家应通过法律制度和政策导向在中资银行的实际控制权方面进行适当保护，防止国际资本大举控制中国中小股份制商业银行。

加强对外资银行参股股权变化的监管：外资银行以参股国内银行的形式进入，以少量的资本金通过放大贷款额度获得了较大的收益，而且这种形式也规避了其在中国经营网点设施方面的劣势，所以外资银行有扩大参股比例的动机。对于中小商业银行和股权分散的银行，由参股到控股的改变则实现了外资银行对中国银行业市场的蚕食，进而形成与国有银行的竞争，危及中国的金融安全。所以，中国政府应对外资银行直接或间接获得国内银行的股权进行严格的审批，牢牢把握住中国银行业的控制权。对于参股目的为短期投资的外资银行，对其撤资要进行严格的监控和审批，避免因股权波动带来的银行风险。

（四）建立金融安全预警体系

目前中国确立的是以合规性监管方式为本的制度框架，监管重点放在对境外战略投资者市场准入管理上，忽视了对外资参股银行后经营风险的监控和防范。在这种监管理念的指导下，境外战略投资者道德风险就无法受到有效约束。因此，建立健全金融安全预警体系，实现监管理念转型、确立风险监管方式势在必行。对外资银行的风险监管，除了设立一般的金融风险预警指标外，还要设置特别的风险预警指标，如外资机构参股比例、同一外资机构参股中资银行家数、管理权（董事会、监事会、经理层）变动情况、年关联交易金额、外资股权变动情况、贷款投向与风险、股票价格变动、对外交易异常度等，并且利用数量分析方法建立评估模型，以便有效地对可能出现的金融风险进行预警，增加危机的快速反应能力和处理能力。

本章小结

本章主要介绍了外资进入中国银行业的模式、发展历程以及外资进入后产生的影响。在经济全球化和中国改革开放不断深化的背景下，中国银行业逐步有序地对外开放，为外资进入中国银行业提供了良好的机会。外资主要通过新设外资银行和参股中资银行两种模式进入中国银行业。新设外资银行是指外国银行经批准后在中国境内合法设立外资独资银行、中外合资银行、外资银行分行及外资银行代表处；参股中资银行是指外资通过购买中资银行部分股份的方式进入中国银行业，随着中国银行业引资改革步伐的逐渐加快和2006年12月的对外全面开放，越来越多的外资机构选择以参股投资的途径进入中国银行业。外资自身因素（如对外投资经验、对外投资战略、对外投资成本、自身优势等）及东道国因素（如中国的政策、市场结构、技术水平等）均会对外资进入中国银行业模式的选择产生影响。

自1979年日本输出入银行在中国建立代表处以来，外资进入中国银行业已有40余年，已成为中国银行业的重要组成部分，依据中国市场环境及政策环境的变化，可将外资进入中国银行业的历程划分为以下5个阶段：起步阶段（1979年至1993年）、扩张阶段（1994年至1997年）、收缩阶段（1998年至2001年）、恢复阶段（2002年至2006年）及全面发展阶段（2007年至今）。随着外资在中国银行业渗透程度加深，外资机构数量不断增加，经营范围逐渐拓宽，服务对象趋向多元。

外资大规模进入中国银行业，对中国银行业改革带来了一定的积极影响，如有利于中资银行学习先进的管理理论和管理方式，有利于改善市场结构、加强银行业竞争，有利于完善中资银行的公司治理、提高经济绩效，还有利于改善中资银行的股权结构、降低风险承担。但外资的迅速扩张也对中国银行业带来了一定的负面影响，如抢占中资银行的市场和客户、造成利益冲突与关联交易、威胁中资股东的控制权、带来诸多不容忽视的金融安全隐患等。面对外资带来的冲击和挑战，为确保国家金融安全，政府与中资银行必须有针对性地采取防范对策。首先，中资银行要提高自主创新能力和核心竞争能力；其次，通过设立金股制度、制定中资银行实际控制权管理办法、设计银行业反垄断制度等途径完善法律法规；再次，确保中资银行的控制权，加强对外资银行参股股权变化的监管；最后建立健全的金融安全预警体系，实现监管理念转型，确立风险监管方式。

第三章　外资进入带来的中国银行业控制权问题

银行控制权是指决定银行发展战略、运营管理、财务决策及人事任免等的实际控制权力，这并非一个专有名词，而是“控制权”这一专有名词在银行业中的应用。银行控制权根据是否通过控股形成分为两类：通过控股形成的控制权和通过非控股形成的控制权。其中，通过控股形成的控制权又可分为两种：基于绝对控股形成的控制权和基于相对控股形成的控制权。本章将通过绝对控股（即持股比例高于50%，直接控制）形成的银行控制权称为绝对控制权，将通过相对控股（即股权分散情况下，以较低持股比例实现控制）或非控股方式（即治理结构不完善情况下，通过协议等方式实现控制）形成的银行控制权称为相对控制权。

商业银行作为银行业中的重要组成大类之一，基于其自身对于社会责任的承担和经济效益的发挥，且通过不断优化信贷资金配置以践行可持续发展理念，在作用和发展前景上与其他银行不尽相同，因此决定了商业银行在金融体系和现代经济社会中的特殊地位。除此之外，银行业不同于其他行业，受到政府的严格监管。这种严格监管源于两方面原因：首先，由于银行在整个金融和国民经济体系中发挥着融资中介、信用服务等重要作用；其次，作为金融体系中的微观主体，各个银行自身承担着不同程度的企业社会责任。因此，政府出于社会利益的角度而对银行严格监管。这也是银行控制权与其他行业、其他企业控制权的区别所在。

第一节　中国银行业引入外资的目的与风险

1996年亚洲开发银行（ADB）参股中国光大银行开创了中国银行业引入外

资的先河。2001 年为了应对加入 WTO 后带来的激烈竞争，提高中资银行的竞争力成为了银行经营的重要关注点。因此，引入境外战略投资者以改善治理结构、提升银行实力及竞争力的股份制改革开始实行，这也是中国银行业对外开放历程中由谨慎试点到全面实施的分界点。

根据承诺，中国在加入 WTO 后并非需要立即对外开放银行业，而是有 5 年的过渡期，在这 5 年的过渡期中，各种类型的银行都开始依次引入境外投资者。如 2001 年上海银行同时引入三家外资金融机构，合计持股 18%（汇丰银行、上海商业银行和国际金融公司）；2003 年浦发银行作为股份制商业银行，花旗银行以股权受让方式持有 4.62%的股份；2006 年澳新集团（AUNZ GLOBAL）收购上海农商银行 19%的股权；2005 年，国有商业银行建设银行引入两家外资金融机构（美洲银行和淡马锡控股），合计持有建设银行 14.1%的股份。中国在加入 WTO 经过 5 年过渡期后，积极承担大国责任与担当，在全球经济化进程中，我国银行业逐渐实现全面对外开放，越来越多的外资战略投资者选择以参股中资银行的方式进入中国银行业。

一、中国银行业引入外资的目的

（一）缓解中资银行股权结构集中问题

中资银行由于所有制的原因，股权结构较为集中，内部委托代理问题严重。中资银行引进外资股东后，外资股东可以通过将原本的集中型股权结构调整为分散型股权结构，缓解中资银行存在的“一股独大”和“内部人控制”问题，逐渐形成大股东与中小股东相互制衡的股权结构，从而提高中资银行的经营绩效，降低银行的风险承担。

外资股东参股中资银行后，能够改变中资银行的外部环境，同时，外资股东的参股会使中资银行的股权结构多元化，引进先进的银行治理机制，对中资银行原有的银企关系进行重构，使中资银行在选择贷款对象、贷款方式及贷款收回等方面更加合理，使中资银行的信贷量在其可控范围内变动，保证银行信贷资金的稳定性，维持良好的资金供求关系，从而降低中资银行的风险承担。

（二）与外资银行合作以提升中资银行竞争力

2001年以来，中资银行对外开放程度不断加深，因此外资参股比例逐步提高，参股规模日益扩大，从短期来看，与外资银行合作能够达成“战略联盟”以提高核心竞争力，呈现出优势互补的“双赢”效果：对外资金融机构而言，对中资银行进行战略投资可以规避新设机构审批的限制，达到以低成本利用中资银行的消费者网络和资源进行业务拓展的效果；对中资银行来说，引进外资股东意味着引进先进服务能力和营销经验，弥补中资银行在核心竞争力上的短板，通过“扬长避短”调整治理结构和风险控制水平，在金融产品的营销和产品创新上互相学习，有利于促进中国银行业的改革深化和科学可持续发展。

二、中国银行业引入外资的风险

（一）中资银行控制权丧失风险

虽然从短期来看，与外资达成战略联盟能实现“双赢”，然而从长期来看，由于外资金融机构与中资银行的目标函数并不完全一致。外资金融机构极有可能通过产权的渐进渗透与不断增资扩股，在一定条件下实现对中国银行业甚至是金融业的最终控制，从而严重地威胁我国金融安全。

截至2020年，我国共有47家中资银行引进外资，其中包括28家上市商业银行。在持股比例上，多家外资金融机构持股比例接近或达到银保监会规定的20%上限，如汇丰银行作为第三大股东持有交通银行18.7%的股份，渣打银行在渤海银行持有其19.99%的股份，澳大利亚联邦银行以第一大股东分别持有杭州银行18%的股份和齐鲁银行17.88%的股份，新加坡华侨银行持有宁波银行18.47%的股份。虽然中国放松境外投资管制较晚、程度较缓，但在各大银行的努力下，2018年银保监会发布《中国银行保险监督管理委员会关于废止和修改部分规章的决定》中取消了对境外投资持股比例的限制。虽然目前中国大部分银行引入外资比例较低，但各银行间差异较大，在一系列政策的推动下，中国商业银行加快了引入外资的步伐，引入外资带来的控制权问题需要持续关注。

（二）外资变为财务投机者带来金融风险

起初，中资银行引进外资主要是寄希望于通过改善固有的股权结构，以“战略引资”来优化公司治理，以达到在内部形成制衡的目的，然而实际上，外资股东逐利的本性，导致其参股中国银行业多是以境外战略投资者的名义，反而增加中资银行风险承担程度。“战略投资者”这一名称起源于国外证券市场，与财务投机者相对应，代表能够与公司长期合作、同甘共苦的机构投资者。

如何在境外引资前甄别战略投资者与财务投机者以及在境外引资后防止外资股东性质的蜕变，是中资银行境外引资亟待解决的重大课题。一般认为，战略投资者指以追求长远战略利益为目的，积极参与中资银行的公司治理，致力于提高中资银行长期经营绩效且主要通过股利分红方式获利的外资股东；财务投机者指以追求中短期利益为目的，不积极参与中资银行的公司治理，不关注提高中资银行长期经营绩效且主要通过投机方式获利的外资股东。其中，财务投机者根据主要获利方式的不同，可进一步区分为非投资交易财务投机者、短期财务投机者和长期财务投机者三种。非投资交易财务投机者指通过对内“技术锁定”及对外“关联交易”方式获利的外资股东，对内“技术锁定”方式获利，指外资股东借引入先进技术和管理经验的名义将商业专利、金融产品和管理服务系统高价搭售给中资银行而获利；对外“关联交易”方式获利，指外资股东借参与中资银行经营管理之机将商业信息或资金提供给其中国境内嫡系分行而获利。短期财务投机者，指 3 年股权锁定期满后在中资银行股价高时通过直接套现方式获利的外资股东。长期财务投机者指通过相对控股或非控股方式实质控制中资银行获利的外资股东，相对控股方式实质控制中资银行，指在中资银行股权结构分散的情况下，即使参股比例低于 20%的法定限额，外资股东也极易取得第一大股东地位而实质控制中资银行；非控股方式实质控制中资银行，指在中资银行公司治理不完善的情况下，外资股东也可通过股东间协议、董事会和管理层控制、技术和品牌优势等非控股方式实质控制中资银行，外资股东如果实质控制了中资银行，就可能通过将中资银行逐渐演变成其全球分销渠道或转嫁风险的工具而长期获利。

可见，战略投资者与财务投机者的区别主要体现在外资股东的投资目的、投资行为对中资银行公司治理及长期绩效的影响、主要获利方式等方面。由于外资股东的投资目的和主要获利方式在实践中难以观察和准确计量，这既给境外引资前中资银行对外资股东性质的甄别带来了较大困难，也给境外引资后外资股东从名义上的战略投资者蜕变为实质上的财务投机者提供了可趁之机，因此，在中资银行与外资股东的互动过程中，外资股东会占据主导地位。

第二节 外资参股后获取中资银行控制权的途径

为防止外资参股对中资银行控制权的争夺，保持国有控股地位，银保监会2003年12月颁布的《境外金融机构投资入股中资金融机构管理办法》规定：单个境外金融机构向中资金融机构投资入股比例不得超过20%、多个境外金融机构对上市中资金融机构投资入股比例合计不得超过25%。中国银行业的外资参股政策，虽说从理论上大大降低了外资金融机构掌握中资银行控制权的机会，然而仅仅从形式上限制外资金融机构持股比例，并不能从实质上确保国家对中资银行的控制权，而且为了外资投资的便利化，该规定已于2018年被取消。中国银行业外资参股政策的局限在于：在股权分散、股权变化以及中资银行公司治理结构不完善的条件下，外资金融机构极易取得中资银行的实质性控制权。

一、股权分散条件下，外资可直接获得对中资银行的实质性控制权

对控股股东的界定经历了由单一客观持股数量到实质控制认定的过程。通常情况下，拥有股权超过公司股份50%的股东称作大股东，其他股东即为小股东。然而，在现代大规模股份公司中，由于股权的日益分散，股东对公司事务行使控制权并不以控股超过50%为必要条件。如果中资银行内部股权结构分散，所有股东持股比例都很低，外资金融机构持股比例即使低于法定限额，也可以取得第一大股东地位、干涉董事会和介入银行的经营管理，从而直接获得中资银行的实质性控制权。

如2004年6月，美国新桥投资（New bridge）以12.34亿元人民币参股深圳发展银行（现平安银行）17.98%的股份，虽然这一持股比例仍在20%的最高限额之内，然而由于深圳发展银行的内部股权结构分散，其他10大股东的持股比例都很低，新桥投资获得深发展第一大股东的地位。新桥投资不仅更换了深发展

的行长和董事长，而且新桥投资在深发展董事会15席中已占7席（其中5名为非独立董事，2名为独立董事）。深发展董事会下辖的5个专门委员会，即战略发展委员会、风险管理委员会、审计与关联交易控制委员会、薪酬与考核委员会及提名委员会的临时召集人全部由外籍董事担任。这是外资金融机构首次实质性控股中国的商业银行，而且是一家上市的全国性股份制银行。

很快，同样的情形再次在北京银行上演。2005年3月，荷兰国际集团（ING）以17.8亿元人民币参股北京银行19.90%的股份，成为北京银行第一大股东。据此，荷兰国际集团（ING）在北京银行15人的董事会中获得2个席位，并派出4名工作人员到北京银行担任重要职务。北京银行成为继深发展之后的第二家由外资金融机构实质性控股的国内股份制银行。

再以新加坡华侨银行参股宁波银行为例，根据《宁波银行股份有限公司2012年年度报告》，宁波银行2012年12月31日的股权结构为：新加坡华侨银行13.74%、宁波开发投资集团8.5%、华茂集团8.32%、宁波市电力开发公司7.68%、雅戈尔集团7.25%、宁波富邦控股集团7.10%、宁波杉杉股份6.21%、其他持股占比5.00%以下股东合计41.20%。虽然新加坡华侨银行的参股比例仅为13.74%，远远低于20.00%的法定上限，但宁波银行内部股权结构分散，新加坡华侨银行获得第一大股东地位，从而直接获得宁波银行的相对控制权。

再以澳大利亚联邦银行（Commonwealth Bank of Australia）参股杭州银行为例，根据2021年杭州银行的年度报告，2021年12月31日前10名股东持股情况为：澳大利亚联邦银行15.57%、杭州市财政局11.86%、红狮控股集团11.86%、杭州市财开投资集团6.88%、其他持股占比低于5%的股东合计持股18.6%。虽然新澳大利亚联邦银行的参股比例仅为15.57%，但杭州银行内部股权结构分散，从而导致境外法人直接获得杭州银行的相对控制权。

二、中资银行股权变化条件下，外资可逐步获得对中资银行的实质性控制权

中资银行的股权结构并不总是一成不变的。在中资银行股权结构不断变化的情况下，外资金融机构可通过下列方式逐步获得中资银行的实质性控制权：

1. 通过中资银行上市和发行新股实现对中资银行的实质性控股。中资银行

公开发行上市（尤其是海外上市）和持续发行新股，国有股权比例被稀释，外资金融机构持股比例却可能增加，从而逐步获得中资银行的实际控制权。如根据交通银行 2010 年度的财务报告，虽然财政部持有交行 26. 48%的股份，为交行第一大股东，汇丰银行持有交行 18. 63%的股份，为交行第二大股东，然而，根据香港联交所披露的相关权益，汇丰银行还持有交通银行高达 40. 56%的 H 股股份，也就是间接持有交行 0. 49%的股份，这样，汇丰银行就合计持有交行 19. 12%的股份，其持股比例比财政部仅低 7. 36%，距离财政部的持股比例仅一步之遥，有可能威胁到交行的国有控股地位。此外，根据汇丰银行入股交通银行达成的协议，一旦国内法律许可，交行必须允许汇丰银行增持股份，持股比例最高可以达到 40%。可以预见，如果执行这一协议，汇丰银行将顺利实现对交行的实质性控股。

2. 通过老股东转让和定向增发实现对中资银行的实质性控股。一旦一些法人股东将股票出售，相对也就增加了外资持股比例。此外，由于全能银行是国际上银行业发展的趋势，外资如果要增加对某一银行的股权比例，还可以联合关联 QFII 机构购买该银行股票，以争取到股东大会的话语权。这对于一些股权结构比较分散的银行来说，威胁就比较大。如 2005 年 10 月，法国巴黎银行与南京银行签署协议，出资 7. 05 亿元人民币从 IFC 和其他中资股东手中购得该行 19. 2%的股权，成为南京银行的第二大股东，这一比例已接近南京市国资集团所持的 19. 8%股份。而且交易后，IFC 仍持南京商行 5%的股权，两家外资金融机构合计持股已超过第一大国有股东。其后，经过南京银行 2007 年在上海交易所的上市和 2010 年的股份配售，2012 年 12 月 31 日，巴黎银行的持股比例已变动为 14. 74%，而南京市国资集团的持股比例则降至 13. 77%，巴黎银行逐步取代南京市国资集团成为南京银行的第一大股东，最终获得了南京银行的相对控制权。

又如，根据宁波银行 2020 年度财务报告可知，宁波开发投资集团有限公司（国有法人）作为第一大股东持有 18. 72%的股份，其一致行动人宁兴（宁波）资产管理有限公司持有宁波银行 1. 29%的股份，二者合计持有 20. 01%的股份，华侨银行（境外法人）持有 18. 67%的股份，加之华侨银行经许可的、在国内拥有的合格境外投资者主体新加坡华侨银行有限公司（QFII）持有宁波银行 1. 33%的股份，因此华侨银行合计持有宁波银行 20. 00%的股份，距离第一大股东及其一致行动人的持股比例仅有一步之遥，仍然有可能威胁到国内控股的地位，取得宁波银行的相对控制权。

3. 通过国内的分行（或者法人银行）进行股权收购实现对中资银行的实质性控股。由于现有法规对于“境内金融机构”（可以是外商独资商业银行）收购国内银行股权的比例并无具体的25%上限规定，因此，监督当局对外资金融机构参股中资银行的比例限制将失去作用。

三、中资银行公司治理结构不完善条件下，外资可通过管理权获得中资银行的实质性控制权

一个公司控制其他公司是指该公司对其他公司形成完全控制或具有实际控制力，即可以决定其他公司的决策、经营管理、财务及人事任免等。根据形成基础的不同，控制可以分为基于控股所形成的控制和不基于控股所形成的控制。换言之，控股仅仅是形成控制的一种方式，在没有达到控股的情况下，还可以通过其他方式来达到控制的目的，如利用经理层实施控制、控制关键资产、控制管理人员等。

根据银保监会的规定，境外战略投资者必须向中资银行派驻董事参与经营管理以及重大问题的决策。董事会是公司治理的核心，商业银行境外引资并鼓励外资股东派驻董事，可达到完善公司治理、提高经营绩效之目的。如 2006 年 12 月，花旗银行以 20%的持股比例参股广发银行并派驻了 6 名董事。根据广发银行公布的年报数据分析，2007—2012 年花旗银行持股期间，广发银行的资本充足率从 7.14%逐步上升至 11.27%，不良贷款率从 4%大幅度降至 1.48%，总资产收益率也由 0.66%逐步增长至 1.08%。然而，也有商业银行境外引资并鼓励外资股东派驻董事，并没有达到完善公司治理、提高经营绩效之目的。如新加坡华侨银行自 2006 年 1 月参股宁波银行以来数次增持，持股比例从最初的 12.2%增至 2017 年末的近 20%，成为宁波银行第二大股东，并在董事会中派驻了 1 名董事。根据宁波银行公布的年报数据分析，2007—2017 年，宁波银行的资本充足率从 21%大幅下降至 13.58%，不良贷款率反而从 0.36%大幅上升至 0.82%，总资产收益率也由 1.44%渐渐下降至 0.97%。

外资股东派驻董事将对中资银行产生两方面的影响：中资银行在获得经营管

理经验的同时，也为战略投资者通过管理权获得中资银行的实质性控制权创造了条件。除了无法达到完善中资银行治理、提高中资银行实力和竞争力的目的以外，境外战略投资者向中资银行派驻董事参与经营管理以及重大问题的决策还可能造成更为严重的后果。外资参股中资银行后，外资金融机构即使无法取得第一大股东的地位，如果中资银行内部公司治理结构不完善，外资金融机构也可以通过资金、技术、管理等方面的明显优势，使其在经营管理中的实际影响力和控制力大大超过其股权比例，从而取得中资银行的实质性控制权。

同样以 2006 年 12 月花旗集团参股广东发展银行（简称广发行）为例，在广发行的股权结构中，花旗集团占 20%，中国人寿占 20%，国家电网占 20%，中信信托占 20%，IBM 信贷占 4. 74%，粤财控股占 0. 8488%，另外的 14. 4112%由广发行原分散的一些股东持有。虽然花旗集团仅仅持有广发行 20%的股份，也不是第一大股东，然而由于当初在签订重组协议时，中国人寿、国家电网、中信信托等几大股东已将管理权全部转让给花旗集团，而且该协议既无行使时间限制，又同时规定上述管理权变更需股东大会 79. 9%以上股份通过（一票否决权）。这直接导致花旗集团以区区 20%的股份，却实质上牢牢控制着广发行的管理控制权，并且无从变更。广发行 16 人董事会席位中，原广发行高管 2 席、中国人寿 2 席、国家电网 2 席、中信信托 1 席、其他 3 席，而花旗集团独占 6 席。花旗集团参股后，立即对广发行的组织结构和经营管理层进行了重大调整，花旗集团派驻人员出任了主要部门业务主管，将要害部门的话语权全部掌握到自己的手中。

从上述分析中可以看出，中资银行进行境外引资最初是为了应对加入 WTO 后带来的激烈竞争和大国担当，期望提高中资银行的竞争力，并在境外引资后能够实现“双赢”。但外资参股也给中资银行带来了控制权丧失的威胁，若引入的外资并非战略投资者而是财务投机者，那么还会带来金融风险。此外，在经济全球化的浪潮下，为了外资投资的便利化，我国已于 2018 年取消了有关境外金融机构入股比例上限的相关规定，不论对于单一外资参股金融机构还是多个金融机构而言，这项规定的废除无疑是一把双刃剑，既可能给中资银行带来更多的机遇和机会，也可能使得中资银行面临更大的威胁。通过进一步分析，还可以发现外资参股夺取中资银行的控制权主要是通过如下三种途径：（1）中资银行股权分散条件下，外资可直接获得对中资银行的实质性控制权；（2）中资银行股权变化条件下，外资股东可通过在中资银行上市和发行新股、老股东转让和定向增发以及国内的分行（或者法人银行）这三种方式进行股权收购实现对中资银行的实质性控股，并最终获得对中资银行的实质性控制权；（3）公司治理结构不完善条件下，外资可通过管理权获得中资银行的实质性控制权。

第三节　6大国有商业银行外资参股后的控制权

国有商业银行是指由国家直接管控的大型商业银行，原有为大众所熟知的有5家国有商业银行：中国工商银行股份有限公司、中国农业银行股份有限公司、中国银行股份有限公司、中国建设银行股份有限公司、交通银行股份有限公司（工农中建交），但根据银保监会官网最新公布的《银行业金融机构法人名单》，邮政储蓄银行自2019年起被纳入“商业银行合计”和“大型商业银行”汇总口径，目前我国国有商业银行为6大商业银行。

在中国银行业体系中，6大国有商业银行无论是从资产份额占比还是社会经济影响力来看，均为中国银行业的绝对主体，2020年12月6大国有商业银行的资产总额为1226020亿元，占整个银行体系资产的比例为39.2%，即使是资产最少的交通银行，其资产也突破了10万亿元。因此，6大国有商业银行在整个金融资源中起着举足轻重的作用，允许外资参股6大国有商业银行，如果不能确保国家对6大商业银行的绝对控制权，将直接影响到国家的金融安全。下面以6大国有商业银行为例，从外资参股中资银行的比例、外资参股后中资银行的股权结构、外资参股后中资银行的绝对控制权现状和外资参股后中资银行的管理权等四个方面，探讨外资参股对6大商业银行控制权的影响现状。

一、外资参股6大国有商业银行的比例：未构成威胁

外资参股中资银行比例，是衡量中资银行控制权的最直观和最显著的一个量化指标，能够从深度和广度上客观考察外资银行参与中资银行经营决策的程度。截至2020年12月31日，外资参股6大国有商业银行的比例如表3-1所示。

表 3-1　　外资参股 6 大国有商业银行的比例（截至 2020 年 12 月 31 日）

金融机构	参股外资金融机构名称	参股比例	境外上市外资股
工商银行	淡马锡控股私人有限公司（Temasek Holdings (Private) Limited）	2.05%	24.35%
	香港中央结算有限公司	0.33%	
	香港中央结算（代理人）有限公司	24.18%	
农业银行	纽约银行梅隆公司（The Bank of New York Mellon Corporation）	1.43%	8.78%
	贝莱德集团（BlackRock, Inc.）	0.52%	
	香港中央结算有限公司	0.40%	
	香港中央结算（代理人）有限公司	8.73%	
中国银行	贝莱德集团（BlackRock, Inc.）	1.68%	28.41%
	香港中央结算有限公司	0.28%	
	三菱东京日联银行（MUFG Bank, Ltd.）	0.18%	
	香港中央结算（代理人）有限公司	27.82%	
建设银行	益嘉投资有限责任公司	0.34%	38.09%
	香港中央结算有限公司	0.20%	
	香港中央结算（代理人）有限公司	37.54%	
交通银行	香港上海汇丰银行有限公司（不含间接持有的 H 股）	18.70%	47.15%
	香港中央结算有限公司	0.88%	
	香港中央结算（代理人）有限公司	20.16%	
邮储银行	中国船舶重工集团海外投资公司（CSIC Investment One Limited）	4.34%	22.83%
	李嘉诚（加拿大）基金（Li Ka Shing (Canada) Foundation）	1.27%	
	喜马拉雅资本管理公司（Himalaya Capital Investors, L. P.）	1.16%	
	香港中央结算（代理人）有限公司	22.81%	

注：境外上市外资股，由于有个人持有的股份，其比例大于外资金融机构参股比例合计。

资料来源：根据 2020 年 6 大国有商业银行年报资料整理。

由表3-1可知，在6大国有商业银行的参股比例中，外资金融机构参股国有商业银行的比例大多小于3%。唯一可以引起注意的是，香港上海汇丰银行有限公司（不含间接持有的H股）参股交通银行达到18.7%的比例，然而在其余5家国有商业银行中，仅中国船舶重工集团海外投资公司参股邮储银行的比例为4.34%，接近5%。

为更好地评价外资参股6大国有大型商业银行的比例，本章将2010年的参股数据纳入研究并进行比较。由于邮政储蓄银行在2019年才被纳入国有大型商业银行，因此2010年数据仅包含工商银行、农业银行、中国银行、建设银行和交通银行这5家银行。截至2010年12月31日，外资参股5大国有商业银行的比例如表3-2所示。

表3-2　**外资参股5大国有商业银行的比例（截至2010年12月31日）**

金融机构	参股外资金融机构名称	参股比例	境外上市外资股
工商银行	高盛集团	2.96%	24.90%
	野村控股（Nomura Holdings，Inc）	2.52%	
	资本研究和管理公司（Capital Research and Management Company）	1.44%	
	摩根大通集团（JPMorgan Chase & Co.）	1.29%	
	美国运通	0.20%	
	香港中央结算（代理人）有限公司	24.50%	
农业银行	卡塔尔投资局（Qatar Investment Authority）	2.10%	9.50%
	卡塔尔控股（Qatar Holding LLC）	2.10%	
	科威特投资局（Kuwait Investment Authority）	0.60%	
	渣打银行	0.37%	
	香港中央结算（代理人）有限公司	8.89%	
中国银行	Li Ka Shing（自然人）	1.01%	29.96%
	三菱东京日联银行（The Bank of Tokyo-Mitsubishi UFJ Ltd.）	0.19%	
	亚洲开发银行	0.18%	
	香港中央结算（代理人）有限公司	28.15%	

续表

金融机构	参股外资金融机构名称	参股比例	境外上市外资股
建设银行	美国银行	10.23%	38.09%
	富登金融	5.65%	
	益嘉投资有限责任公司	0.34%	
	香港中央结算（代理人）有限公司	19.79%	
交通银行	香港上海汇丰银行有限公司（不含间接持有的H股）	18.63%	47.15%
	香港中央结算（代理人）有限公司	21.93%	

资料来源：根据2010年5大国有商业银行年报资料整理。

对比表3-1和表3-2的相关数据可知，与2010年外资参股比例相比，2020年6大国有商业银行中外资参股比例相对略有降低，我们可以看到2010年外资金融机构参股5大国有商业银行的比例中，交通银行外资参股比例较高，外资参股比例达到18.63%，但是其余4家银行中，除美国银行参股建设银行达10%、登富金融参股建设银行达5%以外，其余外资金融机构参股中资银行的比例均小于3%，且大多不足1%。

就6大商业银行总体来说，即使是单个外资金融机构持股最高的交通银行，也还不足以对其控制权构成实质性威胁，其余5家银行的外资持股比例则对6大国有商业银行的控制权并未构成威胁。

二、外资参股后6大国有商业银行绝对控制权现状：没有实质上动摇

如果中资银行股权结构分散，即使外资持股比例较低，也可能导致中资银行控制权的转移。2020年12月31日，外资参股后6大国有商业银行前10名大股东的持股比例如表3-3所示。

由表3-3可知，只有交通银行的境外独立法人持股比例相对较高，为19.58%，但仍然比国家股的持股比例29.95%低了10.37%；邮储银行境外独立法人和国家股的持股比例均为0%，但其国有法人持股比例达到70.46%；其余4家银行其前10名股东中境外独立法人持股均小于1%，与国家股的持股比例相差

均超过 50%。

表 3-3　**6 大国有商业银行前 10 名股东持股情况表（截至 2020 年 12 月 31 日）**

主要股东	工商银行	农业银行	中国银行	建设银行	交通银行	邮储银行
汇金公司（国家）	34.71%	40.03%	64.02%	57.11%	0	0
财政部（国家）	31.14%	35.29%	0	0	23.88%	0
社保基金（国家）	3.46%	6.72%	0	0	6.07%	0
国家股小计	69.31%	82.04%	64.02%	57.11%	29.95%	0
国有法人	0.96%	1.61%	3.53%	2.11%	7.65%	70.46%
境内非国有法人	1.27%	1.51%	0.76%	0.07%	0	2.82%
香港中央结算（代理人）有限公司	24.18%	8.73%	27.82%	37.54%	20.16%	22.81%
境外独立法人	0.33%	0.40%	0.46%	0.54%	19.58%	0
境外法人股小计	24.51%	9.13%	28.28%	38.08%	39.74%	22.81%
国家与境外独立法人比较	68.98%	81.64%	63.56%	56.57%	10.37%	0

资料来源：根据 2020 年 6 大国有商业银行年报资料整理。

需要注意的是，根据 2020 年交通银行年报中持股比例前 10 名大股东情况可知，财政部作为第一大股东，持有 23.88%的股份，第二大股东为汇丰银行持有 18.70%的股份，且通过间接持股合计共持有交通银行 19.03%的股份，尽管汇丰银行的持股比例低于财政部国家法人，但仍然可能通过与交通银行达成的入股协议，在国内法律允许的条件下，通过间接增持股份最高可达 40%的持股比例，将最终获取交通银行的实质性控制地位。但总体说来，除了交通银行之外，其他 5 大国有商业银行的外资参股并没有实质上动摇国家对 6 大国有商业银行的绝对控制权。

为更好地评价外资参股后 6 大国有商业银行绝对控制权现状，本章将 2010 年的持股数据纳入研究并进行比较。由于邮政储蓄银行在 2019 年才被纳入国有大型商业银行，因此 2010 年数据仅包含工商银行、农业银行、中国银行、建设银行和交通银行这5家银行。截至2010年12月31日，5大国有商业银行前10名股东持股情况如表3-4所示。

表3-4　5大国有商业银行前10名股东持股情况表（截至2010年12月31日）

主要股东	工商银行	农业银行	中国银行	建设银行	交通银行
汇金公司（国家）	35.40%	40.03%	67.55%	57.09%	0
财政部（国家）	35.30%	39.21%	0	0	26.52%
社保基金（国家）	0	3.02%	0	0	0
国家股小计	70.70%	82.26%	67.55%	57.09%	26.52%
国有法人	0	0.46%	0.28%	4.41%	5.84%
境内非国有法人	1.00%	1.19%	0	0.25%	0
香港中央结算（代理人）有限公司	24.50%	8.89%	28.15%	19.79%	21.93%
境外独立法人	0.20%	0.37%	1.38%	16.22%	18.63%
境外法人股小计	24.70%	9.26%	29.53%	36.01%	40.56%
国家与境外独立法人比较	70.50%	81.89%	66.17%	40.87%	7.89%

资料来源：根据2010年5大国有商业银行年报资料整理。

由表3-4可以看到，2020年国有大型商业银行前10大股东的持股情况与2010年基本相同。2010年，总体而言在5大商业银行中，前10名股东持股比例较为集中，其中国家法人基本处于绝对控股地位。交通银行和建设银行虽然整体股权相对分散，但是其外资金融机构持股比例相对较低，分别为18.63%和16.22%，国家持股比例相对较高，分别为26.52%和57.09%；同样，农业银行和工商银行的外资机构持股比例也相对较低，分别为5.17%和8.41%，国家持股比例相对较高，分别为82.67%和70.7%。综上所述，几大国有商业银行的外资持股比例均小于国家持股比例，因此并没有威胁到国家控股的绝对地位，外资参股并没有实质上动摇国家对国有商业银行的绝对控制权。

三、外资参股后6大国有商业银行的股权结构：国家处于绝对控股

有时某些机构不仅通过直接持股的方式来持有股权，还会通过在本行股份及

相关股份中拥有的权益或淡仓等方式来进行控股，通过对本行股东的其他持股方式进行分析更为全面。截至2020年12月31日，外资参股后6大国有商业银行的股权结构如表3-5所示。

表3-5　　6大国有商业银行主要股东持股情况（截至2020年12月31日）

主要股东	工商银行	农业银行	中国银行	建设银行	交通银行	邮储银行
国家股	69.31%	75.32%	64.02%	57.11%	29.95%	0
国有法人股	0.96%	1.61%	3.53%	2.11%	7.65%	70.46%
外资持股合计	24.35%	8.78%	28.41%	38.09%	47.15%	22.83%
其中：外资金融机构持股	2.38%	2.35%	2.14%	0.54%	19.58%	6.77%
国家股与外资金融机构持股比较	66.93%	72.97%	61.88%	56.57%	10.37%	−6.77%

资料来源：根据2020年6大国有商业银行年报资料整理。

由表3-5可知，在6大国有商业银行中，交通银行的外资金融机构持股比例在6大商业银行中最高，为19.58%，国家持股比例相对较低，为29.95%；工商银行、农业银行和中国银行的外资金融机构持股比例相对较低，分别为2.38%、2.35%和2.14%，国家持股比例相对较高，分别为69.31%、75.32%和64.02%；邮储银行则没有国家持股，取而代之的是国有法人持股比例较高，为70.46%，外资金融机构持股比例相对较低，为6.77%。

6大国有商业银行总体来说股权比较集中，并且明显看出国有法人在6大国有银行的股权中占据绝对的控股地位。虽然说交通银行的股权相对而言较为分散，其中外资金融机构所占股份相对较大，但交通银行外资金融机构持股比例仍比国家持股比例低10.37%，并没有威胁到国家的绝对控股地位；邮储银行虽然没有国家持股，但其国有法人持股比例达到了70.46%，在这种情况下外资参股并没有在实质上起到威胁国家绝对控股地位的作用。

为更好地评价外资参股后6大国有商业银行的股权结构，本章将2010年的持股数据纳入研究并进行比较。由于邮政储蓄银行在2019年才被纳入国有大型商业银行，因此2010年数据仅包含工商银行、农业银行、中国银行、建设银行和交通银行这5家银行。截至2010年12月31日，5大国有商业银行主要股东持股情况如表3-6所示。

表3-6　**5大国有商业银行主要股东持股情况（截至2010年12月31日）**

主要股东	工商银行	农业银行	中国银行	建设银行	交通银行
国家股	70. 70%	82. 67%	67. 55%	57. 09%	26. 52%
国有法人股	0	0. 46%	0. 28%	3. 00%	5. 84%
外资持股合计	24. 90%	9. 50%	29. 96%	36. 26%	47. 15%
其中：外资机构持股	8. 41%	5. 17%	5. 44%	16. 22%	18. 63%
国家股与外资机构持股比较	62. 29%	77. 50%	62. 11%	40. 87%	7. 89%

资料来源：根据2010年5大国有商业银行年报资料整理。

由表3-6可知，2020年5大国有商业银行主要股东持股情况与2010年基本相同。2010年，在5大国有商业银行的股权结构非常集中，且国有法人也处于绝对控股地位。具体分析来看，交通银行和建设银行的股权结构较为分散，外资机构持股所占股份在5大国有商业银行中相对较高，分别为18. 63%和16. 22%，国家持股比例相对较低，分别为26. 52%和57. 09%；农业银行和工商银行的外资机构持股比例相对较低，分别为5. 17%和8. 41%，国家持股比例相对较高，分别为82. 67%和70. 7%。但就国家持股比例来说，交通银行外资机构持股比例仍比国家持股比例低7. 89%、建设银行外资机构持股比例比国家持股比例低40. 87%，所以外资持股并没有威胁到国家的绝对控股地位。

四、外资参股后6大国有商业银行的管理权结构

在整个金融体系中，银行作为重要的组成部分，在某种程度上，银行的治理能力也体现了国家金融体系的整体运营效率和“输血”能力，因此对于银行的内部治理结构而言，管理权结构的治理和维护比所有权的分割起到了更重要的作用。具体而言，若外资战略投资者在中资银行的董事会、监事会及高级管理人员中拥有较多的席位，也将导致中国银行业控制权的转移。截至2020年12月31

日，外资参股后的 6 大国有商业银行管理权结构如表 3-7 所示。

表 3-7　　**6 大国有商业银行的管理权结构（截至 2020 年 12 月 31 日）**

管理权结构	工商银行	农业银行	中国银行	建设银行	交通银行	邮储银行
董事会成员	12	14	14	15	15	11
战略投资者派出董事	—	—	—	—	1	—
比例	—	—	—	—	6.67%	—
监事会成员	6	8	6	8	10	9
战略投资者派出监事	—	—	—	—	—	—
比例	—	—	—	—	—	—
高级管理人员	8	6	6	7	8	9
战略投资者派出高级管理人员	—	—	—	—	1	—
比例	—	—	—	—	12.50%	—

资料来源：根据 2020 年 6 大国有商业银行年报资料整理。

由表 3-7 可知，从 6 大国有商业银行的管理权结构中分析，首先从董事会成员来看，交通银行董事会成员共 15 名，其中 1 名为外资参股机构汇丰银行派出的董事，占董事会整体比例 6.67%；6 大商业银行的监事会中，外资金融机构均没有派出监事；从 6 大国有商业银行的高级管理人员来看，目前只有交通银行的 8 名高级管理人员中汇丰银行派出了 1 名相应的高级管理人员，占比 12.50%。可见，尽管就管理权结构而言，外资金融机构都或多或少在 6 大国有商业银行派驻有董事和管理人员，但由于席位很少，不具有对银行经营管理造成有力影响的话语权。

为更好地评价外资参股后 6 大国有商业银行的管理权结构，本章将 2010 年的管理权结构数据纳入研究并进行比较。由于邮政储蓄银行在 2019 年才被纳入国有大型商业银行，因此 2010 年数据仅包含工农中建交这 5 家国有商业银行。截至 2010 年 12 月 31 日，5 大国有商业银行的管理权结构如表 3-8 所示。

表 3-8 **5 大国有商业银行的管理权结构（截至 2010 年 12 月 31 日）**

管理权结构	工商银行	农业银行	中国银行	建设银行	交通银行
董事会成员	16	12	15	16	19
战略投资者派出董事	—	—	—	1	2
比例	—	—	—	6.25%	10.53%
监事会成员	6	5	5	8	12
战略投资者派出监事	—	—	—	—	—
比例	—	—	—	—	—
高级管理人员	9	8	10	13	12
战略投资者派出高级管理人员	—	—	—	—	1
比例	—	—	—	—	8.33%

资料来源：根据 2010 年 5 大国有商业银行年报资料整理。

由表 3-8 可知，2020 年 5 大国有商业银行的管理权结构与 2010 年基本相同，根据 2010 年 5 大商业银行的董事会结构可知，只有交通银行和建设银行中有外资金融机构派出了董事，交通银行 19 名董事会成员中，汇丰银行派出了 2 名董事，占比 10.53%，建设银行 16 名董事会成员中外资金融机构派出了 1 名董事，占比 6.25%；5 大商业银行的监事会中，外资金融机构均没有派出监事；5 大商业银行的高级管理人员中，只有交通银行的高级管理人员中有汇丰银行派出的 1 名高级管理人员，占比 8.33%。可见，外资机构虽然在 5 大商业银行派驻有董事和管理人员，但由于席位很少，诸如此类董事会结构的改变并不足以对中资银行的整体经营管理决策产生显著影响。

第四节 12 大股份制商业银行外资参股后的控制权

从银保监会官网 2020 年公布的《银行业金融机构法人名单》中我们可以看到，我国金融机构的重要组成部分还有股份制商业银行，具体包括以下 12 家银行：中信银行股份有限公司、中国光大银行股份有限公司、招商银行股份有限公司、上海浦东发展银行股份有限公司、中国民生银行股份有限公司、华夏银行股份有限公司、平安银行股份有限公司、兴业银行股份有限公司、广发银行股份有限公司、渤海银行股份有限公司、浙商银行股份有限公司和恒丰银行股份有限公司。股份制商业银行在整个金融体系中的贡献也不可小觑，从资产占比来看，截至 2020 年 12 月，我国 12 大股份制商业银行的资产总额为 568672 亿元，占整个银行体系资产的比例为 18.2%，即使是资产最少的恒丰银行，其资产也突破了 1 万亿元。因此，如果不能确保对 12 大股份制商业银行的绝对控制权，将直接影响到国家的经济发展和金融安全。由于上述 12 家股份制商业银行并非每一家都有外资参股，且部分企业外资参股比例较低，本章将选取参股比例较高且股权较为分散的 6 家银行作为 12 大股份制商业银行的代表：中信银行、光大银行、招商银行、民生银行、渤海银行和恒丰银行。分别从外资参股中资银行的比例、外资参股后中资银行的股权结构、外资参股后中资银行的绝对控制权现状和外资参股后中资银行的管理权等四个方面，探讨外资参股对股份制商业银行控制权的影响现状。

一、外资参股 12 大股份制商业银行的比例：未构成威胁

截至 2020 年 12 月 31 日，外资参股 12 大股份制商业银行的比例如表 3-9 所示。

表 3-9　　**外资参股 12 大股份制商业银行的比例**

（截至 2020 年 12 月 31 日）

金融机构	参股外资金融机构名称	参股比例	境外上市外资股
中信银行	道达尔环球有限公司（Total Partner Global Limited）	4.69%	30.41%
	香港中央结算有限公司	0.16%	
	香港中央结算（代理人）有限公司	23.62%	
光大银行	海福投资有限公司（Ocean Fortune Investment Limited）	2.97%	12.71%
	中国光大控股有限公司	2.91%	
	香港中央结算有限公司	1.34%	
	香港中央结算（代理人）有限公司	20.48%	
招商银行	香港中央结算有限公司	4.26%	18.20%
	香港中央结算（代理人）有限公司	18.04%	

续表

金融机构	参股外资金融机构名称	参股比例	境外上市外资股
民生银行	泛海国际股权投资有限公司	2.31%	19.00%
	Alpha Frontier Limited	1.63%	
	香港中央结算（代理人）有限公司	18.92%	
渤海银行	渣打银行（香港）有限公司	16.26%	34.91%
	香港中央结算（代理人）有限公司	18.65%	
恒丰银行	新加坡大华银行有限公司	3.00%	3.00%

资料来源：根据12大股份制商业银行2020年年报资料整理。

由表3-9可知，外资参股12大商业银行的比例都比较低，只有渤海银行外资参股比例较高，但渣打银行的参股比例也只有16.26%；其余5家银行中，除道达尔环球有限公司参股中信银行以及香港中央结算有限公司参股招商银行的比例接近5%以外，其余外资金融机构参股中资银行的比例均小于3%，且大多不足1%。

为更好地评价外资参股12大股份制商业银行的比例，本章将2010年的参股数据纳入研究并进行比较。截至2010年12月31日，外资参股12大股份制商业银行的比例如表3-10所示。

表3-10　**外资参股12大股份制商业银行的比例**

（截至2010年12月31日）

金融机构	参股外资金融机构名称	参股比例	境外上市外资股
中信银行	西班牙对外银行（BBVA）	15.00%	26.84%
	瑞穗实业银行	0.17%	
	香港中央结算（代理人）有限公司	15.65%	
光大银行	中国光大控股有限公司	4.35%	4.35%
招商银行	摩根大通集团（JPMorgan Chase & Co.）	2.62%	18.12%
	贝莱德集团（BlackRock，Inc.）	1.26%	
	邓普顿基金（Templeton Asset Management Limited）	0.91%	
	香港中央结算（代理人）有限公司	17.83%	

续表

金融机构	参股外资金融机构名称	参股比例	境外上市外资股
民生银行	摩根士丹利（Morgan Stanley）	1.73%	15.45%
	香港中央结算（代理人）有限公司	15.27%	
渤海银行	渣打银行（香港）有限公司	19.99%	19.99%
恒丰银行	新加坡大华银行有限公司	14.71%	14.71%

资料来源：根据12大股份制商业银行2010年年报资料整理。

由表3-10可知，2020年外资参股12大股份制商业银行的比例与2010年基本相同。总体而言，2010年外资参股12大商业银行的比例都比较低，其中只有渤海银行和中信银行的外资参股比例较高，分别占比15.00%和19.99%，另外4家银行中，除中国光大控股有限公司参股光大银行的比例接近5%以外，其余外资金融机构参股中资银行的比例均小于3%，且大多不足1%。

总体来说，12大股份制商业银行中，即使是单个机构持股最高的渤海银行，外资也还不足以对12大股份制商业银行的控制权构成实质性威胁，其余5家银行的外资持股比例则对12大股份制商业银行的控制权并未构成威胁。

二、外资参股后12大股份制商业银行绝对控制权现状：没有发生实质性动摇

由于12大股份制银行中仅恒丰银行和兴业银行拥有国家股，与6大国有商业银行不同，因此将国有法人股与境外独立法人进行比较。之所以不考虑各个内资法人之间的股权制衡，将国有法人股累积计算持股比例甚至是将内资持股比例进行累积计算，是因为当个人利益与民族利益产生冲突时，内资股东强烈的爱国情怀可能会带来其目标函数的改变，使得维护民族利益、保护银行业控制权成为个人最大效用化的目标。当内资股东出现群体行为时，外资股东的相对持股可能不再存在，使得内资股东整体成为绝对控股整体，夺取银行业的控制权。

如果中资银行股权结构分散，即使外资持股比例较低，也可能导致中资银行控制权的转移。2020年12月31日，外资参股后12大股份制商业银行前10名大股东的持股比例如表3-11所示。

表 3-11　　12 大股份制商业银行前 10 名股东持股情况表

（截至 2020 年 12 月 31 日）

主要股东	中信银行	光大银行	招商银行	民生银行	渤海银行	恒丰银行
汇金公司（国家）	0	0	0	0	0	53.95%
财政部（国家）	0	0	0	0	0	0
社保基金（国家）	0	0	0	0	0	0
国家股小计	0	0	0	0	0	53.95%
国有法人	73.06%	55.95%	32.56%	16.79%	50.44%	34.44%
境内非国有法人	0.05%	0	12.09%	25.33%	14.56%	4.91%
香港中央结算（代理人）有限公司	23.62%	20.48%	18.04%	18.92%	18.65%	0
境外独立法人	0.16%	7.22%	4.26%	0	16.26%	3.00%
境外法人股小计	23.78%	27.70%	22.30%	18.92%	34.91%	3.00%
国有法人与境外独立法人比较	72.90%	48.73%	28.30%	16.79%	34.18%	31.44%

资料来源：根据 12 大股份制商业银行 2020 年年报资料整理。

由表 3-11 可知，只有渤海银行的境外独立法人持股比例最高，为 16.26%，但仍然比国有法人股的持股比例 50.44%低 34.18%；光大银行的境外法人持股比例相对较高，为 7.22%，比国有法人股的持股比例低 48.73%；民生银行前 10 大股东则没有境外独立法人；其余 3 家银行境外独立法人持股比例均低于 5%，国家法人股的持股比例均超过 25%。

可以看到，单个外资持股比例最高的渣打银行也仅持有渤海银行 16.26%的股份，与第一大股东 23.34%的持股比例相比低 7.08%，因此其控股地位尚未受到威胁。总体说来，外资参股并没有从根本上剥夺国家法人对股份制商业银行的绝对控制权。

为更好地评价外资参股后 12 大股份制商业银行绝对控制权现状，本章将 2010 年的持股数据纳入研究并进行比较。截至 2010 年 12 月 31 日，12 大股份制商业银行前 10 名股东持股情况如表 3-12 所示。

表 3-12　　12 大股份制商业银行前 10 名股东持股情况表

（截至 2010 年 12 月 31 日）

主要股东	中信银行	光大银行	招商银行	民生银行	渤海银行	恒丰银行
汇金公司（国家）	0	48.37%	0	0	0	0
财政部（国家）	0	0	0	0	0	0
社保基金（国家）	0	1.59%	0	0	0	0
国家股小计	0	49.96%	0	0	0	0
国有法人	63.08%	17.71%	35.30%	0	62.01%	34.15%
境内非国有法人	0.18%	0	0	26.91%	18.00%	19.23%
香港中央结算（代理人）有限公司	15.65%	0	17.83%	15.27%	0	0
境外独立法人	15.17%	4.35%	0	0	19.99%	14.71%
境外法人股小计	30.82%	4.35%	17.83%	15.27%	19.99%	14.71%
国有法人与境外独立法人比较	47.91%	13.36%	35.30%	0	42.02%	19.44%

资料来源：根据 12 大股份制商业银行 2010 年年报资料整理。

由表 3-12 可知，2020 年国有大型商业银行前 10 大股东的持股情况与 2010 年相比，外资持股整体有所下降。2010 年，只有渤海银行的境外独立法人持股比例最高，为 19.99%，但仍然比国有法人股的持股比例 62.01%低 42.02%；中信银行和恒丰银行的境外法人持股比例相对较高，分别为 15.17%和 14.71，比国有法人股的持股比例分别低 47.91%和 19.44；招商银行和民生银行前 10 大股东则没有境外独立法人；光大银行境外独立法人持股比例均低于 5%。

可以看到，单个外资持股比例最高的渣打银行也仅持有渤海银行 19.99%的股份，国家的控股地位尚未受到威胁。总体说来，外资参股比例并不足以对 12 大股份制商业银行的控制权构成实质性威胁。

三、外资参股后 12 大股份制商业银行的股权结构

截至 2020 年 12 月 31 日，外资参股后 12 大股份制商业银行的股权结构如表

3-13 所示。

表 3-13　　**12 大股份制商业银行主要股东持股情况**

（截至 2020 年 12 月 31 日）

主要股东	中信银行	光大银行	招商银行	民生银行	渤海银行	恒丰银行
国家股	0	0	0	0	0	53.95%
国有法人股	73.06%	55.95%	33.56%	16.79%	50.44%	34.44%
外资持股合计	30.41%	12.71%	18.20%	19.00%	34.91%	3.00%
其中：外资金融机构持股	4.85%	7.22%	4.26%	3.94%	16.26%	3.00%
国有法人股与外资金融机构持股比较	68.21%	48.73%	29.30%	12.85%	34.18%	31.44%

资料来源：根据 12 大股份制商业银行 2020 年年报资料整理。

由表 3-13 可知，在 12 大股份制商业银行中，渤海银行的外资金融机构持股比例最高，为 16.26%，但国有法人股持股比例相对较高，为 50.44%；招商银行、民生银行和恒丰银行的外资金融机构持股比例相对较低，分别为 4.26%、3.94% 和 3.00%，但国有法人股持股比例相对也较低，分别为 33.56%、16.79%和 34.44%，但将招商银行国有法人与非国有法人合并计算后国有法人股与外资金融机构持股比例差额则超过 35%，恒丰银行国家股持股则超过 50%。

12 大股份制商业银行中，就这 6 家典型样本而言，股权较为集中，且国家法人处于绝对控股地位。具体来看，渤海银行的股权虽然相对比较分散，外资金融机构所占股份相对较大，但渤海银行外资金融机构持股比例低于国有法人股持股比例；民生银行虽然股权较为分散，但其大部分股权仍被国有法人和境内非国有法人拥有，两家银行的外资参股均没有在持股比例上起到威胁国家法人绝对控股的作用。

为更好地评价外资参股后 12 大股份制商业银行的股权结构，本章将 2010 年的持股数据纳入研究并进行比较。截至 2010 年 12 月 31 日，12 大股份制商业银行主要股东持股情况如表 3-14 所示。

表 3-14　　12 大股份制商业银行主要股东持股情况

（截至 2010 年 12 月 31 日）

主要股东	中信银行	光大银行	招商银行	民生银行	渤海银行	恒丰银行
国家股	0	49.96%	0	0	0	0
国有法人股	63.08%	17.71%	35.30%	0	62.01%	34.15%
外资持股合计	30.82%	4.35%	17.83%	15.45%	18.00%	19.23%
其中：外资机构持股	15.17%	4.35%	4.79%	1.73%	19.99%	14.71%
国有法人股与外资机构持股比较	47.91%	13.36%	30.51%	-1.73%	42.02%	19.44%

资料来源：根据 12 大股份制商业银行 2010 年年报资料整理。

由表 3-14 可知，2020 年国有大型商业银行主要股东持股情况与 2010 年相比，外资持股整体有所下降。根据 12 大股份制商业银行 2010 年持股情况表，我们发现，与其他 3 家银行相比，中信银行、渤海银行和恒丰银行主要股东持股比例中，外资机构所占比例较高，分别为 15.17%、19.99%和 14.71%，恒丰银行的股权虽然相对比较分散，外资金融机构所占股份相对较大；渤海银行外资金融机构持股比例仍比国有法人股持股比例低 19.44%；同时，民生银行虽然没有国家股和国有法人股，但是由于其境内非国有法人的持股比例较高且股权较为分散，所以也并没有对国家绝对控股权造成一定的威胁。综上所述，由此可以看出 12 大股份制商业银行的整体股权结构较为集中，国家法人始终处于绝对的控股地位。

四、外资参股后 12 大股份制商业银行的管理权结构

在整个金融体系中，作为重要的组成部分，在某种程度上，银行的治理能力也体现了国家金融体系的整体运营效率和“输血”能力，因此对于银行的内部治理结构而言，管理权结构的治理和维护比所有权的分割起到了更重要的作用，具体而言，若外资战略投资者在中资银行的董事会、监事会及高级管理人员中拥有较多的席位，也将导致中国银行业控制权的转移。截至 2020 年 12 月 31 日，外

资参股后的12大股份制商业银行管理权结构如表3-15所示。

表3-15 **外资参股后12大股份制商业银行的管理权结构**

（截至2020年12月31日）

管理权结构	中信银行	光大银行	招商银行	民生银行	渤海银行	恒丰银行
董事会成员	9	14	17	18	15	11
战略投资者派出董事	—	—	—	—	1	1
比例	—	—	—	—	6.67%	9.09%
监事会成员	8	9	9	9	6	6
战略投资者派出监事	—	1	—	—	—	—
比例	—	11.11%	—	—	—	—
高级管理人员	10	8	9	10	5	8
战略投资者派出高级管理人员	—	—	—	—	—	—
比例	—	—	—	—	—	—

资料来源：根据12大股份制商业银行2020年年报资料整理。

由表3-15可知，12大股份制商业银行的董事会中，只有渤海银行和恒丰银行外资金融机构派出了董事。渤海银行15名董事会成员中，渣打银行派出了1名董事，占比6.67%；恒丰银行11名董事会成员中，大华银行派出了1名董事，占比9.09%。12大股份制商业银行的监事会中，只有光大银行外资金融机构派出了监事。光大银行9名监事中，光大控股有限公司派出了1名监事，占比11.11%；12大股份制商业银行的高级管理人员中，外资金融机构均没有派出高管。可见，外资金融机构虽然在12大股份制商业银行派驻有董事和监事，但由于所占席位较少，并不具有权威性的话语权，所以对于银行的经营管理决策不具有影响力。为更好地评价外资参股后12大股份制商业银行的管理权结构，本章将2010年的管理权结构数据纳入研究并进行比较。截至2010年12月31日，12

大股份制商业银行的管理权结构如表 3-16 所示。

表 3-16　　外资参股后 12 大股份制商业银行的管理权结构

（截至 2010 年 12 月 31 日）

管理权结构	中信银行	光大银行	招商银行	民生银行	渤海银行	恒丰银行
董事会成员	16	15	17	18	14	11
战略投资者派出董事	2	—	—	—	1	1
比例	12.50%	—	—	—	7.14%	9.09%
监事会成员	8	10	9	8	5	5
战略投资者派出监事	—	—	—	—	—	—
比例	—	—	—	—	—	—
高级管理人员	10	11	12	7	8	7
战略投资者派出高级管理人员	—	1	—	—	—	—
比例	—	9.09%	—	—	—	—

资料来源：根据 2010 年 12 大股份制商业银行年报资料整理。

由表 3-16 可知，2020 年 5 大国有商业银行的管理权结构与 2010 年基本相同。2010 年外资参股的管理权结构中，6 家银行中只有中信银行、渤海银行和恒丰银行外资金融机构派出了董事，中信银行 16 名董事会成员中，西班牙对外银行派出了 2 名董事，占比 12.50%，渤海银行 14 名董事会成员中，渣打银行派出了 1 名董事，占比 7.14%，恒丰银行 11 名董事会成员中，大华银行派出了 1 名董事，占比 9.09%；以上 6 家股份制商业银行的监事会中均没有外资金融机构派出的监事，且在高级管理人员中，只有光大银行外资金融机构派出了 1 名高级管理人员，占比 9.09%。

第五节　城市商业银行外资参股后的控制权

我国目前城市商业银行的前身是 20 世纪 80 年代逐渐兴起的各城市信用社，

随着金融业的快速发展逐渐暴露出管理方面的许多问题，城市商业银行也逐渐成为我国银行业中的“特殊群体”。根据2020年银保监会官网公布的《银行业金融机构法人名单》，目前我国城市商业银行总计133家，其中28家城市商业银行已上市。

在中国银行体系中，由133家银行组成的城市商业银行是中国银行业的重要组成部分，有8家城市商业银行资产过1万亿元、19家城市商业银行资产过5千亿元。银保监会官网公布数据显示，2020年12月城市商业银行的资产总额为410680亿元，占整个银行体系资产的比例为13.1%。因此，城市商业银行在整个金融资源中起着重要的作用，允许外资参股城市商业银行，如果不能确保对城市商业银行的绝对控制权，将影响到国家的金融安全。由于133家城市商业银行并非每一家都有外资参股，且部分银行外资参股比例较低，因此本节将选取具有代表性的6家银行作为城市商业银行的研究样本，具体包括：北京银行、南京银行、杭州银行、西安银行、宁波银行和青岛银行。并从外资参股中资银行的比例、外资参股后中资银行的股权结构、外资参股后中资银行的绝对控制权现状和外资参股后中资银行的管理权等四个方面，探讨外资参股对城市商业银行控制权的影响现状。

一、外资参股城市商业银行的比例

截至2020年12月31日，外资参股城市商业银行的比例如表3-17所示。

表3-17　　外资参股城市商业银行的比例（截至2020年12月31日）

金融机构	参股外资金融机构名称	参股比例	境外上市外资股
北京银行	荷兰国际银行（ING BANK N. V）	13.03%	0
	香港中央结算有限公司	2.40%	
南京银行	法国巴黎银行	13.92%	0
	香港中央结算有限公司	1.55%	
杭州银行	澳大利亚联邦银行（Commonwealth Bank of Australia）	15.57%	0
西安银行	加拿大丰业银行	17.99%	0

续表

金融机构	参股外资金融机构名称	参股比例	境外上市外资股
宁波银行	新加坡华侨银行有限公司	18.67%	0
	香港中央结算有限公司	3.46%	
	新加坡华侨银行有限公司（QFII）	1.33%	
青岛银行	意大利联合圣保罗银行	13.85%	39.09%
	香港中央结算（代理人）有限公司	25.23%	

注：境外上市外资股指向境外投资者募集并在境外上市的股份，外资参股指由境外机构持有的上市公司股份，因此出现境外上市外资股为0而有外资参股的情况。

资料来源：根据2020年城市商业银行年报资料整理。

由表3-17可知，以上这6家城市商业银行的外资参股比例都比较高，其中宁波银行中新加坡华侨银行有限公司参股比例为18.76%，还与其合格境外机构投资者新加坡华侨银行有限公司（QFII）合计持股达20.00%；其余5家银行中，联邦银行参股杭州银行和丰业银行参股西安银行的外资参股比例超过了15%，分别为15.57%和17.99%。

为更好地评价外资参股12大股份制商业银行的比例，本节将2010年的参股数据纳入研究并进行比较。由于青岛银行2010年数据缺失，因此2010年数据仅包含北京银行、南京银行、杭州银行、西安银行和宁波银行这5家银行。截至2010年12月31日，外资参股城市商业银行的比例如表3-18所示。

表3-18　　**外资参股城市商业银行的比例（截至2010年12月31日）**

金融机构	参股外资金融机构名称	参股比例	境外上市外资股
北京银行	荷兰商业银行（ING BANK N. V.）	16.07%	0
	国际金融公司	4.04%	
南京银行	法国巴黎银行（BNP PARIBAS）	12.68%	0
杭州银行	澳洲联邦银行	20.00%	0
	亚洲开发银行	3.95%	
西安银行	加拿大丰业银行	14.77%	0

续表

金融机构	参股外资金融机构名称	参股比例	境外上市外资股
宁波银行	OVERSEA-CHINESE BANKING CORPORATION LIMITED	13.74%	0
	华侨银行有限公司	1.60%	

资料来源：根据城市商业银行 2010 年年报资料整理。

由表 3-18 可知，2020 年外资参股城市商业银行的比例与 2010 年相比有所下降。2010 年，杭州银行外资参股比例最高，澳洲联邦银行参股比例为 16.07%；其余 5 家银行中，荷兰商业银行参股北京银行的比例超过 15%，达到 16.07%，华侨银行有限公司参股宁波银行的比例合计达到 15.34%；法国巴黎银行参股南京银行、加拿大丰业银行参股西安银行的比例超过 10%，分别为 12.68%和 14.77%。

以上述 6 家银行为例，即使是单个外资金融机构持股最高的宁波银行，其持股比例也还不足以对城市商业银行的控制权构成实质性威胁，其余 5 家银行的外资持股比例则对城市商业银行的控制权并未构成威胁。

二、外资参股后城市商业银行绝对控制权现状

如果中资银行股权结构分散，即使外资持股比例较低，也可能导致中资银行控制权的转移。2020 年 12 月 31 日，外资参股后城市商业银行前 10 名大股东的持股比例如表 3-19 所示。

表 3-19 **城市商业银行前 10 名股东持股情况表（截至 2020 年 12 月 31 日）**

主要股东	北京银行	南京银行	杭州银行	西安银行	宁波银行	青岛银行
汇金公司（国家）	0	0	0	0	0	0
财政部（国家）	0	0	11.86%	0	0	0
社保基金（国家）	0	0	0	0	0	0
国家股小计	0	0	11.86%	0	0	0
国有法人	24.23%	34.62%	25.22%	38.35%	22.35%	13.28%
境内非国有法人	10.49%	9.07%	14.39%	18.04%	13.35%	25.51%

续表

主要股东	北京银行	南京银行	杭州银行	西安银行	宁波银行	青岛银行
香港中央结算（代理人）有限公司	0	0	0	0	0	25.23%
境外独立法人	15.43%	15.47%	15.57%	17.99%	23.46%	13.85%
境外法人股小计	15.43%	15.47%	15.57%	17.99%	23.46%	39.08%
国有法人与境外独立法人比较	8.80%	19.15%	9.65%	20.36%	-1.11%	-0.57%

资料来源：根据2020年城市商业银行年报资料整理。

由表3-19可知，宁波银行和青岛银行的境外独立法人持股比例相对较高，分别为23.46%和39.08%，虽然两家银行境外法人持股比例比国有法人持股比例高，但宁波银行境外法人持股比例比国有法人和非国有法人持股比例合计低12.24%，青岛银行境外法人持股比例比国有法人和非国有法人持股比例合计低24.94%；其余4家银行前10名股东中境外独立法人持股均大于15%，与国有法人股的持股比例相差均大于5%。

需要注意的是，北京银行中外资金融机构作为第一大股东持股13.03%，比境外独立法人持股比例低4.40%；法国巴黎银行作为南京银行的第一大股东持股13.92%，比境外独立法人持股比例高2.00%；加拿大丰业银行通过持股17.99%，超过唐西市文化产业投资集团有限公司3.82%，成为杭州银行的第一大股东；在青岛银行前10名股东持股情况中可以看到，第二大股东为意大利联合圣保罗银行，持股13.85%，第三大股东青岛国信实业有限公司持股比例为11.17%，均接近国有法人持股比例13.28%。综上所述，上述4家银行其境外独立法人持股比例均位居前列，有可能威胁到国内控股的地位，取得银行的相对控制权。

总体说来，虽然城市商业银行的持股比例较为分散，且外资持股比例均相对更高，但外资参股并没有实质上动摇国家对城市国有商业银行的绝对控制权。但6家样本银行中，已有3家银行的第一大股东由外资担任，代表外资金融机构已经获得了相对控制权，这需要中资银行的高度关注，防止银行控制权的真正转移。为更好地评价外资参股后城市商业银行绝对控制权现状，本节将2010年的持股情况数据纳入研究并进行比较。由于青岛银行2010年数据缺失，因此2010年数据仅包含北京银行、南京银行、杭州银行、西安银行和宁波银行这5家银行。截至2010年12月31日，城市商业银行前10名股东持股情况如表3-20所示。

表3-20 **城市商业银行前10名股东持股情况表（截至2010年12月31日）**

主要股东	北京银行	南京银行	杭州银行	西安银行	宁波银行
汇金公司（国家）	0	0	0	0	0
财政部（国家）	0	0	13.16%	13.00%	9.36%
社保基金（国家）	0	0	0	0	0
国家股小计	0	0	13.16%	13.00%	9.36%
国有法人	19.51%	29.08%	21.60%	33.98%	7.17%
境内非国有法人	4.96%	2.85%	12.35%	10.11%	34.03%
香港中央结算（代理人）有限公司	0	0	0	0	0
境外独立法人	20.11%	12.68%	20.00%	14.77%	15.34%
境外法人股小计	20.11%	12.68%	20.00%	14.77%	15.34%
国有法人与境外独立法人比较	-0.60%	16.40%	1.60%	19.21%	-8.17%

资料来源：根据城市商业银行2010年年报资料整理。

由表3-20可知，2020年城市商业银行前10大股东的持股情况与2010年相比，外资持股比例整体有所下降。2010年，北京银行和杭州银行的境外独立法人持股比例相对较高，分别为20.11%和20.00%，虽然北京银行境外法人持股比例比国有法人持股比例高，但北京银行境外法人持股比例比国有法人和非国有法人持股比例合计低4.36%，宁波银行境外法人持股比例比国有法人持股比例高8.17%，但境外法人持股比例比国有法人和非国有法人持股比例合计低25.86%；其余4家银行前10名股东中境外独立法人持股均大于10%，与国有法人持股比例相比均更低。从总体说来，虽然城市商业银行的持股比例较为分散，且外资持股比例均相对更高，6 家城市商业银行的外资参股并没有实质上动摇国家的绝对控制权。

三、外资参股后城市商业银行的股权结构

截至 2020 年 12 月 31 日，外资参股后城市商业银行的股权结构如表 3-21 所示。

表 3-21　　**城市商业银行主要股东持股情况（截至 2020 年 12 月 31 日）**

主要股东	北京银行	南京银行	杭州银行	西安银行	宁波银行	青岛银行
国家股	0	0	11.86%	0	0	0
国有法人股	24.13%	34.62%	25.22%	38.35%	22.35%	13.28%
外资持股合计	15.43%	15.47%	15.57%	17.99%	23.46%	39.08%
其中：外资金融机构持股	15.43%	15.47%	15.57%	17.99%	23.46%	13.85%
国有法人股股与外资金融机构持股比较	8.70%	19.15%	9.65%	20.36%	-1.11%	-0.57%

资料来源：根据 2020 年 6 大国有商业银行年报资料整理。

由表 3-21 可知，在城市商业银行中，宁波银行的外资金融机构持股比例最高，为 23.46%，国有法人持股比例相对较低，为 22.35%，但考虑非国有法人后，其外资参股则相对较低；西安银行外资金融机构持股比例也相对较高，为 17.99%，国有法人持股比例则最高，为 38.35%；其余 4 家银行前 10 名股东中境外独立法人持股均小于 16%，除青岛银行外与国有法人的持股比例相差均大于 5%，但青岛银行将境内非国有法人加入进来后，外资持股则并未构成威胁。

城市商业银行总体而言股权较为集中且国有法人始终处于绝对控股地位，其中天津银行和宁波银行的股权虽然相对比较分散，外资金融机构所占股份相对较大，但外资金融机构持股比例仍比境内法人的持股比例低，因此外资参股的行为没有对国家控股权造成威胁。郑州银行和青岛银行虽然没有国家股，且

国有法人持股比例较低和分散，但其外资金融机构持股比例相对较低，也没有动摇国家控股权。为更好地评价外资参股后城市商业银行的股权结构，本节将2010年的持股数据纳入研究并进行比较。由于青岛银行2010年数据缺失，因此2010年数据仅包含北京银行、南京银行、杭州银行、西安银行和宁波银行这5家银行。截至2010年12月31日，城市商业银行主要股东持股情况如表3-22所示。

表3-22　**城市商业银行主要股东持股情况（截至2010年12月31日）**

主要股东	北京银行	南京银行	杭州银行	西安银行	宁波银行
国家股	0	0	18.56%	13.00%	9.36%
国有法人股	19.51%	29.08%	33.74%	33.98%	7.17%
外资持股合计	20.11%	12.68%	23.95%	14.77%	15.34%
其中：外资机构持股	20.11%	12.68%	23.95%	14.77%	15.34%
国有法人股与外资机构持股比较	-0.60%	16.40%	9.79%	19.21%	-8.17%

资料来源：根据城市商业银行2010年年报资料整理。

由表3-22可知，2020年国有大型商业银行主要股东持股情况与2010年相比，外资持股整体有所下降。2010年，杭州银行的外资金融机构持股比例最高，为23.95%，国有法人持股比例相对也较高，为33.74%；北京银行外资金融机构持股比例也相对较高，为20.11%，相比之下国有法人持股比例19.51%，略低于境外法人持股比例；虽然宁波银行国有法人股与外资机构持股比例相比低8.17%，但宁波银行将境内非国有法人加入进来后，外资持股则并未构成威胁；其余两家银行前10名股东中境外独立法人持股均小于16%。从城市商业银行主要股东持股比例整体来看，由于股权结构主要集中在国有法人股，因此可以看出国家处于绝对控股地位。北京银行和杭州银行的股权虽然相对比较分散，外资金融机构所占股份相对较大，但外资金融机构持股比例仍比境内法人的持股比例低，并没有从股权结构上起到威胁国家的绝对控股地位的作用；南京银行和西安银行虽然没有国家股和国有法人持股比例较低且分散，但其外资金融机构持股比例也相对较低，没有威胁到国家的绝对控股地位；宁波银行的大部分股权也由国内法人持有，并未对控制权造成太大威胁。

四、外资参股后城市商业银行的管理权结构

在整个金融体系中，银行作为重要的组成部分，在某种程度上，银行的治理能力也体现了国家金融体系的整体运营效率和“输血”能力，因此对于银行的内部治理结构而言，管理权结构的治理和维护比所有权的分割发挥着更重要的作用，具体而言，若外资战略投资者在中资银行的董事会、监事会及高级管理人员中拥有较多的席位，也将导致中国银行业控制权的转移。截至 2020 年 12 月 31 日，外资参股后的城市商业银行管理权结构如表 3-23 所示。

表 3-23　　**城市商业银行的管理权结构（截至 2020 年 12 月 31 日）**

管理权结构	北京银行	南京银行	杭州银行	西安银行	宁波银行	青岛银行
董事会成员	14	11	13	11	13	14
战略投资者派出董事	1	1	1	2	1	1
比例	7.14%	9.09%	7.69%	18.18%	7.69%	7.14%
监事会成员	8	8	9	8	7	6
战略投资者派出监事	—	—	—	—	—	—
比例	—	—	—	—	—	—
高级管理人员	7	12	8	7	7	5
战略投资者派出高级管理人员	—	1	—	—	—	—
比例	—	8.33%	—	—	—	—

资料来源：根据城市商业银行 2020 年年报资料整理。

由表 3-23 可知，这 6 家城市商业银行的董事会中，外资金融机构均派出了董事。北京银行 14 名董事会成员，荷兰国际银行派出了 1 名董事，占比 7.14%，南京银行 11 名董事会成员，巴黎银行派出了 1 名董事，占比 9.09%，杭州银行 13 名董事会成员，澳洲银行银行派出了 1 名董事，占比 7.69%，西安银行 11 名董事会成员，丰业银行派出了 2 名董事，占比 18.18%，宁波银行 13 名董事会成

员，华侨银行有限公司派出了 1 名董事，占比 7. 69%，青岛银行 14 名董事会成员，联合圣保罗银行派出了 1 名董事，占比 7. 14%；在城市商业银行的监事会中没有任何一家外资金融机构派驻监事，而只有南京银行的 12 名高级管理人员中有一位来自巴黎银行，占比 8. 33%，由于席位较少，并不会对中资城市商业银行的经营决策造成影响。

为更好地评价外资参股后城市商业银行的管理权结构，本节将 2010 年的管理权结构数据纳入研究并进行比较。由于青岛银行 2010 年数据缺失，因此 2010 年数据仅包含北京银行、南京银行、杭州银行、西安银行和宁波银行这 5 家银行。截至 2010 年 12 月 31 日，12 大股份制商业银行的管理权结构如表 3-24 所示。

表 3-24　　**城市商业银行的管理权结构（截至 2010 年 12 月 31 日）**

管理权结构	北京银行	南京银行	杭州银行	西安银行	宁波银行
董事会成员	15	14	10	14	18
战略投资者派出董事	3	1	1	2	1
比例	20. 00%	7. 14%	10. 00%	14. 29%	5. 56%
监事会成员	9	7	7	9	7
战略投资者派出监事	—	—	—	—	—
比例	—	—	—	—	—
高级管理人员	10	9	8	7	7
战略投资者派出高级管理人员	1	—	1	—	—
比例	10. 00%	—	12. 50%	—	—

资料来源：根据城市商业银行 2010 年年报资料整理。

由表 3-24 可知，2020 年 5 大国有商业银行的管理权结构与 2010 年基本相同。2010 年，城市商业银行的董事会中，外资金融机构均派出了董事。北京银行 15 名董事会成员，荷兰国际银行派出了 1 名董事，国际金融公司派出了 2 名董事，共占比 20. 00%，南京银行 14 名董事会成员，巴黎银行派出了 1 名董事，共占比 7. 14%，杭州银行 10 名董事会成员，澳洲联邦银行银行派出了 1 名董事，占比 10.00%，西安银行 14 名董事会成员，加拿大丰业银行派出了 2 名董事，占比 14.29%，宁波银行 18 名董事会成员，华侨银行有限公司派出了 1 名董事，占比 5.56%；城市商业银行的监事会，外资金融机构均没有派出监事；从高级管理人员来看，只有北京银行和杭州银行外资金融机构派出了高级管理人员，北京银行 10 名高级管理人员，荷兰国际银行派出了 1 名高级管理人员，占比 10.00%，杭州银行 8 名高级管理人员，澳洲联邦银行派出了 1 名高级管理人员，占比 12.50%。

可见，以 6 家城市商业银行为例，从外资参股中资银行的比例、外资参股后中国银行业绝对控制权现状、外资参股后中银行的股权结构和外资参股后中资银行的管理权等 4 个方面来看，城市商业银行引进的外资比例相对国有银行和股份制商业银行而言并非谨慎，虽然目前城市商业银行中外资股权比例仍然相对较少，从实质上都无法对国家金融资源的控制权构成威胁，但有部分银行第一大股东由外资金融机构担任，这意味着外资金融机构已经取得了相对控制权。这需要引起银行及监管者的高度关注，因为国家对城市商业银行的绝对控股地位，有利于维护银行业的稳定发展和国家金融安全。

第六节　中国银行业外资进入后的控制权整体情况

在以全部 6 家国有大型商业银行、12 家股份制商业银行中外资参股较多的 6 家以及从 133 家城市商业银行中抽取的 6 家为例进行分析后，下一步将以这 18 家银行为例对中国银行业的整体情况进行概括性的总体分析。

一、外资参股中资银行的比例

截至 2020 年 12 月 31 日，从上述 18 家银行的研究对象来看，我国 6 大国有商业银行中仅交通银行外资单独参股比例超过 10%，其余 5 家均小于 5%；6 家典型的股份制商业银行中仅渤海银行外资单独参股比例超过 10%，其余 5 家均小于 5%；但在 5 家城市商业银行中，外资单独参股比例均超过 10%。

由此可以发现，由于国有商业银行受到国家监管较严、股份制银行规模较大，受到显性因素的制约，这两类银行中外资单独参股比例均相对不高，大部分保持在一个较低的水平。城市商业银行由于自身资产规模较小，外资参股在其中占有较高的比例，尽管如此总体持股比例也还不足以对城市商业银行的控制权构成实质性威胁。

从中国银行业整体的情况来看，外资金融机构参股还不足以对商业银行的控制权构成实质性威胁。但是，大多数国有商业银行和股份制商业银行的境外投资者持股比例较低，这可能意味着大多数外资参股这两类银行并非出于战略目的，可能是财务投机者，需要谨慎防范其给中国银行业带来的金融风险。

二、外资参股后中资银行绝对控制权现状

如果中资银行股权结构分散，即使外资持股比例较低，也可能导致中资银行控制权的转移。2020 年 12 月 31 日，从上述 18 家银行组成的样本来看，各大银行前 10 名股东持股情况显示，大国有商业银行中，除邮储银行没有国有股和境外独立法人持股外，其余 5 家银行境外独立法人持股比例均小于国有股比例；6 家外资参股较多的股份制商业银行中，除恒丰银行外均没有国家股，将国有法人与境外独立法人持股比例进行比较后，这 6 家银行国有法人持股比例均高于境外独立法人持股；在 6 家样本城市商业银行中，除杭州银行外均没有国家股，但将国有法人与境外独立法人持股比例进行比较后，宁波银行和青岛银行国有法人持股比例仍较境外独立法人持股比例低 1%左右，但将国人法人与非国有法人合并计算后，这两家银行境内法人持股比例则比境外独立法人更高。在境外独立法人控股对银行控制权造成威胁时，内资股东会出于爱国情怀产生群体行为，所以认为这种合并计算是恰当的。

在对银行的股权制衡度进行分析后可以发现，在我国六大国有商业银行中，财政部作为交行第一大股东持有交行 23. 88%的股份，汇丰银行合计持有交行 19. 03%的股份，其持股比例比财政部仅低 4. 85%，距离财政部的持股比例仅一步之遥，有可能威胁到交行的国有控股地位；6 家具有代表性的股份制商业银行中，单个外资持股比例最高的渣打银行也仅持有渤海银行 16. 26%的股份，其第一大股东天津泰达投资控股有限公司持股比例为 23. 34%，比渣打银行高 7. 08%，控股地位尚未受到威胁；但在 6 家城市商业银行中，北京银行的第一大股东即为荷兰国际银行，持股 13. 03%，南京银行的第一大股东法国巴黎银行持股

13.92%，杭州银行的第一大股东即为加拿大丰业银行持股17.99%，可见这三家银行的第一大股东均由外资担任，但第二大股东持股比例相对这些外资差距均在5%以内。

从总体说来，在我国三种类型银行中，外资参股对于国有商业银行和股份制商业银行的控制权没有造成威胁。虽然城市商业银行的持股比例较为分散，且外资持股比例均相对更高，但是外资参股并没有实质上动摇城市国有商业银行的绝对控制权，但第一大股东地位由外资金融机构占据意味着外资金融机构已取得相对控制权，需要引起银行及监管者的高度注意。

三、外资参股后中资银行的股权结构

有时某些机构不仅通过直接持股的方式来持有股权，还会通过在本行股份及相关股份中拥有的权益或淡仓等方式来进行控股，通过对本行股东的其他持股方式进行分析更为全面。截至2020年12月31日，从上述18家银行组成的样本来看，6大国有商业银行中，邮储银行由于有境外独立法人持有6.77%的H股股份，其外资持股比例超过了国家股股份，其余5家银行均没有太大变动；6家股份制商业银行除部分银行国有法人股与外资金融机构持股比例之间的差距有所缩小外，没有太大变动；6家城市商业银行中，除北京银行国有法人股与外资金融机构持股比例之间的差距有所缩小外，其余5家银行均没有太大变动。

从总体来看，我国6大国有商业银行和12大股份制商业银行的股权较为集中，特别的是，渤海银行的股权虽然相对比较分散，外资金融机构所占股份相对较大，但由于其外资金融机构持股比例仍比国有法人股持股比例低34.18%，因此从本质而言，外资金融机构的参股行为也并没有威胁到国家的绝对控股地位；民生银行虽然股权较为分散，但其大部分股权仍被国有法人和境内非国有法人拥有；城市商业银行股权相对比较分散，外资金融机构所占股份相对较大，但外资金融机构持股比例仍比境内法人的持股比例低，并没有真正威胁到国家的绝对控股地位；郑州银行和青岛银行虽然没有国家股且国有法人持股比例较低和分散，但其外资金融机构持股比例也相对较低，没有威胁到国家的绝对控股地位。

四、外资参股后中资银行的管理权结构

在整个金融体系中，银行作为重要的组成部分，在某种程度上，银行的治理能力也体现了国家金融体系的整体运营效率和“输血”能力，因此对于银行的内部治理结构而言，管理权结构的治理和维护比所有权的分割起到了更重要的作用，具体而言，若外资战略投资者在中资银行的董事会、监事会及高级管理人员中拥有较多的席位，也将导致中国银行业控制权的转移。截至 2020 年 12 月 31 日，从上述 18 家银行组成的样本来看，6 大国有商业银行的董事会中只有交通银行外资金融机构派出了董事，监事会中外资金融机构均没有派出监事，高级管理人员中只有交通银行外资金融机构派出了高级管理人员；6 家股份制商业银行的董事会中只有渤海银行和恒丰银行外资金融机构派出了董事，监事会中只有光大银行外资金融机构派出了监事，高级管理人员中外资金融机构均没有派出高管；6 家城市商业银行的董事会中外资金融机构均派出了董事，监事会中外资金融机构均没有派出监事，高级管理人员中只有南京银行外资金融机构派出了高级管理人员。

可以看出，本章具体分析的三类银行中，外资金融机构在管理权结构中的占比并不显著，具体来看，城市商业银行的管理权结构中有较多的外资派驻的董事、监事和高级管理人员，而 6 大国有商业银行和股份制商业银行中则仅有少数外资金融机构“插手”管理权。其中最多的一家银行为西安银行，其 11 名董事会成员中有两名由外资金融机构派出的董监高，占比 18. 18%。

第七节　外资参股争夺中资银行控制权的理论与政策分析

外资参股后的中资银行控制权竞争呈现出新的特征：公司内部有了新的控制权争夺主体——外资机构。外资机构能否顺利实现对中资银行从“参股”到“控股”甚至“控制”的嬗变，取决于中国的外资参股政策是否为外资机构通过“参股”争夺中资银行控股权甚至控制权提供了现实可能。因此，在厘清控股权与控制权关系的基础上，结合对中国外资参股政策的局限导致中资银行控制权可能丧失的方式、中资银行与外资机构的长期目标差异的分析，就可以从理论上推

导出外资参股争夺中资银行控制权的方式。

一、中国外资参股政策的局限

为确保外资参股后中国银行业的控股权与控制权，规范外资机构的参股投资行为，银保监会对境外金融机构参股中资银行规定了 4 项原则和 5 条标准以及参股最高比例限制。

第一，4 项原则和 5 条标准。根据《国有商业银行公司治理及相关监督指引》（2006 年 4 月 18 日银监会颁布）第 6 条的规定，中资银行选择外资机构应遵循的 4 项原则可概括为：长期稳定持股、优化治理结构、业务合作双赢和同业竞争回避；应坚持的 5 条标准可概括为：参股比例不得低于 5%、股权锁定期 3 年以上、派驻董事、提供技术和网络支持、参股中资同质银行不得超过 2 家。

第二，参股最高比例限制。根据《境外金融机构投资入股中资金融机构管理办法》（2003 年 12 月 8 日银监会颁布）第 8 条和第 9 条的规定，境外金融机构参股中资银行的最高比例限制为：单个外资机构参股中资银行的比例不得超过 20%；多个外资机构对同一中资银行的参股比例合计不得超过 25%。中国外资参股政策虽然在一定程度上降低了外资机构可能带来的利益冲突、市场垄断，在短期内也确保了中资银行控制权不会丧失，然而，中国外资参股政策在中资银行控股权与控制权保护方面的局限在于：仅仅限制 20%的参股比例并不能长期有效遏制外资对中资银行实际控制权的争夺。基于绝对控股权与相对控股权、名义控制权与实际控制权的视角，20%的外资机构最高参股比例限制，只能保护中资银行绝对控股权不丧失，并不能保护中资银行相对控股权不丧失，更不能保护中资银行实际控制权不丧失。

二、中资银行与外资机构的长期目标差异

中资银行引进外资机构的长期目标与外资机构参股中资银行的长期目标是有区别的。

（一）中资银行引进外资机构的长期目标：完善治理结构与确保中资银行控制权

第一，完善治理结构。通过对境外金融机构股权持有期进行锁定和必须派驻董事、提供技术和网络支持的规定，引进先进的技术手段和管理理念，促使中资银行完善公司治理结构，快速提高经营管理水平。

第二，确保中资银行控制权。通过对境外金融机构参股中资银行比例的限制，防止外资金融机构由于控股而控制中资银行；通过参股中资同质银行不超过2家和竞争回避的规定，防止外资金融机构对整个中国银行业体系的全面控制。可见，中资银行引进战略投资者的长期目标，是希望用股权换机制、管理和技术并确保中资银行控制权。简言之：鼓励参股以改善治理结构、反对控股和禁止控制以确保中资银行控制权。

（二）外资机构参股中资银行的长期目标：控制中资银行实现长期最大化获利，追求利润最大化是外资机构参股中资银行的唯一目的

外资机构作为理性的经济人，参股中资银行的获利途径主要有三种：（1）直接股利分红获利。外资参股中资银行后，可以有效发挥双方的比较优势，完善中资银行的公司治理结构，提高中资银行的经营管理水平。随着中资银行经营业绩的显著提高，外资机构可以通过股利分红获利。虽然此种获利途径可以达到双赢的目的，也是中资银行战略引资所期望的，然而，由于外资机构只能取得中资银行部分股权、分得部分红利，并不能达到外资机构追求利润最大化的目标。（2）股权锁定期满后套现获利。中国外资参股政策虽然规定了3年的股权锁定期，但并没有规定到期不能撤出。外资机构参股3年后，如果中资银行股价大幅度上涨，外资机构就可能套现获利。虽然这种获利途径可以达到追求利润最大化的目标，但由于只是一次性的获取暴利，不具有可持续性。（3）控制中资银行实现长期最大化获利。如果控制了中资银行，那么外资机构既可以直接分红获利，也可以股权锁定期满后套现获利，还可以取得诸多非股权超额收益，从而实现长期最大化获利的目标。可见，外资机构的长期目标是争夺中资银行的控制权以便获得长期最大化利益，这与中资银行战略引资的初衷是相悖的。

三、外资机构争夺中资银行实际控制权的方式

外资机构争夺中资银行控制权的方式主要有以下两种：

第一，通过相对控股方式争夺中资银行实际控制权。由于控股权可分为绝对控股权和相对控股权，在中资银行股权分散或变化的情况下，外资机构参股比例即使低于20%的法定限额，也极易取得第一大股东地位，获得中资银行的相对控股权。获得相对控股权，外资机构就可以调整中资银行的董事会、总经理并全面介入中资银行的日常经营管理，从而实质上获得中资银行的实际控制权。因此，外资机构参股后，可通过相对控股方式争夺中资银行的实际控制权。

第二，通过非控股方式争夺中资银行实际控制权。由于名义控制权与实际控制权的分离，外资机构参股比例即使低于20%的法定限额，也不是中资银行的控股股东，但仍有可能利用其技术、管理方面的优势，获得中资银行的实际控制权。因此，外资机构参股后，可通过非控股方式争夺中资银行的实际控制权。

四、外资机构相对控股方式争夺中资银行实际控制权的具体路径与案例

外资机构可通过投资成为第一大股东、增资扩股、期权投资、联合“中国境内分行”投资等具体路径，分别直接、逐步、约定、间接获得中资银行相对控股权，通过相对控股权获得中资银行实际控制权。

（一）投资成为第一大股东，直接获得相对控股权

以美国新桥投资（New Bridge）相对控股方式争夺深圳发展银行的实际控制权为例，2004年5月29日，新桥投资与深圳发展银行正式签署《股份转让协议》，投资12.35亿元人民币受让前四大股东17.89%的股份。由于深圳发展银行的股权结构非常分散，自第五大股东海通证券股份有限公司开始，其他大股东的持股比例均低于2%，新桥投资参股投资直接成为深圳发展银行的第一大股东。新桥投资相对控股后，立即对深圳发展银行的管理架构进行了重大调

整，2004 年 12 月 14 日，由新桥投资主导的第 6 届董事会获临时股东大会通过，新桥投资不仅占据了董事长和行长等关键岗位，而且在 15 席董事会席位中独占 7 席，董事会下辖 5 个专门委员会的负责人也全部由新桥投资的派驻代表担任，这是外资机构首次通过相对控股方式获得中资银行实际控制权的经典案例。很快，2005 年 3 月，同样的情形在荷兰国际集团（ING）与北京银行之间第二次上演，荷兰国际集团（ING）以 17.8 亿元人民币参股投资北京银行 19.9%的股份而直接成为第一大股东，据此，荷兰国际集团（ING）通过对组织架构和中高层管理人员的全面调整，获得了北京银行的实际控制权。据各银行披露的公开资料不完全统计，外资机构通过第一大股东地位获得中资银行相对控股权的案例已多达 10 例（含已退出第一大股东地位的外资机构），具体情况如表 3-25 所示。

表 3-25

外资机构	参股银行	参股比例	备　注
美国新桥投资	深圳发展银行	17.89%	2012 年 9 月，深发展已被平安银行合并
荷兰国际集团	北京银行	19.9%	第一大股东
澳大利亚联邦银行	齐鲁银行	20%	第一大股东
荷兰合作银行	杭州市联合银行	10%	2012 年 12 月 31 日下降至 9%，变为第二大股东
马来西亚丰隆银行	成都银行	19.99%	2012 年 12 月 31 日仍持股 19.99%，变为第二大股东
恒生银行	烟台银行	20%	第一大股东
韩亚银行	吉林银行	18.44%	第一大股东
德意志银行	华夏银行	17.12%	2013 年 12 月 31 日增至 19.99%，变为第二大股东
巴黎银行	南京银行	14.74%	第一大股东
新加坡华侨银行	宁波银行	13.74%	第一大股东

（二）增资扩股，逐步获得相对控股权

中资银行的股权结构并不会总是一成不变的。由于众多外资机构已参股成为中资银行的第二大股东，且其持股比例往往紧随第一大股东之后，在中资银行股票公开发行上市、持续发行新股特别是海外上市的情况下，外资机构可通过股份收购、股份互换、合资参股、债转股等多种方式增资扩股，导致中资银行股权结构发生根本性改变，国有股权比例被稀释，外资机构成为第一大股东，从而逐步获得中资银行的相对控股权。如 2004 年 9 月，澳大利亚联邦银行投资 1.43 亿元人民币，参股齐鲁银行（2009 年 6 月更名前为“济南市商业银行”）11%的股份，成为齐鲁银行第二大股东，仅次于第一大股东力诺集团有限责任公司 15%的股份。其后，齐鲁银行的股权结构多次发生变动，澳大利亚联邦银行的持股比例不断增加，而力诺集团有限责任公司的持股比例则不断下降。截至 2009 年 6 月，澳大利亚联邦银行的持股比例已升至 20%的法定上限，大大超过力诺集团有限责任公司此时已降至 10.22%的股份，成为齐鲁银行的第一大股东，从而逐步获得了齐鲁银行的相对控股权。

（三）期权投资，约定获得相对控股权

外资机构参股中资银行，最初的参股方式都是现金投资，但近年来逐渐出现了众多以期权投资的新方式，即双方协议约定在未来某一时间内，外资机构可凭协议约定的价格和条件追加投资到一定的股权比例，从而约定获得中资银行相对控股权。如 2005 年 10 月，德意志银行、卢森堡公司（德意志银行全资子公司）和萨尔·奥彭海姆股份有限合伙企业 3 家境外金融机构投资 26 亿元人民币参股华夏银行，其中，德意志银行参股 7.02%、卢森堡公司参股 2.88%、萨尔·奥彭海姆股份有限合伙企业参股 4.08%。德意志银行与其全资子公司卢森堡公司的股份合计 9.9%，距第一大股东首钢总公司 14.29%的股份仅相差 4.39%。根据 2005 年 10 月 19 日《华夏银行股份有限公司股份持股变动报告书》披露的信息，相关方签订的《股份转让协议》事实上赋予了德意志银行的期权增持股份权：反摊薄（华夏银行的股份变动不得降低德意志银行的持股比例）、优先受让权（德意志银行有权优先购买华夏银行变动的股份）、增持股份（德意志银行有权在一

定的期限内以双方约定的期权条件，受让萨尔·奥彭海姆股份有限合伙企业的股份，即“买入期权”）。2010 年 3 月 15 日，德意志银行以 8160 万欧元（约合 1.216 亿美元）收购了萨尔·奥彭海姆股份有限合伙企业在华夏银行的 100%股份。此次收购活动完成后，德意志银行直接持有的股份增至 11.27%，通过 2 个全资子公司间接持有的股份增至 5.85%（卢森堡公司 2.42%与萨尔·奥彭海姆股份有限合伙企业 3.43%），直接和间接持股合计已达 17.12%，从而超过首钢总公司 13.98%的股份成为华夏银行的第一大股东。至此，德意志银行通过期权投资的方式，顺利实现了对华夏银行的相对控股。

（四）联合“中国境内分行”投资，间接获得相对控股权

现有法规只是对“中国境外金融机构”参股中资银行的比例进行了限制，而对“中国境内金融机构”参股中资银行的比例并无限制。根据 2006 年 12 月 11 日实施的《外资银行管理条例》，外资机构可以在中国本地注册成立法人机构，截至 2012 年 12 月 31 日，已有 49 个国家和地区的银行在华设立了 42 家外资法人机构、95 家外国银行分行和 275 家法人机构分行及附属机构。由于这些在中国本地注册成立的外资机构理论上属于“中国境内金融机构”而不是“中国境外金融机构”，也就不再受中国外资参股政策的约束。因此，外资机构完全可以联合其“中国境内分行”对中资银行进行必要的股权收购，从而绕过中国外资参股政策的限制而间接获得中资银行的相对控股权。以巴黎银行控股南京银行为例。巴黎银行早在 1980 年就在北京设立有代表处，1993 年与中国工商银行成立首家合资银行——上海巴黎国际银行，2003 年 11 月 26 日，中国工商银行退出，巴黎银行（中国）有限公司在上海成立，成为首家从合资转为外商独资并在当地注册的法人银行，2004 年被银监会批准为合格境外机构投资者。2005 年 10 月，巴黎银行通过其“中国境内”全资分行——巴黎银行（中国）有限公司参股南京银行 19.2%的股份（2012 年 12 月减持到 12.68%），2012 年 12 月，巴黎银行又通过其“中国境外”全资分行——巴黎银行 QFII 从二级市场购买南京银行 2.06%的股份。至此，巴黎银行通过其“中国境内”与“中国境外”全资子公司合计持股已达 14.74%的股份，超过南京紫金投资集团有限公司 12.33%的股份而成为南京银行的第一大股东，从而间接实现对南京银行的相对控股。

五、外资机构通过非控股方式争夺中资银行实际控制权的具体路径与案例

外资机构可通过签订投资协议、附加霸王条款、利用关联交易、凭借技术优势、多方金融参股等具体路径，分别获得中资银行管理、超额收益、利益输送、新业务、混业经营的控制权，从而获得中资银行的全部或部分实际控制权。

（一）签订投资协议，获得管理控制权

银行属于服务业范畴，银行管理权在某种程度上甚至比银行所有权更重要，拥有银行管理权就可以直接决定银行的管理架构、重大战略决策以及日常经营和管理。因此，如果外资机构通过签订投资协议而获得中资银行管理权，那么就可以事实上获得中资银行的实际控制权。外资机构通过签订投资协议获得中资银行管理控制权的案例，以 2006 年 12 月花旗集团参股广发银行最为经典。花旗集团虽然仅参股广发银行 20%的股份，广发银行的股权结构也不分散，国家电网、中国人寿和中信信托等 3 名大股东各持有广发银行 20%的股份，然而，由于广发银行是作为所谓的“问题金融机构”重组的，国家电网、中国人寿和中信信托等重组大股东也无银行业管理经验，经监管部门特别批准，花旗集团与广发银行签订重组协议时，将广发银行的管理权全部授予了花旗集团。不仅如此，重组协议还事实上赋予了花旗集团一票否决的特殊地位：管理权的行使无时间限制，管理权的变更需要广发银行 79.9%以上的股份通过。花旗集团参股后，立即对广发银行的管理架构进行了重大调整。花旗集团不仅占据了行长、副行长、首席财务官、人力资源总监、技术和营运总监等关键岗位，而且在 4 名执行董事中独占 3 名、16 名总的董事中独占 6 名、15 名监事和高级管理人员中独占 8 名、5 名董事会下属专门委员会的主任委员中独占 2 名。可见，花旗集团仅以 20%的股份，也不是第一大股东，就通过管理权全面控制了广发银行。

（二）附加霸王条款，获得超额收益控制权

外资机构参股中资银行时，有可能附加各种极不合理的霸王条款，从而攫取非投资超额收益的控制权。这主要包括以下两方面：

第一，搭售商业专利、金融产品和管理服务系统。外资机构有可能借引入先进技术和管理经验的名义，在参股时对中资银行进行“技术锁定”——将某些所谓的商业专利、金融产品和管理服务系统高价搭售给中资银行，从而达到可以长期坐收高额使用费、维护费和咨询费之目的。这种现象在各个外资参股中资银行中都有不同程度的体现。

第二，签订隐含担保的“保护性条款”。外资机构参股时，有可能同中资银行签订隐含担保的“保护性条款”，从而达到包赚不赔之目的。这在国家大型商业银行中的中国银行和建设银行进行战略引资时都出现过。如根据中国银行2006年5月18日《为发行H股而编制的招股说明书》公布的资料，苏格兰皇家银行等境外战略投资者，获得了中国银行长达3年的每股资产净值担保：如果中国银行至2005年、2006年或2007年12月31日止的合并每股资产净值低于2004年12月31日的水平，中国银行的国有股东汇金公司将补偿苏格兰皇家银行等境外战略投资者投资价值减少的部分。淡马锡集团参股中国银行时也获得了类似担保，“保证该财团投资不受中行财务突然恶化和其他风险的影响”。

与中国银行给予苏格兰皇家银行和淡马锡集团的“未来经营风险保护型”条款不同，建设银行给予了美国银行“资产泡沫风险保护型”条款。2005年8月29日，美国银行投资25亿美元正式从建设银行国有股东汇金公司受让9.1%股权时，双方协议规定如果美国银行购买股权定价的“理论基础”——建设银行2004年净资产存在“泡沫”，即在审计中发现被夸大，汇金公司必须根据泡沫情况向美国银行作出额外股权补偿。这一条款的有效期更是长达5年，也就是说，在2010年8月29日之前，美国银行随时可以从建设银行的“财务漏洞”中受益。

（三）利用关联交易，获得利益输送控制权

外资机构如果已在中国境内设立分行或法人银行，显而易见，外资机构参股中资银行与外资机构中国境内分行或法人银行之间事实上就成了关联方。外资机构有可能利用关联交易，获得利益输送控制权。外资机构与其关联方的关联交易主要有两种方式：

第一，提供商业信息。外资机构可在参股时直接或派驻代表间接获得中资银

行的客户资料等核心商业信息。如 2005 年 6 月，美国银行参股建设银行时，根据双方签订的协议，美国银行将在信息技术方面对建设银行提供战略协助。然而，该协议的履行是一把“双刃剑”，一方面可以提高建设银行的经营管理水平和产品技术更新能力；另一方面，建设银行包括客户资料在内的大量核心商业信息必然为美国银行所掌握，美国银行完全可以利用其著名国际金融机构的优势地位吸引建设银行高端客户转移到其中国境内关联方。

第二，拆借资金。外资机构还可能利用关联交易，从参股中资银行拆借资金给其业务范围或经营网络受到严格限制的分行或法人银行，由其关联方在国内外金融市场上运作。这种拆借资金的定价、交易和运作行为不仅对目前的中国金融监管造成巨大的冲击，而且可能伴随着相关的利益输送。

如依据《兴业银行股份有限公司 2012 年年度报告》公开披露的信息，恒生银行持有兴业银行 12.8%的股份，是兴业银行第二大股东，2012 年 4 月 25 日，恒生银行从兴业银行获得总金额高达 20 亿元人民币的内部基本授信额度，授信有效期长达 1 年。又如根据中信银行公开披露的资料显示，截至 2013 年 12 月 31 日，西班牙对外银行（BBVA）持有中信银行 9.9%的股份，是中信银行第二大股东，2009 年 7 月 29 日，西班牙对外银行从中信银行获得 4.3138 亿美元（约 28.22 亿元人民币）的内部基本授信额度；2010 年 5 月 27 日，从中信银行内部融资 3600 万欧元；2013 年 8 月 28 日，又从中信银行获得 3 亿美元（约 18.54 亿元人民币）的内部基本授信额度。显而易见，恒生银行和西班牙对外银行均通过关联交易获得了巨大的非投资收益。

（四）凭借技术优势，获得新业务控制权

由于外资机构在信用卡业务、衍生产品业务、国际业务等新业务的客户分析与服务、风险管理、资产负债管理方面拥有较高的水平，外资机构参股中资银行后，有可能利用其技术优势，获得中资银行利润丰厚的新业务控制权。

以花旗银行控制浦发银行的信用卡业务为例。2003 年 1 月花旗银行投资 5.5 亿元人民币参股浦发银行仅仅 4.62%的股份，只是第四大股东。2004 年 1 月，浦发银行信用卡中心正式挂牌成立。虽然信用卡中心名义上是浦发银行设立的一个内部机构，但实质上则是由花旗银行控制的按公司化方式运作的半独立机构。

首先，花旗银行的派出人员担任了信用卡中心的首席执行官和4个业务部门的主管；其次，信用卡中心的所有经营活动，首席执行官只需向一个由花旗银行和浦发银行各3人组成的“信用卡中心管理委员会”汇报；再次，花旗银行提供了信用卡中心最新版本的业务系统，所有的数据处理都要集中到花旗银行在新加坡的亚太数据中心进行；最后，信用卡中心所有工作人员的薪资都由信用卡中心单独支付。可见，花旗银行已全面控制了浦发银行的信用卡业务。同样，苏格兰皇家银行、汇丰银行、恒生银行和德意志银行也分别控制了中国银行、交通银行、兴业银行和华夏银行的信用卡业务。

（五）多方金融参股，获得混业经营控制权

中国金融业目前实行的是分业监管体制，银行业、证券业和保险业监管机构之间缺乏必要的交流和合作。外资机构参股中资银行后，再同时参股中资证券和中资保险，就可以攫取整个金融行业的垄断超额利益，从而获得混业经营控制权。

以荷兰国际集团（ING）的混业经营为例，早在1993年下半年，荷兰国际集团就与北京市政府联合发起了中国改革开放后的第一只产业基金——荷兰国际集团北京基金。在银行领域，2005年3月，荷兰国际集团参股19.9%的股份直接成为北京银行的第一大股东。在证券领域，2003年1月，荷兰国际集团与招商证券联合成立招商基金管理公司（荷兰国际集团持股30%）。在保险领域，1998年10月，荷兰国际集团与中国太平洋保险（集团）股份有限公司联合成立太平洋安泰人寿保险有限公司（荷兰国际集团持股50%）；2002年12月，荷兰国际集团与北京首都创业集团有限公司联合成立首创安泰人寿保险有限公司（荷兰国际集团持股50%）。至此，荷兰国际集团已完成对中国银行业、证券业和保险业3大金融行业的全面布局，从而顺利实现了对于在中国的金融业务的混业经营控制。

同样，汇丰集团也完成了在中国的混业经营。在银行领域，2001年12月，汇丰参股上海银行8%的股份；2003年12月，汇丰子公司恒生银行（汇丰持有62.14%的股份）参股兴业银行15.98%的股份；2004年3月，汇丰与平安信托

联合收购福建亚洲银行后更名为平安银行，汇丰参股平安银行 27%的股份；2004 年 8 月，汇丰参股交通银行 19.9%的股份。在证券领域，2006 年 6 月，汇丰与山西信托投资有限公司合资成立汇丰晋信基金管理公司，汇丰参股 49%。在保险领域，2002 年 10 月，汇丰参股平安保险 10%的股份；2003 年 10 月，汇丰与上海华域资产管理及北京中科筑邦工程技术有限公司联合成立北京汇丰保险经纪有限公司，汇丰参股 24.9%。

此外，美国 AIG 集团、英国保诚集团、美国保德信集团、德意志银行等外资金融机构也已经或者即将把触角伸至中国金融市场的多个领域。

本章小结

本章是关于外资进入带来的中国银行业控制权问题的总体阐述，在分析中国银行业引入外资的目的与风险以及外资参股后获取中资银行控制权的途径后，以 6 大国有商业银行、12 大股份制商业银行和城市商业银行为例探讨了外资参股对中国银行业控制权的实际影响。本章结合理论与数据分析，旨在全面地对于金融业对外开放可能带来的控制权转移风险进行探讨。

第一部分为中国银行业引入外资的目的与风险。中资银行进行境外引资最初是为了应对加入 WTO 后带来的激烈竞争，提高中资银行的竞争力，期望境外引资后能够实现与外资的“双赢”。但外资参股也给中资银行带来了控制权丧失的威胁，若引入的外资并非战略投资者而是财务投机者，那么还会带来金融风险。

第二部分为外资参股后获取中资银行控制权的途径。外资参股夺取中资银行的控制权主要是通过如下三种途径：(1) 股权分散条件下，外资可直接获得对中资银行的实质性控制权；(2) 股权变化条件下，外资通过中资银行上市和发行新股实现对中资银行的实质性控股、老股东转让和定向增发实现对中资银行的实质性控股以及国内的分行（或者法人银行）进行股权收购实现对中资银行的实质性控股等方式可逐步获得对中资银行的实质性控制权；(3) 公司治理结构不完善条件下，外资可通过管理权获得中资银行的实质性控制权。

第三部分为以6大国有商业银行、12大股份制商业银行和城市商业银行的数据为例进行的分析。以银行业的数据为例可以看到，从外资参股中资银行的比例、外资参股后中国银行业绝对控制权现状、外资参股后中资银行的股权结构和外资参股后中资银行的管理权等四个方面来看，中国银行业对引进外资还是非常谨慎的，目前中国银行业金融机构中外资股权比例仍然相对较少，无论从形式上还是实质上都无法对国家金融资源的控制权构成威胁。国家对中国银行业的绝对控股地位，有利于维护银行业的稳定发展和国家金融安全。

第四部分从绝对控股权与相对控股权、名义控制权与实际控制权的全新视角，结合对中国外资参股政策存在局限的深层次分析，系统探讨外资参股争夺中资银行控制权的方式、具体路径与实际案例并提出相关的政策建议，期望研究结论能为确保开放条件下的中国银行业控制权提供有价值的思路。

银行业的控制权对于国家金融安全有着决定性的影响，在金融开放的背景下保障国家对于银行业的控制权对于经济长期稳定的发展意义重大。为保证银行业的控制权，监管机构应当加强对外资银行参股股权变化的监管、加强对外资参股中资银行实质性控制权的审查、加强中资银行股权结构及外资引入的审查以及加强对外资派出董监高的监督。

第四章　外资进入中国银行业带来的金融安全问题

中国自 2001 年 12 月加入世贸组织后，按照承诺，积极承担大国责任，在加强金融监管的基础上，努力加快对外开放步伐，在银行业的发展进步中逐步放宽对外资的限制，大幅提升了中国银行业的核心竞争力。2004 年 8 月，美国汇丰银行参股中国交通银行，由此揭开了外资金融机构参股中国大型国有商业银行的序幕。之后几年，中国大型国有商业银行相继不同程度地引入了外资。2006 年，《中华人民共和国外资银行管理条例》正式出台，对中国银行业的对外开放政策作了进一步调整：允许外资银行经营人民币业务，取消外资银行人民币负债不得超过外汇负债 50% 的规定；将外资金融机构参股中资银行的比例限制调高至 20%。受这些利好政策的鼓励，外资金融机构大规模到中国开设分行或以参股的方式进入中国银行业，中国银行业的对外开放程度迅速加深，这引起了社会各界对中国金融安全的普遍关注。党的十八大以来，以习近平总书记为核心的党中央对金融安全高度重视。2017 年 4 月，中共中央政治局第四十次集体学习时，首次将金融安全上升到国家安全的战略高度，提出维护金融安全，确保不发生系统性金融风险，是关系中国整个社会经济发展全局性的战略性的和根本性的大事。同年 7 月召开的全国金融工作会议，进一步明确了金融安全在国家安全建设上的重要地位和作用。针对外资进入所带来的金融安全问题，我们需要在深刻理解金融安全观理论内涵和原则要求的基础上，准确把握新时代威胁国家安全的因素，从而制定出符合中国特色的银行业对外开放政策，确保中国金融安全。

对于外资进入中国带来的金融安全问题而言，目前主要有“有利金融安全说”和“不利金融安全说”两种截然不同的观点。有利金融安全说认为：外资参股银行业会提高中国银行业的运行效率和稳定性，从而有助于提升我国商业银行竞争力，有利于中国的金融安全。不利金融安全说认为：外资参股必然会侵蚀中国金融主权，给中国金融安全带来负面影响。然而现有研究主要大多偏向于简单的定性讨论，系统分析较少，对外资参股中资银行影响金融安全现状的深入分析严重不足。有鉴于此，本章将从金融安全的涵义、金融安全观、外资参股中资银行带来的金融安全隐患视角出发，系统探讨外资参股中资银行对金融安全影响的现状、潜在威胁及中国应采取的相应措施。

第一节　金融安全的涵义及主要内容

一、金融安全的涵义

金融安全是指金融业在对外全面开放的情况下，确保本国国内主要金融资源的控制权不受外资侵害的同时，保持金融体系（金融制度、金融市场、金融机构、金融工具、金融调控机制）总体运行高效且相对稳定，且在此基础上能够有效地抵御各种内外冲击的一种平衡状态。概括而言，金融安全不仅仅是指一个国家对内的金融安全，而且包括该国的对外金融安全，涉及整个金融体系和金融运行的安全。尽管目前学者们对于金融安全的定义各有千秋，但普遍认为金融安全是相对金融风险而言的，主要表现为某一国家在某一时间内不发生金融风险且未引致整个国家经济运行的混乱，金融安全应存在一定的阈值，阈值内是安全的。

金融安全作为国家安全的有力支撑，能在经济全球化进程中保障国家金融功能正常发挥，是对一国政治、军事与经济的维护，也是对“核心金融价值”的维护。当然，政治主权和经济主权独立是金融安全的前提条件，如果一国无法确保自己的政治和经济主权，那么该国的金融安全也必定会受到外部威胁。在今天经济全球化的大背景下，发达国家由于在国际金融货币体系和金融市场中的地位较高，可动用的国际资源丰富，且拥有成熟的金融风险监测预警系统，防范和化解金融风险的能力较强。而广大发展中国家，由于在国际金融货币体系和金融市场中的地位较低，可动用的国际资源极其有限，且金融风险监测预警系统不成熟，防范和化解金融风险的能力较弱。因此，作为发展中国家的代表国，我国主动强化金融安全观意识，不仅是大局意识和全局观的体现，更是促进经济持续发展的必要手段。

二、金融安全的分类

金融安全的分类与金融体系密切关联。由于金融体系是一个复杂的系统，是整个经济系统的重要组成部分，因此，按照经济系统业务性质的不同，金融安全主要可分为银行安全、股市安全、货币安全和外债安全，具体包含关系如图 4-1 所示。

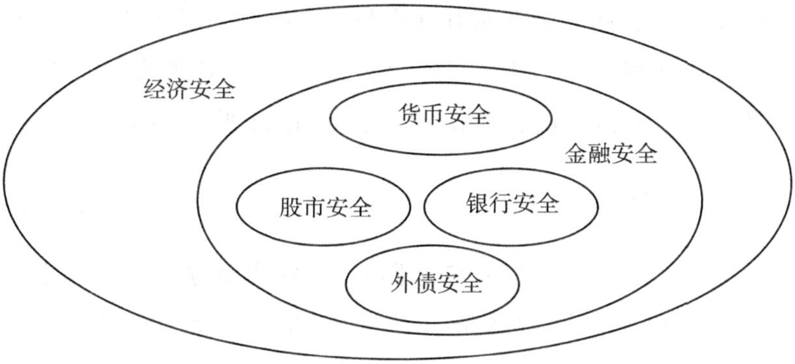

图 4-1　金融安全系统包含关系示意图

（一）银行安全

银行安全，是指银行保证其各项功能正常发挥和经营秩序相对稳定的状态。具体而言，影响银行安全的因素包括外部因素和内部因素。外部因素主要包括经济增长率、经济结构协调情况以及物价变动指数等；内部因素包括宏观层面银行系统本身对银行安全构成影响的各种因素，如银行系统流动性状况、贷款增长速度等，以及银行内部的管理水平、贷款集中程度、资产负债的期限对称性等。现实中，银行安全是通过一系列信贷指标来体现的。从 2004 年开始，中国银行业的主要信贷指标逐渐好转，如商业银行不良贷款率在 2004 年高达 17.9%，而截至 2021 年末，不良贷款率仅为 1.73%，共下降 16.17 个百分点。与此同时，资本充足率也由 2004 年的 7.42%上升至 2021 年末的 15.13%，核心资本充足率由

2004 年的 4.51%上升至 12.35%。这些数据显示，资本充足率、核心资产充足率等指标得到显著提高，不良贷款率显著降低，体现出我国银行安全持续步入稳定状态。

（二）股市安全

股市安全是指一国资本市场中以股票为主要代表的金融资产，在一定时期内的价格不会发生剧烈大幅度波动的状态。“股市是经济的晴雨表”，由于资本市场紧密联系实体经济，因此，在中国资本市场的快速发展过程中，采取了许多限制危及股市安全的措施，如严格限制 IPO 市盈率，抑制一级市场的资源配置功能，但是新股发行定价市场化却迅速引发了“恶性圈钱”。这种股市安全状态的不稳定性和复杂性，很大程度是由我国股市的历史局限性所决定的。

（三）货币安全

货币安全包括对内和对外两个安全维度。其中货币对内安全维度，是指本国的通货膨胀比较温和、币值相对稳定，在一定时间内，货币的实际购买力不会受到通货膨胀的影响；货币对外安全维度，是指本国货币的汇率基本稳定、本国的外汇储备充足，国际资本外逃的压力小、外债偿付危机风险低等。货币对外安全维度中，汇率最为重要。以汇率为载体，又可导致一国的外汇储备、国际收支、国际贸易、经济增长等的变动。通常来说，一国的汇率水平应该与该国的综合经济实力相匹配，过高或者过低均会带来国际金融风险。总体来说，一国的货币贬值比货币升值产生的影响更大，货币贬值会导致大量国际资本外逃、国际收支恶化、外汇储备下降甚至枯竭，最终导致外债危机并演化为金融危机。

（四）外债安全

外债安全是指一国的对外资产大于对外负债，能够凭借各种手段抵御和消除来自国内外的各种金融威胁，国际债务在可控的范围之内。截至 2021 年底，中国的外债负债率（外债余额与国内生产总值之比）为 15.5%，低于 20%的国际公认安全线；中国的债务率（外债余额与贸易出口收入之比）为 77.3%，低于 100%的国际公认安全线；中国的偿债率（外债还本付息额与贸易出口收入之比）

为5.9%，低于20%的国际公认安全线；中国的短期外债与外汇储备的比例为44.5%，低于100%的国际公认安全线。可见，中国外债风险总体可控。

三、金融安全与金融风险、金融危机的联系和区别

金融安全与金融风险、金融危机之间联系密切。首先，金融风险在很大程度上影响着金融安全，一旦金融领域发生金融风险，势必会影响经济社会的发展全局，带来金融安全问题；其次，在经济和金融全球化日益深化的今天，金融领域是各国竞争中“没有硝烟”的战场。具体来说，金融风险包括市场风险、信用风险和操作风险等形式。凡是存在金融活动的领域中均存在一定的金融风险，对金融风险控制得好，就能够实现金融安全，因此，金融风险不一定必然导致金融危机。然而，当金融风险不断累积和爆发时，就必然会造成对金融安全的严重损害，最后导致金融危机。金融安全或者不安全是一种状态，如果金融不安全状态得不到及时调整或控制，持续一段时间后，市场就会自动进行强制性调整，从而爆发金融危机。在金融全球化的背景下，发展中国家如果放开了本国的资本账户，本国的金融安全就会很容易地受到国际金融危机的重大影响。因此，广大发展中国家面临的一个重大课题就是，如何在放开资本账户的过程中确保本国的金融安全。中国作为最大的发展中国家，随着融入经济全球化程度的逐渐加深，如何在放开资本账户的同时，确保中国的金融安全也是亟待解决的重大课题。

四、金融风险与国家安全

相比金融安全而言，国家安全是一个非常宽泛的概念，涵盖内容众多，如政治、经济、军事、文化、社会、金融、科技、生态、领土、领海、领空等，其中，金融安全在总体国家安全中尤其重要。金融能够以“资金融通”方式为国家安全提供保障，说明了它既能够促进经济和政治影响力的互相转化，也可以帮助国家在经济全球化的过程中赢得更多的主动权。因此，国家安全建设离不开金融安全，金融是“总体国家安全观”实践中的关键环节。

在中国，银行业在整个金融体系中占据着主导地位，因此，确保中国金融安全的关键是保持银行业的控制权并提高其运行效率。商业银行是经营货币的金融企业，银行业是以货币和信用为实体经济服务的行业，其发挥的重要金融媒介功

能、与支付清算系统的“天然联系”，决定了银行业在整个金融体系中的核心地位。与证券业和保险业不同，在信息不对称和校正纠错机制方面，银行业具有更高的风险性和脆弱性，银行业发生风险而危及金融体系甚至整个国民经济的概率，也远远高于证券业和保险业。

对国家而言，金融安全关系着整个经济社会发展的大局。在现代经济体系中，金融是实体经济的血液，是现代经济的核心。随着现代金融业的高速发展，巨量资金能够快速跨地区、跨市场、跨行业甚至跨国境流动，在推动现代实体经济高速发展的同时，金融业传导国际金融风险的速度与力度也大大飙升，国际金融风险给世界经济带来的负面影响也越来越大，1997 年爆发的亚洲金融危机以及 2008 年美国爆发并波及世界的金融危机，均证明世界大的经济危机和经济衰退往往肇始于金融危机，因此，加强国际合作，防范和化解世界性金融危机是国际社会必须解决的重大课题。随着金融的全球化和信息技术的高速发展，国际间针对银行安全的维护也加强了合作，对跨国银行以及国际间银行业务的监管进行了卓有成效的探索。

金融安全也与普通老百姓的“钱袋子”密切相关。随着中国经济的高度发展，日益富裕起来的中国人也逐渐开始了理财，名目繁多的理财产品销量也日益火爆。相比银行存款，理财产品有着较高的收益率，但理财产品关联银行、证券、保险、债券、信托等众多金融市场和金融机构，牵一发而动全身，理财产品的金融安全关系到老百姓的投资能否“安然落袋”。因此，及时防范和化解金融风险，维护金融安全，在某种程度上来说，就是在守护老百姓的“钱袋子”，就是在维护社会稳定、守护国家总体安全。

虽然目前中国金融风险总体可控，但国内外经济金融形势复杂多变，大力维护中国金融安全依然具有必要性和紧迫性。

从中国的外部环境来看，国际经济旧秩序仍然没有打破，国际金融市场依然充满风险，一些大国为一己私利不断调整其货币政策和财政政策，国际金融风险对中国的金融稳定有可能造成外部冲击；从中国的内部环境来看，中国正处在产业结构升级和经济转型的关键时期，金融行业一方面要承担支持实体经济转型升级的重任，另一方面，金融行业本身也要承担转型升级的阵痛。

目前，中国金融业总资产的规模已高居世界第一。截至 2022 年底，中国银行业总资产接近232万亿元，保险业总资产近16万亿元，A股市值约52万亿元，公私募基金资产约18万亿元。在中国共产党的坚强领导下，中国成功抵御了1997年的亚洲金融危机和2008年的国际金融危机，保证了国家宏观经济的健康稳定发展。在中国从金融大国迈向金融强国的过程中，中国一方面要夯实壮大自己的金融实力，另一方面要进一步防范和化解风险，完善相关政策制度，筑牢防范国际金融风险的堤坝。

第二节 新时代国家金融安全观的形成和发展

一、近代中国金融业的被动开放

1840年鸦片战争后，中国的国门被打开。特别是1894年甲午战争中国战败、《马关条约》签订后，外国资本可以在中国内地投资设厂，列强对中国的经济侵略逐渐从商品输入转为资本输入，中国逐渐丧失独立发展经济的能力，国际贸易为在华外商洋行所控制。

从银行业的视角来看，1845年，英国丽如银行在我国香港成立，这是外国金融机构在中国境内设立的最早现代银行。截至清末，列强凭借各种不平等条约而获得的种种特权，在中国陆续开设了25家银行，其中英国汇丰银行、美国花旗银行、俄国道胜银行、法国东方汇理银行、日本正金银行、德国德华银行等实力非常强大，它们以沿海通商口岸为中心，基本上覆盖了20个中国经济比较发达的城市。这些外商银行一方面通过国际汇率兑换的垄断控制中国的金融市场，另一方面，外商银行也纷纷插手中国重要的实体经济，如铁路、矿产、邮政等，中国的重要收入，如关税、盐税等也均由外商银行担保，外商银行不仅在中国攫取了巨额的利润，而且逐渐控制了中国的金融，甚至整个经济的命脉，中国的各类政治势力成为列强银行的附庸，中国的朝廷成为了事实上的洋人的朝廷，外商银行严重阻碍了中国本土银行和金融市场的发展。

从1840年至1949年的百年漫长时间里，外资银行控制了中国的银行业。为攫取更多的利润，外资银行甚至会蓄意掀起金融风暴。如1883—1884年上海爆发的金融风潮，外资银行就是始作俑者。事件起因于以红顶商人胡雪岩为代表的旧式商业资本，为发展民族资本与外商资本争夺丝茶贸易价格的领导权，在外资洋行的破坏下，最终资金链断裂，胡雪岩钱庄倒闭并波及其他中国钱庄，各钱庄只好依赖外资洋行融通资金。众多民族资本因银根紧张纷纷涌向上海，期望资金雄厚的外资银行能够融通资金，然而，这时外资洋行却突然宣布立即停止短期信用贷款，结果导致大量中国钱庄和工商企业倒闭，并在随后很快就波及中国主要城市。再如 20 世纪 30 年代，因白银风潮而造成的民国时期金融危机，就是由于美国在 1934 年实行“购银法案”，限制银元出口，从而导致国际市场银价暴涨而引发。为牟取暴利，大量在华外资银行纷纷在中国低价采购白银并运往国际资本市场出售，从而导致中国大量白银外流、通货紧缩，经济危机全国爆发。可见，一旦具有治外法权的外商银行从中国获得大量白银硬通货，会迅速冲击中国金融市场，导致金融恐慌的加剧。最后国民政府只得放弃银本位，实行法本币制度。

中国近代史上，由于中国丧失了国家主权，相应的金融主权丧失，中国金融业被迫对外全面开放，导致外资洋行控制了中国金融业，中国经济成为外资资本的附庸。

二、改革开放后中国金融业的主动开放

改革开放后，中国主动对外开放了金融业。1979 年中国批准日本输出入银行在北京设立代表处，1996 年，中国批准亚洲开发银行（ADB）以 1900 万美元参股中国光大银行 3.28%的股权，此后，不仅外资银行分支机构在中国逐步增多，经营地域和币种逐步扩大，而且，外资金融机构以参股方式进入中国银行业的也逐渐增多。事实上，1994 年国务院《中华人民共和国外资金融机构管理条例》的正式出台，标志着中国银行业对外开放立法进入规范化和系统化阶段。总体来说，中国银行业的对外开放可大体分为 3 个阶段：1994 年至 2001 年是起步阶段，此时外资银行在国内业务限制较多，大多以设立外资分行的形式经营，无法从事人民币业务；2001 年至 2006 年是加速开放阶段，加入世界贸易组织后中国履行承诺，逐步开放了外资金融机构经营人民币业务的限制，特别是 2003 年提升了外资金融机构参股中资银行的比例上限，大量外资此时参股本土银行；2006 年至今是全面放开阶段，随着 2006 年 12 月中国履行加入 WTO 时的承诺对银行业全面开放，越来越多的境外战略投资者选择以参股中资银行的方式进入中

国银行业，且 2006 年外资子行、中外合资银行全面实现“国民待遇”，直至 2017 年 12 月正式取消了外资持股比例的上限。见图 4-2。

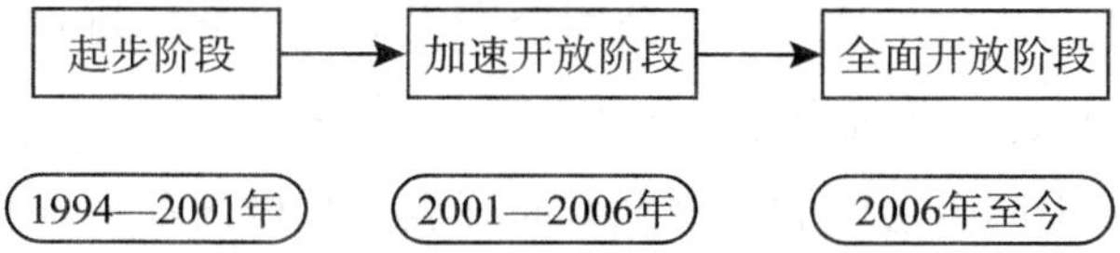

图 4-2　中国银行业对外开放的 3 个阶段

截至 2022 年底，外资金融机构在中国共设立了 41 家外资独立法人银行、115 家外资金融机构分行和 139 家外资金融机构代表处，营业性机构总数达 930 家，外资银行总资产 3.73 万亿元，占我国金融业机构总资产（371.26 万亿元）的 1%。外资金融机构大规模进入中国，在对中国金融业改革和经济发展起到促进作用的同时，也带来了不容忽视的金融安全问题。

2018 年 4 月 10 日，习近平主席在博鳌亚洲论坛年会开幕式上，发表了《开放共创繁荣 创新引领未来》的主题演讲。习近平主席特别强调，要进一步加大对外开放力度，在外资金融机构参股中资金融机构方面，放开银行业、证券业和保险业的外资金融机构参股比例政策要尽快执行；在外资金融机构的设立方面，要进一步放宽相关的政策限制；在外资金融机构的业务经营方面，要拓展其业务范围，拓宽中外金融机构合作的领域。2018 年 8 月 23 日，银保监会公布《中国银保监会关于废止和修改部分规章的决定》，宣布实行中外资金融机构一致的股权投资比例规则。在金融监管方面，为创造更加公平、公开和透明的监管制度，中国银保监会将按“出身”来划分和监管金融机构类型。换言之，只要金融机构设立时是中资金融机构，即使后来由于外资金融机构参股甚至控股了该中资金融机构，为确保监管标准的连续性和稳定性，中国银保监会也不会改变其适用的监管标准。

2019 年 7 月 20 日，为落实习近平主席的指示，中国人民银行发布了《关于进一步扩大金融业对外开放的有关举措》，允许符合规定条件的外资银行金融机构，通过市场中介机构评估的方式取得 A 类主承销业务资格，外资银行金融机构的经营业务范围，由单一品种的境外非金融企业债务融资工具，拓展到全部品种的债务融资工具。随后，国务院金融稳定发展委员会宣布了11条进一步扩大金融业对外开放的举措。其中，涉及加大银行业对外开放力度的措施有两条，即“鼓励境外金融机构参与设立、投资入股商业银行理财子公司”和“允许境外资产管理机构与中资银行或保险公司的子公司合资设立由外方控制的理财公司”。

2019年9月27日，国务院金融稳定发展委员会召开第八次会议，会议强调指出，要进一步扩大中国金融业的高水平双向开放，积极鼓励境外金融机构和国际资本进入中国金融市场，提升中国金融体系的活力和国际竞争力。

中国对外资金融机构参股中资金融业监管的重点，将由参股比例限制，逐渐转移到考察外资股东的资本水平、经营管理能力、业务优势、公司治理能力等。

2020年12月，银保监会公布了修订后的《中华人民共和国外资银行管理条例实施细则》。银保监会表示，此次修改是为了配合《中华人民共和国外资银行管理条例》的修改以及落实银行业开放措施。

从最开始取消合格境外机构投资者（QFII）和人民币合格境外机构投资者（RQFII）的投资额度限制，到进一步降低了外资金融机构在银行、证券、保险、期货、基金等多个金融领域的参股上限，再到最终取消支付清算、企业征信评级、信用评级等领域的外资金融机构准入限制……中国金融业对外开放的范围和领域逐步扩大，众多国际金融机构进入中国市场，首家外资控股证券公司、外资控股银行、外资独资寿险公司、外资全资控股期货公司、外资全资控股公募基金等多个“第一”陆续诞生。

三、金融安全在国家战略层面的高度不断被提升

1998年5月，在中共中央第七次法治讲座上，专题报告“金融安全与法制建设”系统阐述了金融安全与经济安全、国家安全三者间的钩稽关系，强调维护金融安全的手段必须更加规范化、司法化、流程化。时任总书记江泽民同志也在此次讲座上发表了重要讲话，指出防范和化解我国经济运行中的金融风险，是全党和各级政府的一项十分紧迫和重要的工作。

2007年8月，在中共中央政治局第四十三次集体学习会议上，时任总书记胡锦涛指出，做好国家金融工作，保障国家金融安全，是推动我国经济社会持续健康发展的前提，是维护整个国家经济安全和促进社会和谐稳定的重要保障，是关

乎国家全局的重大问题。

2017 年 4 月，中共中央政治局就如何保护国家金融安全安排了第四十次集体学习。习近平总书记在学习中强调，金融安全作为国家安全的重要组成部分，影响着中国经济社会发展走向，切实维护金融安全应当属于治国理政的大事范畴。因此，要将金融安全视作国家级根本性战略来处理。金融活跃则经济活跃；金融平稳则经济平稳。要充分了解金融在维护国家安全、促进经济发展、影响社会生活中的关键地位和作用，扎实做好金融工作。习近平总书记还着重指出了维护国家金融安全的总体原则，即坚持金融安全底线思维，坚持金融安全问题导向，强化金融安全能力建设。

2022 年初，银保监会以视频形式召开的工作会议要求，要继续按照“稳定大局、统筹协调、分类施策、精准拆弹”的总体方针，采取有效措施，坚持不懈地防范和化解金融风险，尤其要严密监控系统性金融风险发生的危险。要妥善处理金融机构不良资产的反弹，具体落实各方责任，对高风险金融机构做到奖惩有序。会议强调要在党的领导下，持续开放银行业保险业的深度广度，进一步精准压实各方责任、规范股权关系和公司治理框架、加大专业管理指导原则的宣传力度，根据不同省份发展水平的不同因地制宜推进农信社改革，促进政策性银行分类分账改革，引导大型银行提升综合金融服务水平，坚定不移推动保险业回归保障本源，构建新型保险中介市场体系，推进信托公司和资管业务的高质量转型发展，优化非银机构功能定位，加强引导金融服务业的数字化转型。进一步推动金融机构对共建“一带一路”沿线项目的资金支持力度。同时，会议中重点强调，要坚决对不良资本在金融领域的大规模无序扩张采取严厉态度，在金融领域对资本有效监管的“红绿灯”必须清晰树立且被完全遵从。坚持“两个毫不动摇”的原则，推动中小银行保险机构以合规渠道缓解资金压力。依法加强对股东的穿透式监管，严防银行保险资金盲目流入“加杠杆”。完善有效制衡的公司治理机制，引导将党的领导与公司治理深入融合，推动中国金融人才库发挥作用，强化金融反垄断和反不正当竞争，坚持金融业务持牌经营规则，严厉打击“无照驾驶”行为。会议要求，进一步完善风险监测预警体系，提升非现场监管威慑力，强化现场检查尖刀利剑作用。保持行政处罚高压态势，切实提高金融违法违规成本，加强对依法监管的科技支撑，提高监管数字化智能化水平。

四、维护金融安全是对当前金融体系改革的重大完善

保证金融安全在中国加快实现国家治理体系现代化的过程中是亟待解决的难题。当前中国金融市场乱象丛生，其原因是多方面的，既有金融机构风险控制意识不足、公司治理体系改革不到位、审慎合规经营理念薄弱等问题，也有金融监管标准规则不完善而导致的金融监管存在短板和空白等问题。要保证金融安全，降低金融风险，就要从内控制金融机构制度，向外补齐金融监管短板两方面着手，从而健全完善金融体系，为经济社会更好发展打下坚实的基础。

任何社会经济问题的根源均来自实体经济，金融体系出现安全问题并引发金融风险也与实体经济密切相关。因此，确保金融安全的根本目的就是为了保证实体经济的健康发展。近年来，中国金融发展迅速，对实体经济的发展起到了很好的支持作用。但不可否认的是，部分金融机构与工商企业内外勾结，打着金融创新的名义，让大量资金在金融领域循环空转以牟取暴利，部分热点城市房地产企业等资产泡沫骤起，大量流动性资金从实体经济流入金融房地产。要支持实体经济供给侧转型，就要让金融回归服务实体经济的“初心”和本源，使得实体经济和金融的关系相互成就，推动中国经济顺利爬坡过坎，行稳致远。要开创富有创新动力的金融工具，促进金融体系充分发挥为实体经济“造血”和“输血”的重要作用，充分为从事生产的实体经济提供优质的资本和坚强的后盾，提高资源配置效率。

金融安全的核心是最大化国家利益。放眼全球，金融在国际竞争中扮演中越来越重要的角色，特别是在国际经济领域，谁掌握了国际金融主导权，谁就掌握了国际经济话语权甚至国际政治话语权。在和平年代，金融是没有硝烟的战场，金融安全在总体国家安全观中处于重要地位，如何看待金融安全，决定着金融安全战略的制定，也直接影响国家利益博弈的结果。

一方面，金融安全不仅是技术问题，更是战略问题。金融是一个技术含量很高的专业领域，正是金融这一特点，让人们可能忽略了一个事实：各国有关金融领域的技术指标，仅仅反映了表象特征，其实背后真正起作用的是国家核心力量的驱动，反映国际金融市场和货币体系中的每一次博弈产生的结果。对于各个国家来讲，金融安全并没有一个统一的和严格的标准，所谓的某些金融指标的“国

际警戒线”虽有一定的借鉴意义，但是如果各国都按照同一个要求来努力，可能会陷入战略上的被动。因此，金融安全不能仅依靠指标来衡量，应该站在本国战略的高度上，必须通盘考量和以长期的、发展的眼光来审视，摒弃那些单纯就技术指标的探讨，把被动防御变为主动出击。

另一方面，金融安全并不是国与国之间的“阴谋”。由于国与国之间的金融博弈手段往往错综复杂，很多人错把金融安全简单理解成国家之间的“阴谋”。然而事实上，在国际金融博弈过程中，采用各种手段维护国家安全、谋求本国利益最大化是最正常不过的现象，并不存在任何需要隐藏的危险目的，所有的经济金融手段也都是符合国际规则和本国经济金融政策，通过公开市场来实施的，最终谁能在博弈中抢占先机，谁就有可能获得最终利益。所以，无论从目的、手段还是结果来看，维护国家金融安全都是一目了然的，所谓“阴谋”根本无从谈起。

第三节　外资参股中资银行带来的金融安全隐患

中资银行引进外资金融机构，一方面有利于取得市场竞争优势，即借助境外股东“取长补短”，重点在于提升自身的核心竞争力，这一方针将有利于中资银行在经济全球化的浪潮中完善自身内部治理结构，激发自身的竞争力量（Covin，Slevin，1989）。另一方面，除了追逐利润这一资本的本质特性外，外国资本相较于中资银行往往更不熟悉我国具体的宏观经济、政治和法治环境，具有信息不对称的劣势，导致外资与中资之间委代问题严重。在对被投资对象个体经营状况和其所在行业未来发展前景的具体认知不充分的情况下，外资资本不经考察冲动增加持股比例以实现利益最大化，会导致其在参与商业银行日常经营决策、财务政策决策时表现更加激进，最终会使中资银行的风险水平升高，从而恶化中资银行竞争环境。

一、传导国际金融风险

外资参股使得中资银行与外资机构所在国的金融及经济发展的密切程度大大上升，而外资机构的资金调度受其境外总行的影响，中国监管当局对其总行的风险难以有效监测和控制。虽然中国的监管法规规定作为战略投资者的外资机构2~3年不得撤出，但并未规定到期后不能撤出。针对金融风险而言，如果外资机构所在国发生经济动荡或金融危机，风险会立即波及其在中国的外资金融机构，外资机构有可能缩减中国市场的信贷规模甚至采用出售股权的方式撤出，这势必给中资银行的经营带来不确定性，加大银行经营风险。由于对于发展中国家而言，银行作为金融体系中的核心机构，其资产基本为本国的金融资产主体，因此金融动荡会显著影响银行体系的不稳定，严重到将会连带波及本国的经济安全。金融开放对于银行体系的稳定性有较大的冲击。金融开放之后，大量外资会进入本国银行体系之中，使得银行可贷资金增加，造成银行信贷膨胀，造成不良信贷增多。短时间内银行的信贷急剧增加，会导致银行管理滞后于形势，对风险评估失误，造成风险管理的失控。而且，伴随着外资银行的进入，会使得银行的特许价值降低，致使银行利润下降。银行特许价值，就是依照未来的银行预期利润贴现得到的现值。银行门槛越高，则意味着其垄断利润就越多，特许价值越大。伴随着银行的门槛降低，外资银行介入，原先的特许价值大大降低，垄断利润也大大缩水。这就造成本土银行抵御风险的能力大不如前，极易造成高不良贷款率，导致银行体系的不稳定。

如受金融危机影响，2009年1月7日美国银行出售所持建设银行56.2亿股H股，其持股比例由19.1%降至16.6%，2009年4月28日，德国安联集团减持32.16亿股H股工商银行股权，套现124.14亿港元，同天美国运通公司也减持6.38亿股H股工商银行股权，套现24.63亿港元。因此，当遇到国际金融危机或者是经济不景气时，外资金融机构可能会将资金撤回，从而导致中资银行股价的大幅下跌并波及中国的实体经济，对经济安全构成威胁。

二、推行金融霸权

外资机构参股中资银行的主要目的是获取投资收益最大化，因此在参股中资银行的同时，有可能附有种种不合理的霸王条款，借以推行它们的金融霸权，主要表现在：

1. 签订显失公平的“保护性条款”。如根据中国银行在香港上市的招股说明书发布的信息，苏格兰皇家银行作为投资者购买中国银行股份时获得了一系列“保证和保护性”安排。其中最引人注目的一条就是：“中国银行承诺在2007年以前，中国银行每年度末每股资产净值不低于2004年年底的水平，否则须予以赔偿。”类似包赚不赔的“保护性条款”，在参股中国银行的淡马锡集团以及参股工商银行的高盛财团中都再次出现。这种“保护性条款”实际上是一种赤裸裸的政府担保，显然违背了市场公平公正规则，侵害了原所有者的合法权益。

2. 高价兜售专利、产品和管理系统等。部分外资机构参股中资银行后，并不关心中资银行经营机制的改善，而是借引入先进管理经验的名义，将一些商业专利、产品和管理系统等高价搭售给中资银行。即使该中资银行经营状况不佳，外资机构也可以按照合同坐收专利、产品和管理系统等的使用费，中资银行每年甚至还要付出高昂的服务费、维护费和咨询费。

3. 变中资银行为其全球分支机构。外资机构进入中国市场，除了追求高额利润和分散经营风险外，实施全球战略布局更是其核心的目的。因此，外资机构参股中资银行后，有可能不惜以牺牲中资银行自身的创新和业务发展为代价，按照其全球战略来设计参股银行的业务发展规划，从而使中资银行逐步沦为外资金融机构的一个分支机构。

三、危及中国信息安全

银行是现代国民经济的神经中枢，是各种商业信息的汇集地，外资参股中资银行极易造成商业信息外泄，危及中国信息甚至国家安全。外资机构参股中资银行获取商业信息的方式主要有以下两种：

第一，参股时直接获取客户资料等相关信息。银行资产的价值在很大程度上决定于其占有的客户资料等内部信息，而目前很多外资机构参股中资银行时均将整合客户资料作为合作的重要内容，这就为外资机构获取客户资料信息提供了便利条件。如汇丰银行参股交通银行时双方达成的一项重要条款，就是要帮助交通银行整合其客户数据，以提高交通银行的运行效率，但同时汇丰银行也就获得了交通银行所有客户的第一手资料，为其进一步进入中国市场、从其他渠道与中资银行竞争创造了条件。

第二，通过委派董事或派驻代表间接获取商业信息。如果外资机构持有较大的股权比例，就可以从最开始的不派驻董事到委派董事，再到同时派驻总经理，全面参与到中资银行的经营管理活动中，其中将会获取中资银行有关国际并购等重大决策的信息，并极易通过各种渠道间接将有关内部信息透露到国际市场或竞争对手的一方，使得中国企业的一举一动都处在竞争对手的监控之下，为中国企业参与国际竞争埋下很深的隐患。

四、造成利益冲突与关联交易

如果已在中国设立分行的外资银行参股中资银行，那么极易造成两个方面的严重后果：

第一，利益冲突。随着中国银行业的全面开放，外资银行分行与外资参股中资银行之间在客户资源方面的激烈争夺将无法避免，这将形成直接的利益冲突和同业竞争。中资银行的外资参股股东必然会借参与经营管理之机，将商业情报甚至优质客户提供给其嫡系分行。客户优势是中资银行与外资银行竞争的主要优势，如果这一优势被削弱，其在未来的竞争中将处于非常不利的地位。由于同样原因，外资股东也不乐见其参股的中资银行向其母国拓展业务。外资股东的这种不公平竞争行为将会直接削弱中资银行的国内和国际竞争力。

第二，关联交易。不言而喻，外资银行中国分行与外资参股中资银行之间具有关联性，外资银行就可以利用其对自身分行和参股中资银行在管理和信息方面的便利渠道，进行关联交易。如外资参股中资银行可以利用其优势从国内金融市场吸收本外币资金，通过关联关系，拆借给受到业务范围和机构网络限制的外资银行分行，由后者在国内或国际金融市场上运用资金。这种资金的定价、交易和运用过程将对目前的本外币金融监管形成冲击，造成经营风险和风险传递。

五、挑战中国银行业监管能力

外资投资机构参股中资银行，对中国的银行业监管提出了许多新的挑战。由于境外战略投资者在企业评价、风险管理、资产负债管理等方面拥有较高的水平，往往能够采用一些较强的规避措施，致使中国银行业监管出现“真空”。尤其是大多数外资金融机构采取混业经营的方式，使得中国监管机构相互衔接的协调机制和信息交流已经落后于其发展速度。目前中国对金融控股集团的监管存在监管重叠与监管缺位并存的现象，监管效率低下，潜在的风险很大。此外，外资金融机构的进入也会给中国银行业带来一个金融创新的高潮。整个金融体系增加活力的同时，也给金融体系的监管带来了新的风险。尤其是随着金融电子化、网络化发展和金融全球化进程的加快，传统的以有形金融为调整对象所建立起来的监管制度受到了严峻挑战。

六、损害存款人利益

对存款人的利益而言，最大的威胁莫过于外资参股中资银行的债务清偿危机。显而易见，外资参股中资银行的债务清偿风险高于外资银行分行和中国国有商业银行：外资银行分行不具有法人资格，其债务全部由境外母行承担，因而存款人储存于外资银行分行的存款是以其母行的所有资产作为清偿保证的；中国国有商业银行由于有国家信用，由国家承担无限责任，因而也不存在债务清偿的风险。与此截然不同，一旦外资参股中资银行不能清偿到期债务，出现债务清偿危机，将缺乏明确的债务清偿责任承担主体。如果仍然由中国政府承担无限责任，则显然不公平；如果根据法人有限财产责任的理论，外资股东只需对参股中资银行以出资额为限承担有限责任，这又会极大地损害存款人的利益。

七、恶化中资银行竞争环境

中国银行业的全面开放，必然导致外资机构参股的中资银行与外资机构在中国境内设立的嫡系分行之间的同业竞争和利益冲突。由于外资机构参股的中资银行与外资机构嫡系分行之间事实上成了关联方，外资机构有可能在以下两个方面恶化中资银行竞争环境：第一，利用参与中资银行经营管理的机会，将中资银行的商业信息甚至重要客户提供给其嫡系分行；第二，利用关联交易进行利益输送，如根据中信银行公开披露的资料显示，西班牙对外银行（BBVA），是中信银行第二大股东，持有其 9.90%的股份，2009 年 7 月 29 日、2010 年 5 月 27 日和 2013 年 8 月 28 日，西班牙对外银行分别从中信银行获得 43138 亿美元（约 28.22 亿元人民币）、3600 万欧元（约 3.04 亿元人民币）和 3 亿美元（约 18.54

亿元人民币）的内部基本授信额度资金。

金融安全问题的关键是对一国“核心金融价值”的维护，一国核心金融价值的维护主要表现为国家对资源配置能力的掌控，在某些极端状况下，政府甚至要具有完全控制和调动全国金融资源的能力。金融机构或者金融产业的控制权是关乎金融安全最紧要的权利。所有权和控制权是两种不同的概念，对银行的控制权并不一定由所有权决定。金融资源控制权既包括通过多数股权或者其他方式控制金融机构，也包括控制开设金融机构的权力以及对金融机构的经营行为施加影响的能力，即政府对金融业规制的能力。

外资进入中国金融机构，就银行业而言，一方面能够将自身与引进的优秀外资企业积极地纳入统一战略管理和发展全局中，取得更有利的市场竞争优势，即借助境外股东“取长补短”，提升自身的核心竞争力，这一方针将有利于中资银行在经济全球化的浪潮中完善自身内部治理结构，激发自身的竞争力量（Covin，Slevin，1989）。另一方面，除了追逐利润这一资本的本质特性外，外资相较于中资银行往往更不熟悉我国具体的宏观经济、政治和法治环境，造成信息不对称的劣势，导致外资与中资之间委代问题严重。在对被投资对象的个体经营状况和其所在行业未来发展前景的具体认知不充分的情况下，外资资本不经考察冲动增加持股比例以实现利益最大化，会导致其在参与商业银行日常经营决策、财务政策决策时表现得更激进，最终会使中资银行的风险水平升高。

八、侵蚀中资银行控制权

中资银行的控制权对中国金融安全的维护至关重要。实质重于形式，外资金融机构参股中资银行后，可逐步获得中资银行的控制权：

在中资银行股权结构变化的条件下，外资金融机构可逐步获得中资银行的实质性控制权。外资参股中资银行后，随着时间的推移，中资银行的股权结构很可能发生大的变动。如公开发行上市（尤其是海外上市）和持续发行新股等，国有股权比例被稀释，外资机构持股比例却可能增加，从而逐步获得中资银行的实际控制权。此外，外资机构可通过国内的分行（或者法人银行）进行股权收购实现对中资银行的实质性控股。由于现有法规对于“境内金融机构”（可以是外商独资商业银行）收购国内银行股权的比例并无具体的25%上限规定，因此，监督当局对外资机构参股中资银行的比例限制将失去作用。

第四节　外资参股中资银行对中国金融安全影响的现状

中国银行业引进外资的目的，是希望提高中国银行业的整体发展水平。因此，在全面分析中国银行业整体发展水平的基础上，研究外资参股银行业对中国金融安全影响的实际现状是非常必要的。

一、中国银行业整体发展水平：盈利能力与安全状况得到显著改善

外资大规模参股中资银行后，总体来说，中资银行的经营业绩并没有下降，不良贷款率也并没有上升，资产质量得到了改善。在整个中国银行业体系中，6大国有商业银行具有特殊的地位和作用，因为6大国有商业银行整体资产规模大、网点分布广、客户基础强，在资产规模、股权结构等方面的微小变化均体现着政策导向、外部市场环境和内部经营策略的重要变化。因此，研究6大国有商业银行的变化就可以基本判断中国银行业的整体发展水平。

6大国有商业银行虽为商业银行，市场化程度较高，但其本身具有较强的政治层级，其与金融管理部门之间的沟通更为频繁密切，对中国政策导向的把握也更为精准，且中国政策的导向与力度很大程度上亦依赖国有大行的配合度与实力，这就意味着对国有大行的深度把握有着特别的意义。国有大行目前的经营范围较广，旗下拥有理财、基金、券商、保险、信托等多类牌照，并在境内外有着丰富的业务运作经验，同时国有大行在理财、资产托管、投行与投研、跨境业务等方面有着无可比拟的优势，因此其能够很好地为中小银行的未来发展指明方向。以6大国有商业银行为例，表4-1为国有6大行主要财务指标的历年变化。截至2021年底，国有6大行合计拥有总资产145.47亿元，全年共实现营收3.68万亿元、创造了1.27万亿元的归母净利润和2.31万亿元的拨备前利润（即平均每天创造超过100亿元的营收和35亿元的净利润），贡献了全部商业银行（合计288.59万亿元）规模的50%以上以及近60%的净利润。

表 4-1　　　　**国有 6 大行主要财务指标历年变化**　　　　单位：万亿元

总资产										
年份	2012	2013	2014	2015	2016	2017	2018	2019	2020	2021
工商银行	17.54	18.92	20.61	22.21	24.14	26.09	27.7	30.11	33.35	35.17
建设银行	13.97	15.36	16.74	18.35	20.96	22.12	23.22	25.44	28.13	30.25
农业银行	13.24	14.56	15.97	17.79	19.57	21.05	22.61	24.88	27.21	29.07
中国银行	12.68	13.87	15.25	16.82	18.15	19.47	21.27	22.77	24.4	26.72
交通银行	5.27	5.96	6.27	7.16	8.4	9.04	9.53	9.91	10.7	11.67
邮储银行	4.9	5.57	6.4	7.3	8.27	9.01	9.52	10.22	11.35	12.59
合计	67.6	74.24	81.14	89.63	99.49	106.78	113.85	123.33	135.14	145.47
占比(全部商业银行)	—	—	60.19%	57.52%	54.76%	54.26%	54.22%	51.50%	50.84%	50.41%
净利润										
工商银行	0.24	0.26	0.28	0.28	0.28	0.29	0.30	0.31	0.32	0.35
建设银行	0.19	0.21	0.23	0.23	0.23	0.24	0.25	0.27	0.27	0.30
农业银行	0.15	0.17	0.18	0.18	0.18	0.19	0.20	0.21	0.22	0.24
中国银行	0.14	0.16	0.17	0.17	0.16	0.17	0.18	0.19	0.19	0.22
交通银行	0.06	0.06	0.07	0.07	0.07	0.07	0.07	0.08	0.08	0.09
邮储银行	0.03	0.03	0.03	0.03	0.04	0.05	0.05	0.06	0.06	0.08
合计	0.81	0.89	0.96	0.96	0.96	1.05	1.05	1.12	1.14	1.27
占比(全部商业银行)	65.40%	62.76%	61.74%	60.28%	58.22%	57.79%	57.37%	56.19%	58.79%	58.25%

资料来源：国有 6 大行历年财报整理。

二、中国 6 大商业银行综合竞争能力有所提高，与国际先进银行的差距不断缩小

到 2021 年底，国有 6 大行的 ROE 与 ROA 平均值分别为 11.70%和 0.88%，较 2020 年略有回升。其中，国有 6 大行的 ROE 均超过 10%，建行与工行更是均超过 12%，已经基本达到国际先进银行的平均水平，核心资本充足率显著提高，

5 大商业银行的核心一级资本充足率均在 9%以上（为防范金融风险，《巴塞尔协议》要求，各国银行的核心资本充足率应为 8%），不良贷款率稳步下降，对促进中国金融稳定起到了积极的作用。同时，针对 6 大行拨备覆盖率的降低，要结合不良贷款处置工作，消化存量风险，以腾出更多资源支持实体经济发展。2018 年 2 月 28 日，银保监会发布《关于调整商业银行贷款损失准备监管要求的通知》（银保监发（2018）7 号文），明确拨备覆盖率监管要求由 150%调整至 120%~150%。见表 4-2。

表 4-2　**6 大商业银行 2020—2021 年发展水平**　单位:%

项目	盈利性指标				安全性指标					
	ROA		ROE		核心一级资本充足率		不良贷款率		拨备覆盖率	
年份	2020	2021	2020	2021	2020	2021	2020	2021	2020	2021
工商银行	1.00%	1.02%	11.95%	12.15%	13.18%	13.31%	1.58%	1.42%	180.68%	205.84%
建设银行	1.02%	1.04%	12.12%	12.55%	13.62%	13.59%	1.56%	1.42%	213.59%	239.96%
农业银行	0.83%	0.86%	11.35%	11.57%	11.04%	11.44%	1.57%	1.43%	266.20%	299.73%
中国银行	0.87%	0.89%	10.61%	11.28%	11.28%	11.30%	1.46%	1.33%	177.84%	187.05%
交通银行	0.77%	0.80%	10.35%	10.76%	10.87%	10.62%	1.67%	1.48%	143.87%	166.50%
邮储银行	0.60%	0.64%	11.84%	11.86%	9.60%	9.92%	0.88%	0.82%	408.06%	418.61%
平均	0.85%	0.88%	11.37%	11.70%	11.60%	11.70%	1.45%	1.32%	231.71%	252.95%

三、中国银行业外资参股程度：尚未实质性控制中国金融资源

外资的参股，有利于国有商业银行公司治理结构的完善，但对国有股东在公司治理中的话语权和影响力的削弱作用也不可避免。外资银行选择国有商业银行参股，可能并不仅仅是想获取短期收益，更大程度上是将参股作为其全球战略的一部分，通过对国有商业银行的股权控制，以取得相应的中国市场份额，从而获得长远的发展。但是，从一个国家的角度出发，无论是发达国家还是发展中国家，都需要对外资控股进行政府规制。许多国家的战略性工业、公用事业、通讯业和金融领域

不允许外国资本进入。如巴西等国规定在合资企业中，外国资本拥有股份在49%以下。印度对外资并购规范更加严格，印度禁止外国资本接管本国企业，认为外资收购本国企业会增强跨国公司的垄断地位，降低国内市场的有效竞争。即使是追求经济自由的美国，对于金融业也实行了开放的金融保护主义政策，有效地保护其国内银行业不受外资的影响。中国6大商业银行的参股权情况如表4-3所示。

表4-3　**6大国有商业银行主要股东持股情况（截至2020年12月31日）**

主要股东	工商银行	农业银行	中国银行	建设银行	交通银行	邮储银行
国家股	69.31%	75.32%	64.02%	57.11%	29.95%	0
国有法人股	0.96%	1.61%	3.53%	2.11%	7.65%	70.46%
外资持股合计	24.35%	8.78%	28.41%	38.09%	47.15%	22.83%
其中：外资金融机构持股	2.38%	2.35%	2.14%	0.54%	19.58%	6.77%
国家股与外资金融机构持股比较	66.93%	72.97%	61.88%	56.57%	10.37%	-6.77%

资料来源：根据6大国有商业银行年报资料整理。

由表4-3可知，6大商业银行中，国家处于绝对控股地位，各银行的股权还是非常集中。交通银行和建设银行的股权相对比较分散，外资投资者所占份额比较大，但是并没有威胁到国家控股地位。可见，我国商业银行业对引进外资还是非常谨慎的，目前中国银行业金融机构中外股权比例仍然较少，无论从形式上和实质上都无法对国家金融资源的控制权造成威胁。

当前，外资参股国内银行的具体情况如表4-4所示。

表4-4　**外资参股中资银行情况统计表**

中资银行	外资金融机构	持股比例	股东排名
杭州银行	澳大利亚联邦银行	18.00%	第一
齐鲁银行	澳大利亚联邦银行	17.88%	第一

续表

中资银行	外资金融机构	持股比例	股东排名
西安银行	加拿大丰业银行	17.99%	第一
南京银行	法国巴黎银行	14.87%	第一
重庆银行	大新银行	14.66%	第一
北京银行	ING	13.03%	第一
渤海银行	渣打银行	19.99%	第二
厦门银行	富邦金融控股	19.95%	第二
宁波银行	新加坡华侨银行	18.47%	第二
成都银行	马来西亚丰隆银行	17.99%	第二
吉林银行	韩亚银行	16.98%	第二
青岛银行	意大利联合圣保罗银行	13.85%	第二
恒丰银行	新加坡大华银行	13.18%	第二
天津银行	澳新银行	11.95%	第二
上海银行	西班牙桑坦德银行	6.50%	第二
烟台银行	恒生银行、永隆银行	15.09%，3.77%	第二，第三
邮储银行	瑞银、加拿大养老基金投资公司、摩根大通、淡马锡、国际金融公司、星展银行	4.22%,1.01%,0.79%,0.61%,0.59%,0.49%	第二、第五、第七、第八、第九、第十
交通银行	汇丰银行	18.70%	第三
工商银行	淡马锡、黑石	2.05%，1.45%	第三、第四
四川天府银行	德国投资与开发有限公司	6%	第五
中国银行	东京三菱日联银行	0.18%	第七
天津滨海农商行	国际金融公司	7.64%	第八
厦门国际银行	亚洲开发银行、美国赛诺金融集团	2.55%，1.27%	第八、第十
建设银行	淡马锡	4.81%	-

资料来源：根据各商业银行年报资料整理。

四、中国银行业对外开放度：可在适度保护的前提下继续开放

一国金融开放度越高，其所面临的金融环境越复杂，就需要该国有更加完善的监管体系，否则就会威胁到该国的金融安全，因此就世界范围来看，对于服务业特别是银行业开放，除一些城市型小国或地区外，各国普遍持有保留的态度。

对外开放作为我国的基本国策，银行业开放是中国对外开放进程中的重要一环。只要监管到位，就能够防治中国金融安全风险的过度积聚。当前，金融全球化、自由化不断深入发展，封闭的金融保护主义一定会被时代淘汰，况且适当引进外资确实能够通过更优的技术和管理经验促进国内银行业的发展。因此，对外资参股中国银行业应采取适度保护的策略，首先确定与外资进入有关的底线，保护银行业的核心价值资产，一旦涉及底线，即使在开放自由的政策下，金融监管部门也应对其进行合理合法的规制。同时，遵循开放中循序渐进的规律，实现监管开放与国家经济发展实况同步，有效预防并减少外资股权参股对国内金融安全的冲击。

第五节　应对措施

外资的迅速扩张不仅会侵蚀中国银行业的相对控制权，而且会对中国的金融安全构成诸多潜在威胁。为确保国家金融安全，必须有针对性地采取防范对策。

实践证明，引进境外战略投资者可以加快解决中国金融运行与发展中的一些深层次性问题，推进整个金融体系的改革。然而，由于中国银行业外资参股政策存在一定的局限，外资大规模参股中资银行会威胁中国的金融安全。因此，必须有针对性地采取相应对策。

一、确保6大商业银行的绝对控制权，重视相对控制权的保护

基于6大商业银行在中国金融业的特殊地位和特殊作用，国家应对其保持绝对控股。为保证国家对中国银行业的总体控制，国家可在6大国有商业银行中设立金股制度，对5大商业银行的股权变动实行一事一议制度，在外资股权变动对国家金融安全构成威胁时，可使用金股股份行使表决权。虽然目前外资入股中资

银行的比例尚未达到实质性控制中国金融资源的程度，然而，较高的外资参股比例已经对中国的金融主权构成了威胁，监管部门应对外资参股比例变化的情况进行严格监控，尤其是大型商业银行及股份制商业银行中外资的参股比例，以保证中国银行业的安全性。对5大商业银行，必须以国家对6大商业银行的绝对控制为前提，对新的外资入股实行更加严格的资格审查，必要时刻鼓励中资银行对外资股份进行适当的回购，防止出现墨西哥和阿根廷的类似情况。对中小商业银行和股权分散的银行，国家应对外资银行直接或间接获得国内银行的股权，进行严格的审批，同时通过软指标和政策取向，控制外资成为第一大股东的中资商业银行数量，以此确保对中国银行业控制权的掌控力度。

二、强化商业信息的审慎监管，实现合规性监管理念向风险性监管理念的转变

监管机构应对外资参股可能产生的商业信息泄露行为进行更加严密的监管。一是中资银行自身应加强对内部核心数据及其他重要信息的管理和保护，严格控制外资机构使用中资银行内部核心数据及其他重要信息的范围；二是对中资银行的外包业务，应在法律上特别规定外资机构保护中资银行信息机密的义务，三是对外资机构派驻的高级管理人员，应制定专门的行为准则对其进行约束，明确规定其应该遵守和承担商业信息保密的责任。

尽快转变监管观念，从合规性监管转向风险性监管是当务之急。风险性监管能通过对风险进行预警及时防范风险的发生，有效地解决危机发生后才进行纠正和补救的滞后性，从而削弱中国银行业遭受的风险冲击。风险性监管应当成为中国对外资参股银行监管的主要方式。

银保监会于2018年8月发布的《关于废止和修改部分规章的决定》废止了2003年的《境外金融机构投资入股中资金融机构管理办法》。自此银行业对外开放步伐有了一个质的升级，中资银行和金融资产管理公司的外资持股比例上限被取消，内、外资股权投资比例规则一致，相当程度地消除了《境外金融机构投资入股中资金融机构管理办法》的局限性，在过去情境下主要是施行以合规性监管方式为本的制度框架，监管部门将监管重点放在对境外战略投资者市场准入管理上，从而在一定程度上忽视了对外资参股银行后经营风险的监控和防范。因此在

这种监管理念的指导下，境外战略投资者的道德风险就无法受到有效约束。综上所述，目前中国的金融体系监管需要确立新的监管理念，实现监管从合规性监管向风险性监管的转变。以风险性为本的监管方式和监管理念是为了实现由事后监管向事前检测、事后发现向事前预警、事后纠正向事前预防转变，风险监管应作为中国对外资银行监管的主要方式。

三、构建相关的信息披露制度

中国银行业应尽快构建一套与国际标准接轨的信息披露制度。外资参股银行的信息披露不仅有利于银行存款人、债权人、投资人和其他利益相关者了解外资参股中资银行的财务、风险状况等信息，维护自身利益，而且有利于国家了解外资参股中国银行业的整体情况，加强对外资参股银行的监督，及时消除可能存在的金融安全隐患以确保金融系统的稳定与安全。

五、提高中资银行竞争力

在补助短板的同时，需要结合外资银行机构的优势和偏好，“去粗取精”来“为我所用”，而不是盲目追求外资金融机构的数量。同时，在此过程中金融机构应具有一定的对全球资金的调动能力，并在引入过程中有意识地选择形成互补的外资金融机构，为我国开放型经济的发展和“一带一路”的倡议助力。

本章小结

本章从金融安全的涵义、新时代国家金融安全观的形成和发展的视角出发，系统探讨了外资参股中资银行带来的金融安全隐患和外资参股中资银行对中国金融安全影响的实际现状。外资参股中资银行带来的金融安全隐患包括：传导国际金融风险、推行金融霸权、危及中国信息安全、造成利益冲突与关联交易、挑战中国银行业监管能力、损害存款人利益、恶化中资银行竞争环境、侵蚀中资银行控制权、控制中资银行管理权。外资参股中资银行对中国金融安全影响的实际现状为：中国银行业整体发展水平包括盈利能力与安全状况均得到显著改善；中国6大商业银行综合竞争能力有所提高，与国际先进银行的差距不断缩小；中国银行业外资参股程度为，尚未实质性控制中国金融资源；中国银行业对外开放度为，可在适度保护的前提下继续开放。外资参股中资银行条件下，确保中国金融安全的策略为：确保6大商业银行的绝对控制权；重视相对控制权的保护；强化商业信息的审慎监管；实现合规性监管理念向风险性监管理念的转变；构建相关的信息披露制度；控制外资参股中资银行业的速度；提高中资银行竞争力。

第五章 国外银行业维护控制权与金融安全的经验

本章在综观新兴市场国家银行业对外开放的历史进程的基础上，既总结印度、巴西等国的成功经验，又批判学习阿根廷、墨西哥等国的失败教训。同时，对于美国和德国这类发达国家银行体系而言，金融开放不一定能实现效率的提升，反而可能造成风险。从全球范围看，外资银行占比较高地区的金融运作效率并不高；相反，在一些外资银行占比相对不高且稳定的地区，金融业的整体功能发挥稳定、运作效率较高。详细分析外资参股银行业对中国金融安全影响的现状，并集中探讨外资参股银行业带来的中国金融安全隐患及应采取的对策，对确保银行业全面开放条件下的中国金融安全，便具有十分重要的理论价值和现实意义。

第一节 新兴市场国家经验借鉴

从新兴市场国家的实践效果来看，外资参股银行业对金融安全的影响较为复杂。印度、巴西谨慎开放外资参股银行业后国家金融安全得到显著改善，阿根廷、墨西哥盲目开放外资参股银行业后国家金融安全急剧恶化，爆发了大规模的金融危机。

一、印度和巴西案例

印度和巴西银行业均是在20世纪90年代上半期对外资进行实质性开放，两国都收到了良好的效果，外资参股银行业后金融安全得到显著改善。

（一）背景

外资参股前两国都面临着不同程度的金融安全问题。印度方面：一是公营银行高度垄断，1991 年印度公营银行分支机构达 54170 家，占全国银行分支机构的 90%；二是公营银行效率低下，1989 年属于公营银行的国家银行集团和国有化银行的纯利润率仅为 1.2%和 2.6%，而同期私营部门银行与外国银行的纯利润率却高达 2.0%和 9.1%；三是不良贷款严重，1989 年银行体系贷款回收率仅 52%，支持农村发展的优惠贷款回收情况更差，截至 1990 年，回收率仅占总贷款额的 12%，从而形成巨额的呆账和坏账。巴西方面：一是恶性通货膨胀，巴西从 20 世纪 80 年代中期一直受高通货膨胀的困扰，年通货膨胀率始终在 3 位数和 4 位数；二是国有银行问题突出，巴西国有银行控制的信贷额约占银行系统信贷总量的 50%以上，然而由于存在着大量的指令性贷款和以补贴性利率进行的定向性信贷，大多数国有银行长期处于资不抵债的状态；三是银行业效率低下，坏账率长期居高不下。

（二）效果

外资参股后两国金融安全状况都得到了显著改善。一是银行业经营效率提高。印度银行业的资产收益率不断提高，1992—2000 年平均资产收益率为 0.34%，1996—1997 年度之后一直保持在 0.58%左右，而新设私营银行的平均资产净利率更是高达 1.55%；巴西银行业的盈利能力也呈上升趋势，银行业整体资产收益率由 1998 年的 0.42%上升到 2001 年的 0.73%，其中私营银行的资产收益率更是由 1998 年的 1.09%上升到 2001 年的 1.34%。二是资产质量得到改善。印度银行业在实施开放后不良资产比重不断下降，至 2001 年，印度银行体系的不良贷款占净资产的比例仅为 4.4%，占总贷款额的比重降为 8.8%；巴西通过引进外资银行消化不良资产，至 1998 年坏账率降到 10.3%，私有银行的坏账率更是降低至 4.2%。三是国内银行仍然处于主导地位。印度外国银行虽然在数量上有所增长，但远未动摇其公营银行的垄断地位，2003 年，外国金融机构所持有的贷款和存款分别只占印度总贷款额和存款额的 8%和 4.7%；巴西改革后，外资银行并没有控制本国银行成为主导者，2002 年，外资银行资产只占银行业总资产的 27.4%，贷款和存款也分别只占巴西总贷款额和存款额的 27.38%和 19.82%。

二、阿根廷和墨西哥案例

外资参股银行业后金融安全状况急剧恶化：阿根廷和墨西哥盲目推行以金融自由化为核心的激进改革，不仅导致本国金融主权的丧失，而且本国的金融安全状况也急剧恶化。

（一）背景

20 世纪 90 年代前期，阿根廷和墨西哥两国都遭遇了货币危机。受新自由主义思潮的影响，两国都接受了国际货币基金组织（IMF）等国际机构开出的“良方”，大力推行以金融自由化为核心的金融改革。阿根廷方面，在推行大型国有银行私有化的同时，向外资全面开放金融领域，允许外资银行收购本国国有和私营银行，外资银行能够全面经营阿根廷比索和美元业务。与阿根廷相比，墨西哥虽在最初施加了一定的限制，但 1994 年比索危机后，其金融体系陷入动荡。为缓解危机造成的冲击，1998 年 10 月，墨西哥政府取消了对外国银行进入墨西哥的所有限制。

（二）效果

金融安全状况急剧恶化。阿根廷方面，1992 年外国资本控制的银行资产比重仅占 12%，1997 年已激增至 52%，而 2001 年更是达到创纪录的 67%。截至 2001 年，阿根廷 10 家最大的银行中，外资控股的银行就占了 8 家，包括花旗银行、纽约银行、波士顿银行等著名美国大银行。阿根廷政府逐渐丧失了金融调控能力，难以利用金融杠杆刺激经济发展，外债迅速增长，出现了金融失控的局面。墨西哥方面，1997 年彻底改革银行业的法律，允许外资大规模购买和兼并，彻底改变了墨西哥的银行体系。1997 年早期，外资银行控制了墨西哥银行资产的 16%，到 2004 年 6 月，外资银行占有了约 82%的银行资产，墨西哥 19 家银行中有 7 家是被外资并购的银行，这 7 家银行控制了银行资产的 75.5%，外资银行的分支机构又控制了 6.2%的资产，并且墨西哥最大的 3 家商业银行的所有权分别被西班牙 BBVA、美国花旗和英国汇丰等大跨国银行控制，外资成为墨西哥银行的主要控制者。在墨西哥金融危机中，巨额外国游资冲击其金融体系，致使很多本国金融机构走到了倒闭的边缘。危机发生之后，不少西方巨型金融公司趁火打劫，以低廉的价格收购了它们垂涎已久的金融机构。

三、新兴市场国家外资参股银行业经验教训分析

印度、巴西与阿根廷、墨西哥同为新兴市场国家，在面临同样的金融问题时，由于采取的措施不同，印度、巴西成功地利用外资参股本国银行业增强了自身的金融安全，而阿根廷、墨西哥却在实施银行业开放后陷入了金融动荡，其中的经验教训很值得我们汲取。

第一，银行业发展水平。新兴市场国家银行业的对外开放必须与其银行业的发展水平相适应。如果国内银行自身稳健，外资参股反而会进一步激活国内银行业。反之，如果国内银行基础脆弱，且本身积累了很高的风险，那么面对强大的外资参股机构，自然是不堪一击。印度、巴西在本国银行业已具备较强实力并适应国际竞争力的基础上，逐步放开对外资银行的准入和经营限制，更重要的是，为较好应对外部冲击，它们是在本国金融部门较有效率、金融体系较为完善的情况下才实施资本项目开放，从而有效地降低了金融风险，避免了过于激烈的动荡。与印度、巴西不同，阿根廷、墨西哥不顾国内条件是否具备和成熟，对外资银行实施全面开放，结果造成两国金融安全状况急剧恶化，爆发了金融危机。

第二，银行业外资参股程度。银行属于战略性的金融产业，直接关系到国家的经济命脉，因此，必须控制外资参股本国银行业的程度，以确保本国的金融主权。印度、巴西在很长一段时间内都是保护本国银行业，严格控制外资参股进程，印度每年只颁布 12 个外国银行许可证，对外开放仅限于象征性姿态。相比之下，阿根廷、墨西哥外资参股本国银行业进程过快。从 1994 年到 1999 年 5 年间，外资银行控股 50%以上银行资产与整个银行系统资产的比率，巴西仅由 8. 4%上升到 16. 8%，而阿根廷由 17. 9%上升到 48. 6%，墨西哥由 1%上升到 18. 6%。印度、巴西合理控制外资参股进程，促进了本国银行业的可持续发展；阿根廷、墨西哥过快的外资参股进程，导致了本国金融失控。

第三，银行业对外开放度。银行业对外开放度是衡量一国银行业对外开放程度的重要指标，可以用外资银行在东道国资产占银行体系总资产的比重来衡量。

印度、巴西银行业的开放度远远低于阿根廷、墨西哥。2007年印度银行业的开放度仅为7%，2002年巴西银行业的开放度为27.4%，两国的这种银行业开放度较为切合实际，既解决了外资参股前印度、巴西面临的金融困境，又未动摇其国内银行的主导地位。相反，阿根廷早在2001年银行业的对外开放度就达到67%，墨西哥在2003年银行业的对外开放度甚至达到了85%，这使得金融危机爆发时，两国政府丧失了至关重要的金融调控能力。

第四，外资参股国内银行的政策。印度、巴西与阿根廷、墨西哥外资参股国内银行的政策如表5-1所示。由表5-1可以看出，印度、巴西政府虽然逐步对银行业外资参股政策实施松绑，但仍持谨慎态度。印度从1991年就开始放松对银行业的管制，然而直到2009年以后，印度政府才考虑根据实际情况允许外资银行自由地兼并或者收购印度私有银行。巴西对外资银行的管理，不再以限制和管制作为最主要的手段，而是在积极引进的基调下按照法律规定有目的、有节奏地进行。印度、巴西的外资参股国内银行政策，较好地限制了外资银行的发展规模和保护了本国银行。与印度、巴西形成鲜明对比，阿根廷、墨西哥政府在市场准入与业务准入方面对外资银行基本未加限制，采取放任自流的态度，导致银行业外资参股程度过深、范围过广，政府逐步失去了金融领域的控制权。

表5-1　　印度、巴西与阿根廷、墨西哥外资参股国内银行政策比较

成功的政策	失败的政策
印度：有限制地允许外资参股银行。国外银行要符合与国内银行相同的利率要求，同时也必须达到印度储备银行的贷款指标。外资仅可取得公开上市国有银行20%以内的股份，但非居民印度人可取得40%以内的股份。 巴西：在外资银行的进入资格上，巴西并不存在普遍性的标准，而是采取了一事一议的原则，在有利于国家利益的基础上，总统有权通过颁布法令的方式允许新的外资银行进入巴西。但要求所有在巴西开设新的银行分支的外资金融机构，必须通过兼并或收购现有的经营不善的银行，以联合方式控股。	阿根廷、墨西哥：市场准入方面，阿根廷、墨西哥无论是对外资银行分支机构的开设，还是对本国银行中的外资持股比例都基本上予以全面开放。业务准入方面，阿根廷、墨西哥在金融自由化的浪潮下，对外资银行在本国经营的业务基本上没有施加限制。

第二节　主要发达国家和地区经验借鉴

一、美国案例

（一）背景

美国作为发达国家的重要代表，其金融市场结构的主要特点之一就是以市场主导，且金融市场对推动实体经济的发展发挥了重要作用。为避免重演1929—1933年经济大萧条期间的严重金融危机，美国政府于1933年颁布了银行法，即《格拉斯-斯蒂格尔法案》，奠定了政府对银行业的严格管制基调，并确立了银行业、证券业和保险业必须分立不得混业经营的制度，从而建立了分业经营和分业监管的金融体制框架。自20世纪70年代开始，美国经济开始陷入“滞涨”困境，劳动力成本攀升导致传统行业的竞争力下降，美国的经济发展开始向高技术、高附加值的新兴产业转型。与此相适应，美国资本市场开始逐步加大对高科技中小企业支持的力度，风险投资体系规模也迅速扩大。与此同时，严格管制也迫使金融机构想方设法规避管制获取高额利润，对利润的追求刺激着金融机构不断进行组织形式和金融产品的创新，开始通过成立银行控股公司从事多元化经营。

（二）效果

美国金融体系的发展一直受制于《格拉斯-斯蒂格尔法》，导致在整个金融市场中，商业银行的金融业务始终处于竞争劣势地位。特别是20世界90年代开始，国际银行业掀起了大规模的并购浪潮，美国银行业的竞争力下降，美国银行业在国际上的地位受到严重威胁，营业份额不断下降。其中，1998年12月，德意志银行以100多亿美元的代价收购了美国第八大银行信孚银行的全部股权，这是美国银行首次被外资银行收购的案例，这次收购案震惊了美国银行业甚至整个美国。于是，美国政府开始重新反思美国金融业分业经营的利与弊，认为在国际金融业混业经营的大趋势下，美国金融业分业经营，虽然有助于实现美国银行业的专业化经营、风险控制和稳定发展，但也会带来美国银行业规模小且分散、无法开展多元化业务和实现规模经营、极易遭受国外巨型金融机构冲击等诸多问题。面对激烈的国际竞争和非银行金融机构的不断渗透，分业经营的银行业发展体制已经严重阻碍了美国银行业的进一步发展，主动放弃不适应现实经济发展需要的分业经营体制，确立适应金融全球化发展趋势的制度规则，也就势在必行。

美国的外资分行大多设置在纽约，且主要服务美国本土客户和本国在美客户，外资子行大多通过并购发展壮大，为本国与美国双边贸易提供融资、结算和清算服务，部分分行也承担了美元清算职能，有效地拉动了双边贸易，为跨国公司、美国本土企业和个人提供一体化金融服务。美国大型外资子行大多成立了金融控股或间接控股公司，综合化程度较高。外资银行对美国经济发展发挥了重要作用，但外资银行无法取代美国本土银行，其在美国银行体系一直发挥着重要补充作用。

二、德国案例

（一）背景

德国继19世纪70年代实现国家统一之后，开始加快国家工业化进程。为适应国家工业化发展的需要，1870年，德国先后成立了德国商业银行和德意志银行，接着1872年，德国又成立了德累斯顿银行。20世纪以后，德国银行业开始通过合并和参与两种方式迅速发展壮大。期间，德意志银行通过大量的银行收购迅速崛起，成为欧洲最大的银行集团之一，也进一步加深了银行与企业之间的联系。在20世纪60年代德国经济高速增长过程中，德国商业银行、德意志银行和德累斯顿银行这三个德国银行业巨头的分支机构迅速扩张，私人银行数量则大幅减少，迅速扩张的金融业务几乎涵盖了整个德国企业及个人的贷款、贴现、担保、投资和租赁等，在地理范围和服务品种方面均没有受到限制，成为几乎全能的银行，基本上能主导当时的经济发展。

这一金融机构体系适应了当时德国经济发展的需要，为德国迅速完成工业革命提高了强有力的金融支持。20世界90年代以来，随着经济与金融全球化的迅速发展，德国作为欧盟经济和金融的领头羊，德国的金融市场特别是资本市场取得了长足的发展。相应地，德国的金融系统出现了一些新的变化，主要是银行主导的传统金融结构发生了改变，由于德国资本市场上市公司数量的急剧增加，德国证券也在德国金融机构中比重不断上市，德国证券市场对德国经济发展的影响力显著上升，而德国银行业在德国金融结构中的比重和对德国经济发展的影响力显著下降。

（二）效果

德国银行体系以本土机构为主，银行业务重点围绕本国经济。21 世纪以来，受利益驱使，德国商业银行和州立储蓄银行在海外超速扩张，业务重心逐渐移到海外市场，德国银行海外资产占比急剧扩大。2008 年爆发的国际金融危机，沉重地打击了德国的银行业，导致德国的商业银行和州立储蓄银行难以支撑海外业务扩张的步伐，业务重心重回本土，此后德国银行业“走出去”和“引进来”的步伐逐渐达到一个平衡点。

三、日本案例

（一）背景

日本现代金融体系形成较早，其主要标志是 1882 年日本银行的成立。到 1918 年第一次世界大战之后，日本已经形成多层次银行体系，其中，主要为大企业提供融资服务，行使中央银行职能的日本银行和财阀系的大银行是核心，而中小企业的短期贷款则主要由全国性的都市银行和地方银行提供。到了第二次世界大战结束以后，日本为了赶超发达国家，在金融机构弱小、资本市场发展滞后、资金极度短缺的情况下，为迅速重建战后经济，日本政府实现积极的金融政策，建立了政府严密控制下的金融体制，银行业一方面受到政府的高度管制，另一方面也得到政府的严密保护，从而给当时脆弱的民族金融业生存喘息的空间。在此背景下，日本股票市场的重要性迅速下降，而逐渐形成银行与企业关系密切的“主银行制度”则为日本战后经济的发展提供了一个重要的制度支持。日本银行业在整个金融体系中的地位变得越来越重要，远远超过了证券业和保险业。

进入 20 世纪 80 年代中期以后，为适应经济和金融全球化的需要，日本、英国等发达国家先后进行了大刀阔斧的金融自由化改革，史称“金融大爆炸”日本股票市场在80年代后期一跃成为世界第二大市场，但由于1989年的“股市泡沫破灭”，此后日本股票市场就一直处于低迷阶段，不但导致市场在金融体系中的作用相对受到抑制，而且成为日本金融体系不稳定的一个重要原因。正是由于金融体系不稳定，银行和企业相互持股，股市暴跌使金融机构不良债权迅速增加，导致许多金融机构的资产质量大幅度下降，经营业绩急剧恶化。日本金融业的严重危机，也使日本经济从此一蹶不振，长期处于停滞状态。20世纪90年代被日本称为“失去的十年”。

（二）效果

为改变日益僵化的金融体制，解决日本金融与经济之间存在的内在矛盾，提高金融业的效率与国际竞争力，为日本经济的进一步发展创造一个良好的金融环境，日本政府于1997年6月公布了“金融体制改革规划方案”，其核心是全面废除金融限制推动金融自由化，建立起一个既健全、稳定又充满竞争性和创新力的市场机制下的金融体制。围绕这一宗旨，日本政府主要采取了四项改革措施，包括加速金融机构业务自由化的进程；增强日本银行的独立性和决策的透明度；进一步开放金融和资本市场以及加强对金融机构的监督，强化维护金融安全的监督体系。

四、东欧案例

（一）背景

21世纪初东欧剧变后，受当时金融自由化浪潮的影响，东欧国家的银行体系快速地完成了市场化改造和对外大规模开放，外资银行资产占东欧国家银行业总资产的比重均飙升至50%以上。通过跨境融资或者母行拆解的方式，外资银行基本上帮助解决了其存款来源不足的问题。在外资银行的大力推动下，波兰、匈牙利和捷克三国筹资到了大量经济发展资金，信贷/GDP由1999年末的平均93.6%上升至2007年末的平均124.1%，也因此东欧在金融危机爆发前实现了经济的快速增长。

（二）效果

外资银行进入东欧市场后，其市场上零售贷款、外币资产和负债规模均显著提升，原因是外资银行具有更成熟的零售贷款评分技术，与当地盈利效率低下的国有企业相比较，外资银行更愿意给零售和中小企业发放贷款；并且外资银行更倾向于利用国际主流货币在东欧市场开展业务，2008 年以前，东欧部分国家 50%以上的信贷余额都是外币计价。

东欧外资银行产生了危机传染效应。由于东欧一些国家在次贷危机之前，对欧美银行业完全开放，很多银行的控制权不在本国，次贷危机时，这些外资银行马上收缩资产负债表，导致东欧国家大量资本外流，进一步加剧了 2008 年金融危机的冲击。东欧国家外资银行总部备受重创，筹资能力断崖式下跌，从而造成东欧国家严重的信贷紧缩。国际金融危机以外资银行为载体不断向东欧国家传递风险，并对当地经济产生了较为明显的负面冲击。另外，东欧国家的外资银行主要以分行为主，主要受母行所在国监管规则约束，容易在东欧市场形成监管套利；由于主要业务都是外币计价的，外资银行对于当地央行货币政策调整并不敏感，这些都加大了东欧国家监管机构和货币当局对当地外资银行的管理难度。

五、韩国案例

（一）背景

1997 年爆发的亚洲金融危机，沉重地打击了韩国经济。为尽快帮助韩国经济走出困境，韩国银行业加大了对外开放的力度，取消了单一外资金融机构参股同一银行的比例不得超过 7%、多家外资金融机构合计参股同一银行的比例不得超过 26%的限制，甚至允许外资金融机构收购韩国国内银行。这些政策出台后，外资金融机构大举进入韩国银行业并逐渐主导了韩国银行业。

如美国新桥资本于 1999 年 12 月收购了韩国第一银行，随后于 2005 年将韩国第一银行转卖给渣打银行，渣打韩国第一银行成立；美国投资基金 Carlyle 于 2000 年 11 月收购韩美银行，随后于 2004 年将韩美银行转卖给花旗集团，花旗银行（韩国）正式成立；美国 Lone Star 投资基金于 2003 年 9 月收购了韩国外汇银行。在外资金融机构的大规模进入下，截至 2005 年末，外资银行在韩国 7 家全国性银行的持股比例，有 6 家超过了 50%，外资控制银行业资产已占韩国银行业总资产的 70%以上。

（二）效果

外资银行短期大规模进入使信贷资源过度倾斜至个人消费领域，对韩国制造业支持力度显著下降。2000—2004 年，韩国外资银行企业贷款占比由 56.7%降至 41.6%，家庭零售贷款占比由 32.8%上升至 56.6%。结构切换的主要原因在于外资机构主体偏好的变化：外资银行在零售贷款领域能充分发挥风险管理模型的优势，而外资银行不愿投资银企关系复杂的韩国传统制造业。由于资金的匮乏，韩国电讯、半导体等行业重要企业经营状况无法得到及时改善，减缓了经济复苏的脚步。与此同时，外资银行大量进入的个人消费贷款领域出现了过度竞争态势，机构间通过放低贷款标准进行恶性竞争，使风险不断累积。2003 年，韩国爆发信用卡危机，高达 16%的韩国持卡人拖欠债务超过 90 天，对韩国银行业和实体经济，尤其是制造企业的金融融通造成了巨大障碍。

六、主要发达国家和地区外资参股银行业经验教训分析

客观评价发达国家和地区银行业对外开放的经验和教训，对中国银行业在加大对外开放的同时，防范和化解金融风险具有十分重要的现实意义。

第一，金融体系结构演变的决定因素是实体经济的发展需要。当实体经济的发展面临转折时，金融体制必须也要作出相应的调整。日本的传统金融体制不能适应现代经济发展的需要是日本金融体系动荡和日本金融改革的根本原因。因而，中国必须以日本作为前车之鉴，不断对国内金融体制中不适应经济发展的方面主动而积极地进行改革，否则，必然会制约经济的发展，造成金融体系本身的动荡，甚至可能危及我国的整个经济安全。

第二，将防控金融风险放在金融对外开放政策的重要地位。在外资机构占比较高的金融体系中，金融风险会以外资机构为纽带向本国经济体传导；实行一定程度的管制、较低的开放程度，风险会降低很多。东欧国家的外资银行主要以分行为主，由于外资银行分行主要受母行所在国的监管规则约束，因而容易在东欧

市场形成监管套利；由于主要业务都是外币计价的，外资银行对于当地央行货币政策调整并不敏感，这些都加大了东欧国家监管机构和货币当局对当地外资银行的管理难度，东欧各国无法采取统一的监管标准，监管上主要关注各自的微观风险，缺乏有约束力的共同制度，在抵御和化解全球金融市场系统性风险方面缺乏共同关切。要从宏观整体的角度，从金融活动、金融市场以及金融机构行为之间相互关联的视角出发，有必要通过加强宏观审慎监管，来防范和化解金融体系之间存在的系统性风险。

第三，坚持"走出去"和"引进来"对等原则，对外开放最终要实现双向开放，中外双方是协调的开放关系。高质量金融开放要实现"引进来"与"走出去"对等。既要外资金融机构"引进来"，也要中资金融机构"走出去"。"走出去"的中资金融机构要考虑资金及竞争实力；"引进来"的外资金融机构也要考虑市场竞争及结构状况。

第四，利用外资补足金融业"短板"，但是要防范外资股东损害存款人利益。我国需要利用外资机构在全球的能力，支持中国引进高质量金融机构，动员更多国际资金支持"一带一路"建设；利用外资机构经验完善相关金融机构公司治理机制和管理效率。中资金融机构与外资机构合作，更好地支持跨境客户服务。在复杂金融设计与交易（比如现金管理、项目融资、并购贷款、套期保值产品等）、绿色金融产品（符合国际标准绿色金融产品）等方面加强合作。与此截然不同，一旦外资参股中资银行不能清偿到期债务，出现债务清偿危机，将缺乏明确的债务清偿责任承担主体。如果仍然由中国政府承担无限责任，则并不公平；如果根据法人有限财产责任的理论，外资股东参股中资银行，只需以出资额为限承担有限责任，这不仅会极大地损害中资银行的利益，而且也会极大地损害存款人的利益。因此，必须修改相关法律法规，加强对存款人利益的保护。

本章小结

本章从新兴市场国家与主要发达国家两个层面，探讨了国外银行业对外开放后确保银行业控制权与金融安全的经验与教训。

从新兴市场国家的实践效果来看，外资参股对银行控制权与金融安全的影响较为复杂。印度、巴西谨慎开放外资参股银行业后国家金融安全得到显著改善，阿根廷、墨西哥盲目开放外资参股银行业后国家金融安全急剧恶化，爆发了大规模的金融危机。新兴市场国家的经验是：对外开放必须与其银行业的发展水平相适应；必须控制外资金融机构参股本国银行业的进程和程度，以确保本国的金融主权。

从主要发达国家的实践效果来看，美国、德国、日本维护了本国的金融主权和确保了本国的金融安全；东欧和韩国的金融主权和金融安全受到了严重冲击。主要发达国家的经验是：金融体系结构演变的决定因素是实体经济的发展需要，当实体经济的发展面临转折时，金融体制必须也要作出相应的调整；金融对外开放的过程中一定要防控金融风险；坚持“走出去”和“引进来”对等原则，对外开放最终要实现双向开放，中外双方是协调的开放关系；利用外资补足金融业“短板”，但是要防范外资股东损害存款人利益。

第六章　确保中国银行业控制权与金融安全的建议

中国银行业引进境外战略投资者是以开放促改革为需要，可以加快解决中国金融运行与发展中的一些深层次性问题，推进金融改革。然而，外资大规模参股中资银行，不仅会侵蚀中国的金融主权，而且会带来众多的金融安全隐患。因此，必须有针对性地采取相应对策。确保中国银行业控制权与金融安全的建议包括原则导向和具体政策措施两个方面。

第一节　确保银行业控制权与金融安全的原则导向

确保中国银行业控制权与金融安全的原则导向包括：坚持独立自主、防范系统性风险、完善金融监管机制、提高中资银行竞争力、推进利率和汇率市场化改革。

一、坚持独立自主

自古以来作为不同历史时期中的重要大国，我国上下五千年的历史教训时刻提醒着我们，只有深刻认识到民族意识对于国家主权的重要性，时刻将独立自主作为立国的根本，才能够在世界及历史的长河中“永葆活力”。进入 21 世纪以来，尤其是随着我国 2001 年加入 WTO 后，全球经济化浪潮席卷而至，我国结合自身社会主义制度的优势，采取自主发展模式，抓住机遇迅速崛起，而此时的国际地缘格局更加凸显了主权观念与大国博弈的现实意义。现阶段，世界面临着百年未遇之大变局，我国开放政策主要采取“以我为主、循序渐进”模式，对于银行业来说，更应该将国家的经济命脉放在第一位，对于银行业来说，需要时刻坚守独立自主的信念，提高自身核心竞争力，实现民族的强盛和振兴。

二、防范系统性风险

银行业的系统性风险是指面临外部冲击时，会将其放大并通过金融特殊的运行机制传导至整个系统内部，最终威胁到整个银行系统的稳定，导致金融调控功能的失调，整个经济遭受重创。也可以说系统性风险来源于外部冲击和内部传导两个方面，通常情况下会经过一定时间的积累但却没有得到应有的重视或者没被发现，等一旦暴露之时，会具有较强的不可分散性和传染性。同时银行系统性风险的表现形式多样，如外部冲击爆发导致的银行不良贷款率增加、非流动性资产的普遍降价抛售等。2018 年以来，从中美贸易摩擦到疫情影响下的全球经济下行，我国身处全球金融化浪潮中，目前的经济金融形势处于一个特殊阶段，我国的经济在供给侧改革后的杠杆率已超过改革前的高点。同时绿色金融、新能源、环保等新兴产业的快速发展让银行与其他机构的关联性风险上升。因此，我国必须从多角度切实防范银行业系统性风险，增强金融体系稳定性。

第一，妥善关注并应对银行面临的外部冲击。政策监管当局应当因时制宜对银行进行监管，在平稳时期更加谨慎地对待大中型银行及银行中敞口较大规模的资产，并防范其日常流动性风险，即所谓的逆周期治理。在危机发生时期，若经济体遭受到了外部的非正常化冲击，导致各个企业的资产质量和数量不断下降，此时经济政策上应当适当调节杠杆率，并放松对中小银行的监管力度，注重对银行及其资产的救助，并制定相应的市场应急干预。监管部门也需要进行后续的持续监测与关注，避免在稳定杠杆率下发生银行尾部风险。当市场波动面临巨大资产减值抛售损失时，可采取紧急闭市、禁止抛售和大额资产抛售报备机制，缓解资本监管压力，防范并遏制银行系统性风险。

第二，监控银行与银行及其他部门间的风险传导。如实施房地产调控维稳政策，防范并阻止房地产价格的剧烈波动，逐渐化解已产生的泡沫；在低碳转型过程中，连带关注气候相关风险，避免金融—能源间的风险传染的爆发；控制金融部门与其他部门间的资金流向，避免投资过热和产能过剩引发的信贷违约从而加剧银行系统性风险；高风险的地方政府债券和同业存单投资增强金融机构之间关联性的同时也会导致违约风险在银行体系内传导，因此，银行应结合自身的特点和风险承受能力，采取差异化经营策略，优化自身债券投资结构，均摊风险。另一方面，银行应在不断增加债券投资的同时提高银行相应业务的风险管理能力，以免忽视债券投资业务风险，导致银行风险积聚。银行应审慎开展委外投资业务，严格控制高风险债券的额度与规模，防范银行系统性风险的增加。

第三，丰富政府的审慎监管措施。灵活的政策具有更强的可操作性，有利于防范和化解银行的系统性风险。监管当局需要因地制宜优化区域性商业银行的制度建设，对于规模较小、股东结构单一的区域性商业银行，可以完善其控股股东行为约束机制以避免大股东非法占款输送利益，同时在利率市场化、金融开放的大背景下，出台政策支持区域性商业银行获得部分金融衍生业务的准入资格，丰富区域性商业银行风险释缓工具的多样性，提升区域性商业银行自身发展的同时也进一步完善了其风险抵御能力。

第四，实时跟踪银行市场情绪的反馈结果。市场情绪反映了投资者对银行风险及其财务状况的看法，可以在一定程度上准确反映出银行系统性风险水平，除了相关的经济调控手段，政府监管部门也应密切关注情绪传染渠道。例如通过新闻情绪往往能够推测投资者在未来可能对关联银行的相关操作，共同乐观的情绪则可能催生泡沫，与之相对悲观情绪往往加剧资产抛售和非理性挤兑行为。因此，政府监管部门需要及时估算市场参与者情绪，并做好预期引导从而避免中国银行系统性风险信息的过度传导。

第五，不断完善银行系统性风险预警系统。由于次贷危机的爆发，银行系统性风险形成机制及其表现形式极其复杂，不随着时代逐渐改善的系统性风险预警模型无法真实反映风险传染过程，因此金融监管部门在制定宏观审慎政策时，应借助例如压力测试系统等可行手段，密切监控、实时准确地评估外部环境的突变。同时监管当局应针对不同区域、所有权存在差异的银行分别制定风险管理制度，选择性纳入有效的监测指标，同时建立不止一个的综合风险测度模型，更加严谨地实时监控银行系统性风险情况，以期及时预警潜在的风险。

三、完善金融监管机制

从中美贸易摩擦到全球新冠，在经济全球化的背景下，复杂的国际形势增加了各国的金融风险、掣肘本国金融安全稳定的维系。在此情状下势必对我国金融监督管理水平提出更高的要求。我国迫切需要进一步建立健全金融业监管体系，提高金融监管水平。具体来说存在以下途径：

1. 统一监管机制。中国现有的分业监管机制，已经在实际运行过程中暴露出诸多问题，尤其在各监管部门之间的交流与合作方面问题严重，为国际金融巨头同时参股银行、证券和保险获得混业经营垄断控制权提供了可乘之机。因此，应转变分业监管体制为统一监管体制，即将银保监会、证监会合并为一个统一的综合监管委员会，由其对不同金融领域实施联合监管，这种监管模式有利于中国不同监管部门之间的协调与合作，发现和弥补分业监管模式下的监管漏洞。中国需进一步整合金融监管资源，在条件成熟时，构建多层次、全方位的统一金融监管体制，以强化金融宏观审慎管理，防止金融业控制权的丧失。

2. 转变监管理念。目前中国监管理念总指导思想属于合规型，对外资机构参股中资银行的“市场准入”管理严格，即监管重点放在外资机构参股中资银行之前的“资格是否合规”审查上，忽视了“合规外资机构”参股后对中资银行实际控制权争夺的持续监控和防范。在这种监管理念的指导下，外资机构参股后，极易通过相对控股控制或非控股控制的方式争夺中资银行实际控制权。因此，中国监管理念应实现从合规型监管理念到风险型监管理念的转变。关于外资参股中资银行控股权与控制权保护的风险监管，具体来说，可设置特别的风险预警指标体系，如参股比例、参股中资（银行、证券、保险）家数、管理权变动、年关联交易金额、股权变动、对外交易异常度等，以确保外资参股后的中国银行业控制权不丧失。

3. 充分兼顾金融业的本质功能。金融监管制度必须为促进实体经济增长服务，在扩大开放、新冠疫情全球蔓延的背景下，监管金融业时不能损失其杠杆作用。必须保证金融监管有利于经济增长这一本质功能的实现，同时维护消费者金融权益与金融安全现状。根据以往经验，发达国家主要通过立法推动金融监管改革，同时制定国家级相关法律保障金融消费者的权益，进一步健全衍生、结构性金融产品监管的相关法律法规，如适时修改银行法、证券法和保险法等相关法律，并在此基础上，综合构建我国特色的金融法律体系。

四、提高中资银行竞争力

鉴于中方股东与外资股东之间的博弈，已不再仅仅局限于对控股权的博弈，而逐渐蔓延到实质性的控制权领域。在银行业对外全面开放已不可逆转的情况下，只有中资银行自主创新能力和核心竞争能力的不断提高，才能有效遏制外资机构对中资银行实际控制权的激烈争夺。中资银行应以“引资”为契机，以“引制”“引智”和“引技”为目的，通过股权合作而开展中外银行间的深层次合作，积极借鉴外资机构在公司治理、经营管理、风险控制、新业务开发和金融创新等方面的先进经验，显著提高中资银行的国际化水平、自主创新和综合竞争能力，从根本上确保外资参股后的中国银行业控制权和金融安全。

五、推进利率和汇率市场化改革

1993—2015 年，从利率市场化的提出到银行存款利率上限被取消，中国利率市场化改革已经阶段性告一段落。然而目前的利率市场化似乎形式主义更浓，长期的政策惯性在利率形成机制上仍然存在不少实质性的烙印：例如“双轨制”仍是主要的利率传导模式；不同规模的金融机构定价机制不一，规模大的诸如 6 大行受到管制较多而小型金融机构定价完全随市场波动；中小企业贷款仍然遭受不公正的差别对待，大型企业贷款则面临预算软约束，总体而言利率传导过程淤堵；政府、监管方式、投资者的传统认知并未完全打破。以上种种皆阻碍了利率市场化的进程。也因此，目前我国利率工具依旧不能灵活地调节资金供求，但行业如今面临着市场化的大方向，强调“利率调控”在金融市场中的大量运用。因此，在利率市场化完成初期，为从货币政策调控次要角色升级为主要角色，存在缺陷的利率调节工具会导致市场资源错配、价格紊乱和社会风险偏好上升等乱象，造成实体经济经营压力加重和金融系统性风险骤增的经济后果。两者都会威胁到金融系统安全和实体经济的平稳运行，其中后者的危险系数更大。但结合西方发达国家的经验，从长期目标来看，更多学者赞成利率市场化具有能够降低商业银行的风险承担、优化银行治理结构、抑制企业杠杆上升等的功能，从而使金融发展更加稳定。外汇汇率的变化显著影响我国对外债务的安全性和证券市场的稳定性。在近年来的中美经贸摩擦、新冠肺炎疫情爆发、全球经济衰退、国际金融市场动荡等复杂的外部冲击中，人民币汇率均能迅速调节并最终回归均衡，发挥自动稳定器的作用。人民币汇率弹性功不可没。

第二节 确保银行业控制权与金融安全的具体政策措施

确保中国银行业控制权与金融安全的具体政策措施包括：完善保护银行业控制权的相关法律法规、加强中资银行股权结构及外资引入的审查、建立大数据时代下金融安全协同治理体系、确保6大商业银行的绝对控股地位、确保大多数中小商业银行的控制权和建立存款保险制度。

一、完善保护银行业控制权的相关法律法规

目前中国关于外资参股后银行业控制权方面保护的法律法规并不健全，缺乏相关的配套法规，因此完善相关的法律法规迫在眉睫。具体来说可以通过以下途径：

1. 不同类型的银行设置不同的外资参股比例。根据“抓大放小”的总体思路，对6大商业银行和12大股份制银行应继续维持银保监会规定的比例限制不动摇，即单个外资机构参股比例不得超过20%，多个外资机构参股同一中资银行的比例合计不得超过25%；对其他商业银行可在适度保护的前提下，进一步放宽外资参股比例限制。

2. 设立金股制度。由于6大商业银行和12大股份制商业银行的国有大股东，通常是财政部、汇金公司、社保基金、地方政府、国家控股的重点大型国有企业等，极易出现内部人控制的现象，为保证国家对中国银行业的总体控制，中国可借鉴英国经验设立金股制度，在6大商业银行和12大股份制商业银行控股权与控制权变动危及国家金融安全的时候，可立即利用金股股份行使表决权。

3. 制定中资银行第一大股东管理办法。由于获得了第一大股东地位，在某种程度来说就获得了实际控制权。因此，应从制度上确保大多数商业银行的第一大股东为中资股东。6大商业银行应明确规定外资不能成为第一大股东；12大股份制商业银行应控制外资机构成为第一大股东的数量，对已经成为第一大股东的外资机构，可通过金股等制度对其实际控制权进行严格约束；其他银行，对外资

机构通过直接投资、增资扩股、期权投资、联合“中国境内分行”投资等路径企图实现从参股到控股的行为执行更严格的控制制度。

4. 制定中资银行实际控制权管理办法。由于控股权与控制权、名义控制权与实际控制权的分离，外资机构可以通过非控股方式获得中资银行的实际控制权，因此，应制定中资银行实际控制权管理办法。对外资机构通过签订投资协议、附加霸王条款、利用关联交易、凭借技术优势、多方金融参股等路径企图获得中资银行全部或部分控制权的行为，执行更严格的控制制度。

5. 设计银行业反垄断制度。外资大规模参股中资银行并逐渐混业经营，从长期看很可能形成垄断态势。因此，应设计银行业反垄断制度。银行业反垄断制度可包括两方面的内容：其一，报批义务制度，即规定外资参股中资银行达到一定程度、股权变化、涉及混业经营时应及时报批；其二，积极审查制度，即规定监管当局有主动审查垄断情形的权利。

二、加强中资银行股权结构及外资引入的审查

由于财务投机者的参股目的为短期投资，在股权锁定期结束后可能会撤资，造成中资银行的股权波动，给中资银行带来金融风险。因此，中资银行在境外引资前应强化对战略投资者与财务投机者的甄别，从源头上防止财务投机者进入。同时，在境外引资后应禁止非投资交易以防止非投资交易财务投机者从中资银行攫取利润，并且通过延长股权锁定期以防止短期财务投机者进入，通过限制持股比例以防止长期财务投机者进入。除了使用上述措施防止财务投机者给中资银行带来的金融风险，还应防范引入战略投资者带来的控制权风险。中资银行应在引进境外战略投资者的同时引进民营股东、法人股东，通过深化混合所有制改革构建“适度集中与多股制衡”的股权结构。

三、建立大数据时代下金融安全协同治理体系

在科技高速发展的今天，金融体系越来越受到现代科技手段的影响，金融科技的出现为进一步加强金融服务实体经济的能力、助力我国高质量发展调整注入了新的活力。然而，科技创新对于金融产品的创新和金融体系的维稳来说是把双刃剑，在提高金融运行效率的同时也容易引发监管漏洞，进而增加市场的金融风

险。如我国互联网金融频频暴雷的 P2P 平台事件，其相较于实践过于落后的监管政策对金融监管提出了新的挑战。还有一些互联网金融平台钻了分业监管的漏洞，集证券、银行等多项业务于一身，游走在监管的灰色边缘地带，危害我国金融安全。这些问题的暴露，使金融科技被监管部门重点关注。在此背景下，银行业作为金融体系中的重要“造血”和“输血”机构，更需要在合理运用金融科技的先进创新优势时兼顾金融安全。具体实施措施如下：

第一，改革监管体制，优化监管模式。2008 年金融危机之后，英、美两国分别将英格兰银行和美联储调整为金融监管主体，使本国监管权力得以统一，这项举措有利于及时地预警、应对并全面掌控本国的系统性金融风险。借鉴发达国家先进经验，首先我国应授权中央银行监管中心地位，在其原有的诸如制定货币政策等宏观调控权限上进一步赋予央行微观审慎监管功能，综合监管模式相较之前的分业监管模式权力更加集中，监管模式的转换更及时，更能满足政府维护金融安全的需要。因此，授权中央银行监管中心地位是适应金融发展新形势的必然要求。其次，2020 年 9 月 13 日中国金融业正式开启由分业经营向混业经营的转变，为契合金融发展的实际，监管模式应该从分业监管转向功能监管和行为监管。最后，互联网金融监管缺位的原因可能是监管技术和监管能力落后导致的，监管机构应该不断学习现代金融监管技术提高自身的监管能力，学习先进的监管技术，熟悉了解互联网金融业务流程，来提高监管效率并削弱监管失灵风险。

第二，完善相关法律法规，加强互联网金融行业准入审核。为保证互联网金融行业的有序运行，必须依据行业的发展现状，制定适宜的法律法规。互联网金融行业的主体风险乱象大多是由于模糊的审核规定降低了准入壁垒所导致，资质不够的企业带来的市场逆向选择增加了金融风险，因此，把控好互联网金融的准入关口就成为维护金融安全的关键所在。当然准入限制也不能过于严苛，否则会产生挤兑效应，抑制行业健康发展。因此，应该把审核准入资格的重点放在注册资金规模和是否具备行业资质两个方面，并依照行业自律协会所制定的具体规范运行，这样有利于提高行业整体的素质，帮助缓解“劣币驱逐良币”的问题，提高高素质高质量企业的初期存活率。对于网络借贷平台而言，其主要通过为资金供需双方提供信息来获取中介费用，应该禁止企业设立资金池，对于其他类型的互联网金融产品，也应该出台相应的法律规范来确保行业间的公平竞争，降低相关风险。对于第三方数字金融平台的投资理财业务，金融监管部门需要通过书面政策文件规定第三方数字金融平台投资理财业务的规模上限，但凡监测到第三方数字金融平台的投资理财业务总资产超越阀值，当立即责令其停止该业务，以此来降低第三方数字平台过高收益率引发的银行业存款资金金融脱媒效应，帮助稳定银行业系统性风险。

第三，设立消费者金融保护机构，完善投资者保护立法。金融投资者即金融产品的消费者，作为金融风险产生的主要载体，其行为密切影响着金融市场是否能健康运行，因此，保护金融消费者的投资权益就成为维护金融安全的重要路径之一。根据英、美两国的案例，必须通过设立专门的机构保护消费者的金融权益。中国亦应当如此，目前中国的监管机构担任着保护金融消费者和促进金融稳定发展的双重责任，如果对金融消费者的保护削弱了金融发展速度，监管机构很可能就会暗中纵容金融机构对消费者的损害行为，难以达到保护消费者权益的目的。因此，需另设立专门的权力机构，全权负责消费者保护事宜。更进一步，要健全具体相关的法律法规，确保消费者在金融市场中权益保护有法可依，并最终通过对事前、事中、事后三个阶段分别进行引导、监督和处置，形成消费者权益保护法律法规体系。同时，还要根据国内外互联网金融市场的运行规律、国内外市场环境等相关性较高的外部因素，建立消费者权益保护法律体系的动态改善办法，最终实现“投资主体风险”的大幅降低。

第四，加强互联网金融基础设施建设，推进建立全国征信体系。我国的金融基础设施建设不足，目前尚未建成互联网金融发展所需要的信用平台，各家金融企业不得不依靠自己开拓客户时建设的信用体系，金融企业间的差异造成了信用标准的混乱，另一方面普遍规模较小的互联网金融公司受限于平台构建的技术实力，可能会泄露客户个人的信息资料，引发信息安全风险。因此，互联网金融公司亟须政府或者独立第三方建设全国统一的征信体系，在顺利助推我国金融稳步发展的同时也有助于提升个人与机构的信贷违约成本，抑制金融风险的增加。此外，金融基础设施的落后也会导致金融安全预警系统的缺失，使监管当局无法对系统性金融风险进行顶层预测并加以防范，也无法及时发现潜在的风险源，因此加大了承受金融风险爆发后破坏性的后果的几率，市场的金融安全遭受打击。需要注意的是，在征信系统和风险预警系统设立的过程中，制定统一的信用标准和评级方法与个人隐私信息保护同样重要，中央监管机构负责制定相关的征信模型，次级金融或监管机构负责搜集和传递信息，同时加以严谨的信息保密制度，可以较大程度上规避信息安全风险。

第五，充分借助新数据和新技术，动态监管新风险源。科技发展让新型金融风险层出不穷。传统上的结构性数据很难实时跟踪金融机构的微观风险状况。充分利用 Python 等计算机软件收集新闻和社交媒体等开放的另类数据，可从不同视角及时洞察市场状态，更丰富的信息也提高风险评估和预测准确性，因此非财务数据也是衡量金融安全的一个不可忽视的视角。另类数据帮助监管当局寻找到金融业的风险潜在点和爆发点，使其能够更为动态地对风险传染源与脆弱点进行甄别和着重监管。

第六，以数字技术为基础，构建全国统一金融数据库。目前我国的金融监管水平与西方发达国家仍存在不小的差距，但我国在云计算和大数据方面技术发展处于全球领先地位。因此，可以充分发挥我国技术优势，完善金融监管方面的基础设施，为未来的我国金融监管的快速发展打下基础。比如，在央行的牵头下，建立一个跨行业，包含整个金融领域，实现保险、证券、银行三合一的大型的金融数据库，为未来监管当局进行金融风险测算、评估等维护金融安全的职责提供量化可视的数据。

第七，构建金融业务共享网络平台，促进银行间合作共赢。金融监管部门应当在大数据时代下积极构建银行业内部数字化金融业务的共享网络平台，敦促银行业在该共享网络平台上逐步开展存贷及理财业务，以此促进银行传统业务的数字化转型升级。并且，金融监管部门应当在数字化金融业务共享网络平台上引导银行间的公平有序竞争，并鼓励不同银行不同部门间开展数字化业务的双向合作，推进银行业尽早实现“1+1>2”的竞合关系，提升银行业的金融资源配置效率，进而抑制银行业系统性风险的增加。

四、确保六大商业银行的绝对控股地位

由于工行、农行、中行、建行、交行和邮储银行 6 大商业银行在中国金融业的特殊地位，外资参股 6 大国有商业银行，直接影响到国家的金融安全。虽然到目前为止，国家股在中国 6 大商业银行中占绝对控股地位，但如果国家股的全流

通将稀释国家控股比例，可能使国家股无法保证对银行的绝对控制权。以交通银行为例，汇丰银行的持股比例只比财政部低5%左右，如果国有股继续减持，汇丰银行很可能获得交通银行的第一大股东地位。金股是出现于20世纪80年代的一种股权创新，其抛弃了部分的表决以及收益等权利，而是着重于否决权，这种特性使得金股持有人更好地维护自己的利益不受侵害。为此，国家可以在6大国有商业银行设立金股，在涉及国家金融安全的时候，可直接利用金股股份行使表决权。

五、确保大多数中小商业银行的控制权

目前中国银行业外资参股政策仅仅从形式上限制了外资金融机构的参股比例，然而，“控股”并不能完全等同于“控制”，仅仅通过禁止外资“控股”的规定来禁止外资“控制”是不够的，外资还可以通过非绝对控股的方式取得中资银行的控制权。特别是在中国中小股份制商业银行股权呈高度分散及公司治理结构不完善的情况下，外资金融机构极易取得中资银行的实质性控制权。因此，国家应通过法律制度和政策导向在中资银行的实际控制权方面进行适当保护，防止国际资本大举控制中国中小股份制商业银行。

六、建立存款保险制度

目前中国处理金融机构危机的救济制度主要是央行贷款救助机制，即由央行充当最后救助者的角色，这种制度实际上是以国家信用为整个银行业提供的一种隐形担保。外资大规模参股中资银行后，如果继续采用央行贷款救助机制，监管当局就会面临两难选择：由央行提供最后贷款给有外资参股的银行，有限的国内金融资源就会被外资所利用，并且还有可能滋生大量的道德风险，违背银行业引进外资的初衷；如果央行不实施救助，就会导致国内金融业的动荡，危及中国金融安全。因此，借鉴西方经验，建立一个公开、完备的存款保险制度已迫在眉睫。美国自1933年《格拉思-斯蒂格尔法》建立联邦存款保险公司（FDIC）后，到目前为止全美约97%的银行存款人的存款接受FDIC的保险。我国于2015年5月出台实施《存款保险条例》。存款保险制度作为金融安全机制的重要一环，它为我国利率市场化、设立民营银行试点、实现金融深化改革提供了合适土壤。该

制度进一步保护了存款人的权益，可以有效防范市场化金融风险。存款保险绝不只是强调对风险后果的接盘，存保公司自接受保险后，就承担起了发现和解决风险的义务和责任，因此存款保险既是一种事后风险控制手段，也是一种事前风险防范手段，不仅可以分担央行的责任，而且可以从法律、体制以及经济上对外资参股银行的安全运行进行有效约束。然而风险往往站在繁荣的阴影中，不易被发现，这就要求存保公司掌握成熟的银行运营情况评判方法和解决风险的能力，还要借鉴国际银行业监管标准《巴塞尔协议》和发达国家的先进做法。除了政府，行业自身也对监管负有责任，甚至行业自身的监管反而更高效，因为银行往往对自身行业更了解。因此，政府可适当分权至更多相关责任部门，共同参与到银行监管中。存款保险的积极效应显著，其是否也存在弊端呢？当然。存款保险制度很可能诱发银行的道德风险。对于个人来说，在存款安全能得到有效保障时，往往会选择更多的存款利息。因此，严重濒临破产的银行往往更愿意提供高息来吸引顾客，因为破产总能得到存款保险来处置善后，还不如优先攫取利润。因此，一些规模小、资金少、资产价值低的小银行反而通过提供平常业务中的高利率迅速扩展壮大，产生“劣币驱逐良币”的逆向驱逐效应，挤兑了大银行的发展空间，而小银行产生的风险不断积聚，一旦爆发，银行破产，将破坏整个行业的秩序和公众信任感。存款保险制度会诱发商业银行赌徒心理，从而导致其冒险行为。在该过程中，经营稳健的银行有可能受损，而竞争力弱、风险度高的银行却能获得好处，这违背了存款保险制度初衷。最终导致整个银行业系统性风险，使得银行发展缺乏约束。综上所述，具体建议如下：

第一，完善存款保险制度的设计。通过建立多维度的风险监测体系，提高存款保险制度有效性。存保机构可以根据外部环境的变化，灵活对银行开展压力测试，拟定需要进一步关注的名单。将定期核实投保银行核心指标数据的真实性等措施流程化，充分发挥存款保险制度的早期纠错功能，尽早识别处置高风险承担银行的赌徒行为。

第二，健全银行信息披露制度。健全的信息披露制度大大增加了银行与公众的信息透明度，市场监管机制也因此更高效地发挥作用，因此应完善相关法律法规，让银行披露更全面、更真实的财务数据；同时加强惩罚机制，严格对问题银行实施纠正措施，增加其存款保险费率，并在媒体上通报其违规行为，达到市场监管震慑的作用。并且，信息披露制度也应进一步要求政府和媒体有将信息传递给公众和决策者的义务，帮助公众理性决策，减少金融市场的逆向选择。

第三，加强对小型、高风险银行的事前监管。小银行同质化高，一旦风险爆发就具有极强的传染性，对高风险投保银行风险提前进行有效识别、监测、管理可以很大程度遏制该银行的投机性行为，并尽早作出处置，规避其导致的相关风险。

第四，鼓励银行间建立有效合作模式。存款保险制度依托于利率的市场化，使银行的运营风险增加。当银行间存在有效合作机制时，例如互持股份，可以通过信息共享获得更多的技术和资金保障，从而在面对市场风险时，拥有更多的优势。同时建立有效合作机制的银行一定程度上能够互相监管，降低风险的发生。

第五，完善相关的金融法律法规。大多数发达国家通过订立《存款保险法》引导银行投保，国内有关银行等金融机构破产的法律较为薄弱，一旦银行破产，存款人难以追回自己的权益。因此全面强制实行存款保险的同时，也需要依托相应的法律法规来明晰银行等金融机构破产时的责任与义务。因此完善的法律、金融和财务规定是存款保险机构发展的基础，确保了其专业化、技术化的事前防范和事后控制功能的履行。

本 章 小 结

本章从原则导向和具体措施两个方面，提出了确保中国银行业控制权与金融安全的建议。确保中国银行业控制权与金融安全的原则导向包括：坚持独立自主，防范系统性风险，完善金融监管机制，提高中资银行竞争力，推进利率和汇率市场化改革。确保中国银行业控制权与金融安全的具体政策措施包括：完善保护银行业控制权的相关法律法规，加强中资银行股权结构及外资引入的审查，建立大数据时代下金融安全协同治理体系，确保六大商业银行的绝对控股地位，确保大多数中小商业银行的控制权和建立存款保险制度。

第七章 外资参股、股权结构与中资银行风险承担

第一节 问题提出与文献述评

一、问题提出

股权结构是公司治理的基础，中资银行引进外资股东是将外资股东定义为战略投资者，希望通过多元化的股权结构改革，在中资银行内部形成不同性质股东相互制衡的股权结构，从而实现优化公司治理、降低中资银行风险承担的目的。然而实践中，外资股东逐利的本性决定了其极易从名义上的战略投资者蜕变为实质上的财务投机者，外资股东的投机行为又会导致中资银行风险承担的增加。那么，外资股东参股的基本特征与中资银行的风险承担有着怎样的关系？外资参股而导致的中资银行股权结构变动与中资银行的风险承担有着怎样的关系？如何制定合适的外资参股政策以降低中资银行的风险承担？诸如此类的问题均是中资银行境外引资亟待解决的重大现实课题。

鉴于此，本章将从三个方面展开研究：其一，研究外资参股基本特征（外资是否参股、外资持股比例）与银行风险承担的关系，目的是从总体层面检验中资银行引进外资股东对公司治理尤其风险承担的效果；其二，研究股权结构特征（股权集中度与股权制衡度）与银行风险承担的关系，目的是探讨有助于中资银行风险控制的股权结构类型；其三，研究外资参股对股权结构与银行风险承担的调节效应，目的是检验外资股东对完善中资银行股权结构、优化公司治理从而降低银行风险承担的具体作用。

相比于现有研究，本章主要贡献体现在：

其一，现有研究局限于外资参股与银行风险承担或股权结构与银行风险承担等两两变量的研究，缺乏将三者结合起来进行系统研究的成果。本章全面研究了外资参股、股权结构与银行风险承担的关系，从而为系统研究外资参股对中资银行风险承担的影响提供了一个新的完整视角。

其二，现有关于股权制衡度对银行风险承担的研究多局限于规范研究，缺乏实证方面的研究成果。本章采用实证研究方法，研究了股权制衡度与银行风险承担的关系以及外资参股对其的强化作用，从而为深入研究外资参股对中资银行风险承担的影响提供了一种新的验证方法。

其三，现有研究范围局限于大型商业银行，缺乏关于城市商业银行的研究成果，研究结论代表性较差。本章将研究范围从上市商业银行拓展至城市商业银行，将研究样本从十几家扩大到 61 家，研究结论更有代表性，从而为全面总结外资参股对中资银行风险承担的影响提供了一种新的路径。

本章的研究成果将为制定合适的外资参股政策以降低中资银行的风险承担提供有价值的建议。

二、文献述评

目前国内外学者主要集中于研究上市商业银行外资参股与银行风险承担或股权结构与银行风险承担等两两变量之间的关系。

关于外资参股与银行风险承担的关系，主要有正相关论、负相关论、倒 U 形论与无关论四种代表性观点。正相关论者认为，外资参股对引资银行的效果非常明显，引进外资银行先进的管理理念和风险控制技术，会改善银行的治理机制，从而有效地抑制银行的风险行为（Choi，Hasan，2005；张宗益，宋增基，2010；李世华，尹应凯，2012；Rostislav，2012；陈伟平，冯宗宪，2015；Cheng，Geng，Zhang，2016）。负相关论者认为，外资参股会改变银行的股权结构进而稀释引资国对银行的控制权，弱化引资国的宏观政策对引资银行的控制，导致引资国银行风险承担增大（Claessens，Bongini，Ferri，2001；Unite，Sullivan，2003；谈儒勇，丁桂菊，2005；卢嘉圆，孔爱国，2009；Bonin，Hasan，Wachtel，2013）。倒 U 形论者认为，外资参股与否、外资持股比例均存在拐点，拐点前后其与银行风险承担的关系不一致（Tacneng，2015；刘家松，张博，2015）。无关论者则认为外资参股与银行风险承担之间没有显著的相关关系（吕剑，2006；Ullah，等，2014）。

关于股权结构（股权集中度、股权制衡度）与银行风险承担的关系，主要有积极效应论与消极效应论两种代表性观点。积极效应论者认为，外资参股后相对分散的股权结构更能体现引资银行股权结构多元化的特征，而适度集中并相互制衡的股权结构也更能够降低引资银行的风险承担（李维安，曹廷求，2004；王晓枫，吴丛根，2011；Kouki，Mabrouk，2016）。消极效应论者认为，股权集中度较高即一股独大的股权结构会造成大股东侵蚀中小股东权益的现象，中小股东对大股东的监督与牵制权徒有虚名，引进外资股东并不能改变银行的风险承担（Teresa，Dolores，2008；Buch，Sandra，Esteban，2010；江俊蓉，宫鹏浩，2015；戴国强，刘兵勇，2016）。虽然两种观点都认为外资参股会影响引资银行的股权结构与银行风险承担，但均没有深入研究外资参股对引资银行股权结构与银行风险承担的调节作用，而且关于股权制衡度与银行风险承担的研究仅限于规范研究。

可见，现有研究的局限性在于：其一，仅限于两两变量之间的研究，缺乏关于外资参股对股权结构与银行风险承担调节作用的研究；其二，关于股权制衡度与银行风险承担关系的研究，多局限于规范研究，缺乏实证方面的研究成果；其三，研究范围仅限于上市商业银行而没有囊括城市商业银行，研究样本的广适性较差。

第二节 理论分析与研究假设

金融脆弱性理论、战略管理理论和委托代理理论，分别从不同角度解释了外资参股、股权结构与银行风险承担的关系。

金融脆弱性理论从银行风险的形成原因方面解释了外资参股与银行风险承担的关系。外资股东参股中资银行，能够改变中资银行的外部环境，同时，外资股东的参股会使中资银行的股权结构多元化，引进先进的银行治理机制，对中资银行原有的银企关系进行重构，使中资银行在选择贷款对象、贷款方式及贷款收回等方面更加合理，使中资银行的信贷量在其可控范围内变动，保证银行信贷资金的稳定性，维持良好的资金供求关系，从而降低中资银行的风险承担。

战略管理理论从企业战略联盟的优势互补方面解释了外资参股与银行风险承担的关系。对外资股东而言，战略投资于中资银行可以绕开各种政策限制，低成本地进入中国银行业而分享中国经济快速增长的成果；对中资银行而言，引进外资战略投资者，可以在弥补资本金不足的同时，引进先进的技术和管理经验，提高银行的核心竞争力。外资股东与中资银行的战略联盟可达到优化互补双赢的目的，由此中资银行的风险承担得以下降。

委托代理理论从股权结构方面解释了外资参股与银行风险承担的关系。由于历史原因，中资银行股权结构较为集中，因委托代理而导致的“大股东控制问题”和“内部人控制问题”都非常严重。引进外资股东后，中资银行可以变集中型股权结构为分散型股权结构，形成大股东与中小股东相互制衡的局面。分散型股权结构，既能够避免“大股东控制问题”，又能够解决“内部人控制问题”，从而提高中资银行的经营绩效，降低银行的风险承担。

一、外资参股与银行风险承担

银行引进外资股东是基于银行内部治理更高的战略管理之上的决策，可适应现代银行的竞争环境（Covin，Slevin，1989）；外资股东为保证其话语权，通常会向中资银行派驻董事，其直接作用表现为引资后中资银行的董事会结构会得以优化、专业素养得以提高以及董事会的独立性得以增强，并能很好地监督管理者的投机行为（魏涛，李平，2012）；外资参股通过变革中资银行的管理会计、改进中资银行的经营模式和信息技术，从而达到减少中资商业银行风险承担的作用（戴璐，汤谷良，2014）。可见，中资银行引入外资股东的优势体现在：第一，外资参股可以给中资银行带来大量的资本金，《巴塞尔协议》确定了银行风险管理体系的核心为资本监管，而引资可以使中资银行迅速提升资本充足率、增强偿债能力并提高抗风险能力；第二，中资银行的股权结构在外资股东参股后能够得到优化，对大股东进行有效的制衡进而改变其决策方式；第三，外资参股可以给中资银行带来先进的内部治理机制，完善的风险控制制度、丰富的风险检测经验及科学的量化工具、模型设计和计量方法的运用，能够在很大程度上降低中资银行的风险承担。

因此，本章提出假设：

H1：与未引入外资的中资银行相比，引资后的中资银行风险承担较低。

外资股东进入中资银行市场的深度和影响程度直接由其参股比例所反映（李双杰，宋秋文，2010）；外资股东参股中资银行的比例越大，向中资银行传授先进风险控制技术和管理经验的意愿会愈强，对中资银行的正向效果也就越明显（Cheng，Geng，Zhang，2016）；当外资股东的参股比例较低时，外资股东主要靠赚取股票等金融产品差价的投机方式获利，是财务投机者，对完善中资银行的治理结构成效甚微，只有当其持股比例上升到战略投资者的层面之后，外资参股才能够增强中资银行的盈利能力和抗风险能力（刘家松，聂宝平，2016）。可见，外资股东参股中资银行的比例越大，拥有的话语权越多，作为战略投资者参与中资银行治理的意愿和能力越强，短期投机行为就会减少，外资股东与中资银行的长远利益就会保持一致，中资银行的经营绩效就会上升，银行的风险承担就会下降。

因此，本章提出假设：

H2：外资参股中资银行的比例越高，参股后中资银行的风险承担越低。

二、股权集中度与银行风险承担

银行作为金融业的核心组成部分，其特殊性的地位决定了集中型的股权结构普遍存在于银行业之中（Claessens，Bongini，Ferri，2001）；银行股权集中度较高，即大股东拥有绝对的控制权时，中小股东对其约束力自然而然较弱，此时银行风险承担较大，原因在于缺乏中小股东制衡的大股东通常会选择激进的投资策略（江俊蓉，宫鹏浩，2015）；缺乏股权制衡，集中度较高的银行会使大股东更有机会和动机使用关联交易等手段进行资金套现，使中小股东的利益受到损害（Buch，Sandra，Esteban，2010）。可见，当银行股权集中度较大时，管理层可能会直接代替大股东的意志，两者之间建立起长期稳定的合作关系，管理层由于面临股东造成的压力较小，可能怠于履行自己的职责，从而出现第一层面的代理问题。同时股权过于集中会导致大股东侵蚀小股东的权利，在缺乏股权制衡的前提下，民主决策形同虚设，大股东直接和间接控制重大决策，中小股东实现不了参与公司决策的权力，从而出现第二层面的代理问题。这两个层面的代理问题都会侵蚀中小股东的利益，不利于中资银行的风险控制。

因此，本章提出假设：

H3：股权集中度与银行风险承担呈正相关关系。

三、股权制衡度与银行风险承担

股权结构相对分散，制衡度较大的银行其风险承担较低（戴国强，刘兵勇，2016）；外资股东通过增持中资银行的持股比例，扩大其自身的话语权来达到制衡中资银行大股东的目的，可以降低中资银行的风险承担（魏涛，李平，2012）。可见，股权制衡度的提高有利于使银行由“一股独大”的股权结构发展为“多股均衡”的股权结构，由一个大股东发展为多个大股东。此时所有股东的权力可以通过多个大股东的相互制衡得以实现，银行管理层的行为更易受到监督，管理者的“道德风险”更易减少。同时，外资股东参股中资银行或者继续增加其持股比例，也是增加银行股权制衡度的一种表现形式。外资股东作为投资者，为追求其在中资银行的投资回报，势必会将先进的管理理念和内部治理方法一并带入中资银行，同时也在一定程度上平衡了股权集中与分散之间的矛盾，使中小股东的利益得以保护，对于降低银行风险承担有着重要的作用。

因此，本章提出假设：

H4：股权制衡度与银行风险承担呈负相关关系。

H5：外资参股可有效强化股权制衡度降低银行风险承担。

第三节　研究设计与实证检验

一、研究设计

（一）样本与数据来源

本章以中国商业银行2012—2020年的相关数据为研究样本，由于受到数据的可获得性限制，故将截面数据与时间序列数据相结合，形成非平衡面板数据。

通过手工收集银行年报以及涉及相关信息披露的新闻报道等获取本章的研究数据，剔除缺失值后，得到有效银行样本61家，有效数据455条，其中，国有大型商业银行5家，股份制商业银行12家，城市商业银行44家；引进外资股东的中资银行24家，未引进外资股东的中资银行37家。

本章的数据来源由银行层面和宏观层面的数据组成。其中上市商业银行的数据直接从Wind数据库中下载获得，未上市的城市商业银行的数据主要通过手工搜集的方法获取；宏观层面的数据主要来源于国家统计局的官方网站。本章采用STATA13.0进行相关的数据处理。

（二）变量定义

1. 被解释变量：银行风险承担变量

银行风险承担变量（RISK）是本章的被解释变量。银行风险承担主要用来测量出现资不抵债的情况时银行承担风险的情况，是包括业务操作风险、市场风险和流动性风险在内的所有风险的综合结果。国内外学者普遍认为衡量银行贷款风险的指标为不良贷款率（NPL），基于贷款在银行业务中的主业地位以及数据可获取性的因素，本章参考杨有振和赵瑞（2010）的做法，将衡量银行风险承担的变量定义为银行的不良贷款率（NPL）。不良贷款率为中国商业银行的不良贷款额与银行贷款余额之比。

2. 解释变量

（1）外资参股变量。为对中资银行引进外资股东进行考察，本章参考王涛和蒋再文（2011）、姜凌和曹瑜强（2013）等的做法，设置是否引进外资变量（FSI）、外资参股中资银行持股比例变量（FSIS）两个变量。其中，使用虚拟变量法对外资是否参股中资银行变量进行定义，若外资股东参股了中资银行，则取值为1；否则，取值为0；外资股东参股中资银行持股比例变量（FSIS）为中资银行引进的外资股东持股比例之和。

（2）股权集中度变量。本章选用CR指数计量，其中S1、S5、S10分别表示前一、五、十大股东持股比例之和。

（3）股权制衡度变量。本章设置第二大股东持股比例与第一大股东持股比例的比值Z1、第二至第五大股东持股比例之和与第一大股东持股比例的比值Z5、第二至第十大股东持股比例之和与第一大股东持股比例的比值 Z10 作为股权制衡度的代理变量。

3. 控制变量

本章的控制变量由银行层面变量和宏观层面变量组成。其中银行层面的控制变量参考黄隽和章艳红（2010）的研究，共采用总资产收益率（ROA）、资本充足率（CAR）、银行规模变量（SIZE）、资产负债率（LEV）四个控制变量；宏观层面控制变量参考牛丽娟（2015）、何维达和于一（2011）的研究，共采用通货膨胀率（INFLA）、实际 GDP 增长率（RGDP）、M2 增长率（RM）三个控制变量。本章采用银行总资产的对数作为银行规模的代理变量。各变量的具体定义如表 7-1 所示。

表 7-1　　**变量描述表**

变　量		计算方法
被解释变量	RISK	（次级类贷款+可疑类贷款+损失类贷款）/各项贷款×100%
解释变量	FSI	虚拟变量，中资银行引进外资股东取 1，否则取 0
	FSIS	各外资股东参股中资银行的持股比例之和
	S1	银行第一大股东持股比例
	S5	银行前五大股东持股比例之和
	S10	银行前十大股东持股比例之和
	Z1	第二大股东持股比例与第一大股东持股比例之比
	Z5	第二到第五大股东持股比例之和与第一大股东持股比例之比
	Z10	第二到第十大股东持股比例之和与第一大股东持股比例之比
控制变量	ROA	总资产收益率
	CAR	资本充足率
	SIZE	银行总资产的对数
	LEV	银行负债水平：年末资产负债率表示
	INFLA	通货膨胀率
	RGDP	实际 GDP 增长率
	RM	M2 增长率

（三）模型设计

1. 为检验中资银行是否引入外资（假设 H1）以及外资持股比例（假设 H2）对银行风险承担的影响，本章参考王涛和蒋再文（2012）的研究模型设计回归模型（1）、（2）：

$$RISK_{i,t} = \beta_0 + \beta_1 FSI_{i,t} + \beta_2 SIZE_{i,t} + \beta_3 ROA_{i,t} + \beta_4 LEV_{i,t} + \beta_5 CAR_{i,t} + \beta_6 RGDP_{i,t} + \beta_7 RM_{i,t} + \beta_8 INFLA_{i,t} + \varepsilon_{i,t} \quad (\text{Model 1})$$

$$RISK_{i,t} = \beta_0 + \beta_1 FSIS_{i,t} + \beta_2 SIZE_{i,t} + \beta_3 ROA_{i,t} + \beta_4 LEV_{i,t} + \beta_5 CAR_{i,t} + \beta_6 RGDP_{i,t} + \beta_7 RM_{i,t} + \beta_8 INFLA_{i,t} + \varepsilon_{i,t} \quad (\text{Model 2})$$

2. 为检验股权集中度对银行风险承担的影响（假设 H3），本章参考戴国强和刘兵勇（2016），Shehzad、De Haan 和 Scholtens（2010），Haw 等（2010）的研究，设计回归模型（3）。其中，SN 为银行前几大股东持股比例之和。

$$RISK_{i,t} = \beta_0 + \beta_1 SN_{i,t} + \beta_2 SIZE_{i,t} + \beta_3 ROA_{i,t} + \beta_4 LEV_{i,t} + \beta_5 CAR_{i,t} + \beta_6 RGDP_{i,t} + \beta_7 RM_{i,t} + \beta_8 INFLA_{i,t} + \varepsilon_{i,t} \quad (\text{Model 3})$$

为检验股权制衡度对银行风险承担的影响（假设 H4），参考模型（3）设计回归模型（4）：

$$RISK_{i,t} = \beta_0 + \beta_1 ZN_{i,t} + \beta_2 SIZE_{i,t} + \beta_3 ROA_{i,t} + \beta_4 LEV_{i,t} + \beta_5 CAR_{i,t} + \beta_6 RGDP_{i,t} + \beta_7 RM_{i,t} + \beta_8 INFLA_{i,t} + \varepsilon_{i,t} \quad (\text{Model 4})$$

3. 为检验外资参股条件下股权制衡度对银行风险承担的影响（假设 H5），本章参考步丹璐、文彩虹和 Banker. R.（2016）的研究设计回归模型（5）：

$$RISK_{i,t} = \beta_0 + \beta_1 FSI_{i,t} + \beta_2 ZN_{i,t} + \beta_3 FSI * ZN_{i,t} + \beta_4 ROA_{i,}t + \beta_5 SIZE_{i,t} + \beta_6 LEV_{i,t} + \beta_7 CAR_{i,t} + \beta_8 RGDP_{i,t} + \beta_9 RM_{i,t} + \beta_{10} INFLA_{i,t} + \varepsilon_{i,t} \quad (\text{Model 5})$$

二、实证检验

（一）描述性统计

表 7-2 的结果显示，银行风险承担（RISK）的均值为 1.19%，标准差为

0.0103，说明中资银行的风险承担在1%左右，其中标准差与均值的比例较小，说明各银行间风险承担值分布相对稳定，不同种类的银行差距较小。外资参股基本特征方面，FSI的均值为0.3406，说明约有34.06%的银行引进了外资股东；FSIS的均值为5.65%，标准差为0.0848，说明外资平均持股比例较低且各银行间相差较大。股权结构特征方面，S1的均值为23.93%，S10的均值为70.35%，说明中国银行的股权集中度较高；Z10的均值为2.7622，标准差为1.6835，Z10最小值只有0.07，最大值高达8.43，说明中国银行股权制衡度相对较好，但各银行间相差较大。

表7-2 主要变量的描述性统计结果

变量	观测值	均值	中位数	标准差	最小值	最大值
RISK	455	0.0119	0.0098	0.0103	0.0001	0.1397
FSI	455	0.3406	0	0.4744	0	1
FSIS	455	0.0565	0	0.0848	0	0.2499
S1	455	0.2393	0.1960	0.1637	0.0423	0.9201
S5	455	0.5668	0.5345	0.1954	0.1904	0.9739
S10	455	0.7035	0.7098	0.1698	0.3101	1
Z1	455	0.6619	0.6800	0.2554	0.0200	1
Z5	455	1.8252	1.7465	0.9609	0.0400	4.9200
Z10	455	2.7622	2.6237	1.6835	0.0700	8.4300
ROA	455	0.0113	0.0110	0.0038	-0.0004	0.0263
CAR	455	0.1268	0.1223	0.0250	0.0577	0.3067
SIZE	455	19.43	19.13	1.8656	15.95	23.82
LEV	455	0.9363	0.9381	0.0179	0.8692	0.9946

（二）实证结果与回归分析

1. 外资参股、外资持股比例与银行风险承担的回归检验

表7-3 Model 1中显示，FSI与RISK的系数在10%的水平下呈显著的负相关

关系，这与假设 H1 相符。这一结果表明中资银行在引入外资股东之后，其风险承担显著降低，即外资参股中资银行有利于降低中资银行的风险承担。其原因在于中资银行的治理结构会随着外资股东的参股而有所改变，能够对普遍存在股权结构单一问题的中资银行进行一定程度上的改进和完善。同时，中资银行的决策机制也会得到很大程度的改善，原因在于外资股东向中资银行董事会派驻董事能够增加其独立性，在进行相关决策时更加谨慎和客观。此外，中资银行能够将“引制”和“引智”紧密结合，使其管理水平和防御风险的能力通过向外资股东学习而得到改善。具体表现为制定适合自身客观实际的合作计划，针对风险控制的不同方面进行相对应的改进，量化相关资产管理的评价指标，提高资产质量，逐步降低中资银行的风险承担。

表 7-3 Model 2 中显示，FSIS 与 RISK 的系数在 5%的水平下显著负相关，这说明假设 H2 得到了检验，外资参股中资银行的持股比例与银行的风险承担呈负相关关系。其原因在于，随着外资参股中资银行持股比例的上升，外资投资者可能从财务投机者上升到战略投资者，而后者对于降低中资银行风险承担的作用显著高于前者，这从股东持股比例的角度解释了外资参股对于降低中国商业银行风险承担的积极作用。

表 7-3　　外资参股、外资持股比例与银行风险承担的回归分析

自变量	因 变 量	
	RISK	
	Model 1	Model 2
FSI	-0.0017^{*} (−1.81)	
FSIS		-0.0123^{**} (−2.34)
ROA	0.6935^{***} (5.63)	0.6576^{***} (5.25)
CAR	0.0567^{**} (2.46)	0.0558^{**} (2.44)

续表

自变量	因变量	
	RISK	
SIZE	-0.0003 (-1.62)	-0.0004* (-1.68)
LEV	0.1444*** (4.21)	0.1421*** (4.17)
INFLA	0.1374*** (3.30)	0.1414*** (3.40)
RGDP	0.0621 (1.22)	0.0589 (1.16)
RM	0.0798*** (4.71)	0.0813*** (4.80)
_Cons	-0.1760*** (-5.19)	-0.1732*** (-5.14)
N	455	455
Adj. R-sq	0.2775	0.2810
F	21.4124	21.7910

注：***、**、*分别表示在1%、5%、10%的水平下显著，括号里的数值为 t 值。

2. 股权集中度与银行风险承担的回归检验

表7-4中回归结果验证了假设H3，即股权集中度与银行风险承担呈正相关关系。根据列示在表7-4的相关数据可以看出：R2值均达到了0.27以上，表明模型的拟合度较好。回归模型3-1检验了第一大股东持股比例变量S1与银行风险承担变量RISK之间的关系。结果显示S1与RISK的系数在1%的水平下显著为正，表明第一大股东持股比例与银行风险承担呈显著正相关关系。第一大股东持股比例越大，银行的风险承担越高。回归模型3-2检验了前五大股东持股比例变量S5与银行风险承担变量RISK之间的关系。回归结果显示，S5与RISK的系数在1%的水平下显著为正，表明前五大股东持股比例与银行风险承担呈显著正

相关关系。前五大股东持股比例越大，银行的风险承担越高。回归模型 3-3 检验了前十大股东持股比例变量 S10 与银行风险承担变量 RISK 之间的关系。回归结果显示，S10 与 RISK 的系数呈正相关关系，且在 5%的水平下显著，这说明前十大股东持股比例与银行风险承担呈显著正相关关系。前十大股东持股比例越大，银行的风险承担越高。股权集中度的三个代理变量与银行风险承担的回归结果，验证了假设 H3，即股权集中度与银行风险承担呈显著正相关关系。

表 7-4　　**股权集中度与银行风险承担的回归分析**

自变量	因变量		
	RISK		
	Model3-1	Model3-2	Model3-3
S1	0.0069*** (2.72)		
S5		0.0055*** (2.58)	
S10			0.0044** (2.14)
ROA	0.7407*** (6.12)	0.7481*** (6.17)	0.7390*** (5.97)
CAR	0.0505** (2.21)	0.0493** (2.15)	0.0499** (2.46)
SIZE	−0.0004** (−2.02)	−0.0004* (−1.95)	−0.0004** (−2.35)
LEV	0.1388*** (4.08)	0.1378*** (4.04)	0.1373*** (4.15)
INFLA	0.1332*** (3.21)	0.1328*** (3.20)	0.1345*** (4.76)
RGDP	0.0532 (1.05)	0.0562 (1.11)	0.0557 (2.70)

续表

自变量	因变量		
	RISK		
	Model3-1	Model3-2	Model3-3
RM	0.0787*** (4.66)	0.0789*** (4.68)	0.0790*** (6.18)
_Cons	-0.1701*** (-5.07)	-0.1712*** (-5.09)	-0.1705*** (-4.83)
N	455	455	455
Adj. R-sq	0.2841	0.2829	0.2773
F	22.1261	21.9970	19.9931

注：***、**、*分别表示在1%、5%、10%的水平下显著，括号里的数值为 t 值。

3. 股权制衡度与银行风险承担的回归检验

表7-5中回归结果验证了假设H4与假设H5，即股权制衡度与银行风险承担呈负相关关系，外资参股强化了股权制衡度对银行风险承担的抑制作用。根据列示在表7-5的相关数据可以看出：R2值均达到了0.28以上，表明模型的拟合度较好。Z1与RISK的关系在模型4-1得到检验。结果显示，Z1与银行风险承担的系数在1%的水平上显著负相关，这说明在银行股权结构中，当第二大股东持股比例较高时，能较好地制衡第一大股东，有效抑制第一大股东做出相关高风险的决策，降低了银行的风险承担。模型4-2、模型4-3分别检验了Z5、Z10对银行风险承担变量RISK的影响。回归结果显示，Z5、Z10与银行风险承担的系数均在1%的水平上显著负相关。三个模型的回归结果表明，银行股权制衡度与其风险承担呈显著的负相关关系，验证了前文所提出的假设。同时，FSI * Z1与银行风险承担的系数在10%的水平下显著为负，FSI * Z5、FSI * Z10与银行风险承担的系数在1%的水平下显著为负，这都表明外资参股强化了股权制衡度抑制银行风险承担的作用，验证了假设H4与假设H5。

表 7-5　　股权制衡度与银行风险承担的回归分析

自变量	因 变 量					
	RISK					
	Model4-1	Model4-2	Model4-3	Model5-1	Model5-2	Model5-3
FSI				-0. 0033 (-1. 24)	-0. 0029 (-1. 51)	-0. 0035 ** (-2. 03)
Z1	-0. 0046 *** (-2. 80)			-0. 0022 (-1. 16)		
FSI * Z1				-0. 0067 * (-1. 87)		
Z5		-0. 0016 *** (-3. 84)			-0. 0007 (-1. 41)	
FSI * Z5					-0. 0022 *** (-2. 51)	
Z10			-0. 0011 *** (-4. 77)			-0. 0005 * (-1. 75)
FSI * Z10						-0. 0016 *** (-3. 30)
ROA	0. 7194 *** (5. 95)	0. 7294 *** (6. 08)	0. 7346 *** (6. 18)	0. 7049 *** (5. 76)	0. 7196 *** (5. 94)	0. 7316 *** (6. 12)
CAR	0. 0552 ** (2. 41)	0. 0522 ** (2. 31)	0. 0494 ** (2. 20)	0. 0597 ** (2. 61)	0. 0574 *** (2. 54)	0. 0549 ** (2. 46)
SIZE	-0. 0004 * (-1. 95)	-0. 0004 ** (-2. 04)	-0. 0004 ** (-2. 06)	-0. 0003 (-1. 60)	-0. 0003 (-1. 63)	-0. 0004 * (-1. 80)
LEV	0. 1451 *** (4. 26)	0. 1404 *** (4. 16)	0. 1396 *** (4. 17)	0. 1492 *** (4. 39)	0. 1448 *** (4. 31)	0. 1474 *** (4. 44)
INFLA	0. 1324 *** (3. 19)	0. 1315 *** (3. 20)	0. 1284 *** (3. 14)	0. 1375 *** (3. 32)	0. 1372 *** (3. 35)	0. 1351 *** (3. 35)
RGDP	0. 0497 (0. 98)	0. 0527 (1. 05)	0. 0535 (1. 08)	0. 0463 (0. 91)	0. 0487 (0. 97)	0. 0439 (0. 89)

续表

自变量	因变量					
	RISK					
	Model4-1	Model4-2	Model4-3	Model5-1	Model5-2	Model5-3
RM	0.0778***	0.0771***	0.0764***	0.0786***	0.0786***	0.0778***
	(4.62)	(4.61)	(4.60)	(4.68)	(4.73)	(4.74)
_Cons	-0.1716***	-0.1667***	-0.1653***	-0.1782***	-0.1743***	-0.1751***
	(-5.11)	(-5.00)	(-5.00)	(-5.30)	(-5.24)	(-5.33)
N	455	455	455	455	455	455
Adj. R-sq	0.2848	0.2955	0.3076	0.2778	0.2930	0.3122
F	22.2020	23.3878	24.7678	18.46	19.82	21.61

注：***、**、*分别表示在1%、5%、10%的水平下显著，括号里的数值为 t 值。

（三）稳健性检验

为确保实证结果的严谨性，本章进行了稳健性检验：中国商业银行可划分为国有商业银行、股份制商业银行以及城市商业银行，股权结构、经营区域等方面因素在不同的商业银行中存在差异性，通过影响银行的风险承担而增加回归结果的偏离性。本章加入银行类别变量作为控制变量，再次对原模型进行回归来进行稳健性检验。回归结果与主回归结果基本一致。

第四节 研究结论与政策建议

本章发现：外资参股与银行风险承担负相关；外资持股比例与银行风险承担呈负相关关系；股权集中度与银行风险承担正相关；股权制衡度与银行风险承担负相关，同时外资参股对股权制衡度与银行风险承担之间存在调节效应。据此，本章建议：（1）积极鼓励外资股东参股中资银行；（2）适度提高外资股东参股中资银行的持股比例；（3）推进形成“相对分散、多股制衡”的股权结构。

本章小结

本章基于外资参股基本特征与股权结构特征的双重视角，检验了 2012—2020 年 61 家商业银行外资参股与银行风险承担的关系。研究表明，外资参股与否、外资持股比例均与银行风险承担负相关，股权集中度与银行风险承担正相关，股权制衡度与银行风险承担负相关，外资参股强化了股权制衡度对银行风险承担的抑制作用。本章结论可为制定合适的外资参股政策以降低中资银行的风险承担提供理论依据和经验支持。

第八章　外资参股、董事会特征与商业银行经营绩效

第一节　问题提出与文献述评

董事会是公司治理的核心，商业银行境外引资并鼓励外资股东派驻董事，可达到完善公司治理、提高经营绩效之目的。如 2006 年 12 月，花旗银行以 20%的持股比例参股广发银行并派驻了 6 名董事。根据广发银行公布的年报数据分析，2007—2012 年花旗银行持股期间，广发银行的资本充足率从 7.14%逐步上升至 11.27%，不良贷款率从 4%大幅度降至 1.48%，总资产收益率也由 0.66%逐步增长至 1.08%。然而，也有商业银行境外引资并鼓励外资股东派驻董事，并没有达到完善公司治理、提高经营绩效之目的。如新加坡华侨银行自 2006 年 1 月参股宁波银行以来数次增持，持股比例从最初的 12.2%增至 2017 年末的近 20%，成为宁波银行第二大股东，并在董事会中派驻了 1 名董事。根据宁波银行公布的年报数据分析，2007—2017 年，宁波银行的资本充足率从 21%大幅下降至 13.58%，不良贷款率反而从 0.36%大幅上升至 0.82%，总资产收益率也由 1.44%渐渐下降至 0.97%。

那么，中资银行境外引资为什么会出现截然不同的效果？相比于未引资银行，引资商业银行的公司治理能力和经营绩效是否得到了提高？在引资商业银行中，随着外资股东参与中资银行董事会治理程度的变化，中资银行的董事会特征与经营绩效的关系究竟会受到怎样的影响？商业银行如何通过境外引资完善公司治理提高经营绩效？诸如此类的问题均是中资银行境外引资亟待解决的重大现实课题。

目前国内外学者对相关问题的研究，主要集中在外资参股与银行经营绩效以

及董事会特征与银行经营绩效两方面。

关于外资参股与银行经营绩效的关系，现有研究主要是从外资是否参股、外资持股比例及持股时间等三方面进行的。（1）Alicia 和 Daniel 以 82 家中资银行为样本，考察了外资参股对中资银行经营绩效的影响，结果发现，外资参股提高了中资银行的税前资产利润率；然而，孙艳杰等以 16 家境外引资商业银行为样本，研究发现外资参股并不能提高中资银行的盈利能力。（2）刘远亮和葛鹤军以中国银行业中存在 3 年以上外资参股的银行为样本，实证结果显示外资持股比例与银行的资产收益率存在正相关关系；何蛟等运用随机前沿法，研究发现中资商业银行引入境外战略投资者后成本效益和利润效率显著提升。然而，Lensink 和 Naaborg 使用系统广义矩估计法研究外资持股比例与银行绩效的关系，结果发现外资持股比例的提升反而降低了银行绩效。（3）刘少波等基于我国 A 股市场 2006—2011 年度 16 家银行的面板数据进行实证研究后发现，外资进入我国商业银行后在短期内能促进经营绩效的提升，但对长期绩效存在显著的负面影响；刘家松和聂宝平的研究结果表明，外资持股时间与银行绩效呈“倒 U 形”关系。

鉴于关于银行业董事会特征与经营绩效关系的现有研究成果相对较少，本章从董事会特征与公司（包括银行）经营绩效关系方面梳理相关文献。现有研究主要是从董事会规模、非执行董事比例、董事会会议频率、专业委员会数目等四方面进行的。（1）董斌和张振从股权结构的角度，研究发现董事会规模与公司绩效显著正相关，Mishra 等的研究也得到类似结论；然而，Vintilă 等以布加勒斯特证券交易所上市公司 2007—2011 年的财务数据为样本，实证研究结果显示董事会规模与公司绩效负相关；陈其安和刘艾萍运用随机前沿法，研究发现董事会规模对商业银行利润效率不产生显著影响；Titova 以美国上市银行为研究对象，结果发现董事会规模与银行绩效呈“倒 U 形”关系。（2）祝继高等的研究发现，相较于独立董事，非执行董事更能发挥监管作用，从而维护股东利益、提高公司绩效；然而，Wahba 的研究结果表明，董事会成员中非执行董事占比越高，公司经营绩效反而会下降。（3）Liang Q 等的研究发现，董事会会议次数的增加对银行经营绩效会产生显著的积极影响；然而，宋增基等对 6 家上市商业银行的绩效和董事会开会频率进行研究，结果表明董事会会议次数与 ROA 呈负相关。（3）周建等以中国 A 股上市公司为样本进行实证研究后发现，专业委员会设置与公司绩效显著正相关；然而，Adams 和 Mehran 通过实证分析银行专业委员会数量与 Tobin's Q 的关系，得出专业委员会数量与银行经营绩效负相关的结论。

系统梳理国内外相关文献可以发现，现有研究虽然成果丰富，但并没有达成共识且存在一定局限。相比于现有研究，本章贡献主要体现在：

（1）研究视角全面。现有研究局限于对外资参股与银行绩效或董事会特征与银行绩效等两两变量之间关系的分离研究，缺乏将三者结合起来进行综合研究的视角。本章首次将外资参股、董事会特征和银行绩效纳入同一分析框架，从而可全面考察外资参股对董事会特征与银行绩效关系的调节作用。

（2）关键变量考察深入。现有研究对外资变量的考察局限于持股比例与持股时间，对董事会特征的考察局限于部分特征，对商业银行经营绩效的考察局限于单一指标，导致研究结论不一致。本章对外资变量的考察深入到董事会层面，对董事会特征的考察囊括了全部特征，对商业银行经营绩效的考察同时采用了 ROA 指标与 ROE 指标，从而可深入分析外资参股对董事会特征与银行绩效关系的调节作用。

（3）在运用固定效应模型和手工收集面板数据的基础上，采用了分组比较研究方法。现有研究多采用普通 OLS 回归模型进行参数检验，研究对象多局限于上市商业银行的截面数据且仅采用了纵向比较分析方法，实证结果普适性和可信性较差。本章运用固定效应模型进行参数估计，通过 Hausman 检验，研究对象通过手工收集面板数据拓展至 121 家商业银行，采用分组比较研究方法，从横向和纵向两个角度实证检验了外资参股对董事会特征与商业银行经营绩效关系的调节作用，克服了截面数据分析的局限性及时间产生的内生性问题。

本章的研究成果，将为商业银行通过境外引资完善公司治理提高经营绩效提供有价值的建议。

第二节　理论分析与研究假设

Booth 等认为大的资产规模必须有大的董事会规模与之相匹配，才能够对公司资产进行有效管理。中资银行引入外资股东后，经营资本得到补充，资产规模会扩大。若外资股东派驻董事，中资银行的董事会规模也会增加，依据资源依赖理论，董事会可利用的各类资源增加，从而有利于对资产规模扩大后的中资银行进行更为有效的运作而提高经营绩效，据此提出假设1。如果外资持股比例提高，外资股东为了更多地参与中资银行董事会治理和拥有更大的董事会话语权，会派驻更多的董事进入中资银行董事会。然而，根据 Herma 对内部人控制理论的研究，随着外资董事的增加、董事会规模的扩大，董事会内部各成员之间的协调以及统一决策带来的成本也会随之显著增加；陈文哲等的研究结果显示，外资董事带来的成本增加通常高于非外资董事，因此，随着外资董事人数的增加，其所产生的积极效应将有所减弱并进而影响中资银行绩效，据此提出假设2。

H1：引入外资参股的商业银行中，董事会规模与经营绩效正相关。

H2：随着外资董事占比的增加，董事会规模与经营绩效的正相关关系减弱。

根据2003年12月银保监会发布的《境外金融机构投资入股中资金融机构管理办法》的规定，“单一外资金融机构参股国内商业银行的比例不得超过20%，全体外资金融机构参股国内商业银行的比例不得超过25%”，再加上由于历史原因，中资银行的股权结构多较为集中，故外资股东参股中资银行后多为非控股股东，派驻的董事也多为非执行董事。外资非执行董事作为外资股东的代表，不在中资银行领取薪酬和受制于管理层，具有更强的独立性和监督动机，可通过增强董事会的独立性和专业性而完善中资银行董事会的内部机制，有效防止控股股东实施不利于非控股股东（包括外资股东）的行为，促进中资银行绩效的提高，据此提出假设3。如果外资非执行董事的占比增加，则非执行董事对执行董事的制衡度会加强，中资银行董事会内部的独立性和专业性会得到进一步增强，从而更有利于缓解第二类代理问题的负面作用而提高银行绩效，据此提出假设4。

H3：引入外资参股的商业银行中，非执行董事占比与经营绩效正相关。

H4：随着外资董事占比的增加，非执行董事占比与经营绩效的正相关关系增强。

为实现引入先进管理理念和风险控制技术以完善公司治理、提高经营绩效的目标，中资董事与外资董事之间需要就中资银行的管理理念、内部治理机制、商业运营模式等进行充分的沟通，而双方董事沟通的正式场所是董事会会议。可见，董事会会议频率的增加，有利于外资董事充分参与中资银行的董事会治理与运营管理，提高银行绩效，据此提出假设5。然而，外资股东所谓的先进管理理念和风险控制技术并不一定都能适用于中资银行，如果外资董事人数增加至在董事会中的话语权大到一定程度，则很可能出现外资股东借“先进”的名义强制中资银行直接套用外资管理模式的现象，致使中资银行“水土不服”而经营绩效下降；另一方面，如果中外董事话语权相当，董事会会议极易陷入议而不决的困境。此时，即使增加董事会会议频率，中资银行的经营绩效也会受到负面影响，据此提出假设 6。

H5：引入外资参股的商业银行中，董事会会议频率与经营绩效正相关。

H6：随着外资董事占比的增加，董事会会议频率与经营绩效的正相关关系减弱。

根据资源依赖理论，董事会下属专业委员会体系的设立与完善，可使董事会各成员之间的职责更加明晰，分工更加合理，从而提高董事会的专业性和运作效率。建立健全董事会下属专业委员会体系，是中资银行与外资股东战略合作的重要内容。外资参股后，依据实际情况在董事会下设立若干性质不同的专业委员会，形成权责明晰、分工合理的董事会内部治理格局，可提高中资银行的经营绩效，据此提出假设 7。董事会下属专业委员会的主要成员为独立董事，显而易见，独立董事只有保持实质上的独立才能发挥作用。依据话语权理论，随着外资董事占比的增加，掌握较大话语的外资董事很可能影响独立董事候选人的提名而使独立董事不能保持实质上的独立，这会在一定程度上影响专业委员会职能的有效履行而使银行绩效下降，据此提出假设 8。

H7：引入外资参股的商业银行中，专业委员会数目与经营绩效正相关。

H8：随着外资董事占比的增加，专业委员会数目与经营绩效的正相关关系减弱。

第三节　研究设计与实证检验

一、研究设计

（一）样本选择与数据来源

本章选取对外披露 2012—2021 年年度财务报告的商业银行 121 家，剔除年度报告内容过于简单、未披露本章实证相关变量的商业银行，最后得到748个样本观测值，为非平衡面板数据。本章所使用数据均从各商业银行年报中手工搜集、整理得到。

（二）变量定义

表8-1描述了模型中各类变量的定义。

表8-1　　　　**变量定义表**

	变量代码	变量名称	变量定义
被解释变量	ROA	总资产收益率	净利润/年均资产总额
	ROE	净资产收益率	净利润/年均股东权益
解释变量	FD	外资董事占比	外资股东董事人数/董事总人数
	BDSIZE	董事会规模	董事总人数
	NONEXEC	非执行董事占比	非执行董事人数/董事总人数
	MF	董事会会议频率	报告年度董事会会议召开次数
	PB	专业委员会数目	董事会下属次级委员会数量
控制变量	SIZE	公司规模	Ln［（期初资产总额+期末资产总额）/2］
	LEV	资产负债率	年均负债总额/年均资产总额
	CONCEN	股权集中度	第一大股东持股比例
	RESTRI	股权制衡度	第二大股东持股比例/第一大股东持股比例
	IRR	营业收入增长率	（本期营业收入-上期营业收入）/上期营业收入
	PERIOD	银行成立年限	样本年度-成立年度
	YEAR	年度变量	虚拟变量
分组变量	FS	是否引入外资	虚拟变量

（三）模型设计

为检验董事会规模与银行绩效的关系及外资董事占比对二者关系的影响，构建多元回归模型式（1）、式（2）：

$$ROA(ROE)_{i,t}=\beta_0+\beta_1 BDSIZE_{i,t-1}+\beta_2 SIZE_{i,t-1}+\beta_3 LEV_{i,t-1}+\beta_4 CONCEN_{i,t-1}+\beta_5 RESTRI_{i,t-1}+\beta_6 IRR_{i,t-1}+\beta_7 PERIOD_{i,t-1}+\varepsilon_{i,t} \quad (1)$$

$$ROA(ROE)_{i,t}=\beta_0+\beta_1 BDSIZE_{i,t-1}+\beta_2 FD_{i,t-1}+\beta_3 FD_{i,t-1}*BDSIZE_{i,t-1}+\beta_4 SIZE_{i,t-1}+\beta_5 LEV_{i,t-1}+\beta_6 CONCEN_{i,t-1}+\beta_7 RESTRI_{i,t-1}+\beta_8 IRR_{i,t-1}+\beta_9 PERIOD_{i,t-1}+\varepsilon_{i,t} \quad (2)$$

为检验董事会中非执行董事占比与银行绩效的关系及外资董事占比对二者关系的影响，构建多元回归模型式（3）、式（4）：

$$ROA(ROE)_{i,t}=\beta_0+\beta_1 NONEXEC_{i,t-1}+\beta_2 SIZE_{i,t-1}+\beta_3 LEV_{i,t-1}+\beta_4 CONCEN_{i,t-1}+\beta_5 RESTRI_{i,t-1}+\beta_6 IRR_{i,t-1}+\beta_7 PERIOD_{i,t-1}+\varepsilon_{i,t} \quad (3)$$

$$ROA(ROE)_{i,t}=\beta_0+\beta_1 NONEXEC_{i,t-1}+\beta_2 FD_{i,t-1}+\beta_3 FD_{i,t-1}*NONEXEC_{i,t-1}+\beta_4 SIZE_{i,t-1}+\beta_5 LEV_{i,t-1}+\beta_6 CONCEN_{i,t-1}+\beta_7 RESTRI_{i,t-1}+\beta_8 IRR_{i,t-1}+\beta_9 PERIOD_{i,t-1}+\varepsilon_{i,t} \quad (4)$$

为检验董事会会议频率与银行绩效的关系及外资董事占比对二者关系的影响，构建多元回归模型式（5）、式（6）：

$$ROA(ROE)_{i,t}=\beta_0+\beta_1 MF_{i,t-1}+\beta_2 SIZE_{i,t-1}+\beta_3 LEV_{i,t-1}+\beta_4 CONCEN_{i,t-1}+\beta_5 RESTRI_{i,t-1}+\beta_6 IRR_{i,t-1}+\beta_7 PERIOD_{i,t-1}+\varepsilon_{i,t} \quad (5)$$

$$ROA(ROE)_{i,t}=\beta_0+\beta_1 MF_{i,t-1}+\beta_2 FD_{i,t-1}+\beta_3 FD_{i,t-1}*MF_{i,t-1}+\beta_4 SIZE_{i,t-1}+\beta_5 LEV_{i,t-1}+\beta_6 CONCEN_{i,t-1}+\beta_7 RESTRI_{i,t-1}+\beta_8 IRR_{i,t-1}+\beta_9 PERIOD_{i,t-1}+\varepsilon_{i,t} \quad (6)$$

为检验董事会下属专业委员会数目与银行绩效的关系及外资董事占比对二者关系的影响，构建多元回归模型式（7）、式（8）：

$$ROA(ROE)_{i,t}=\beta_0+\beta_1 PB_{i,t-1}+\beta_2 SIZE_{i,t-1}+\beta_3 LEV_{i,t-1}+\beta_4 CONCEN_{i,t-1}+\beta_5 RESTRI_{i,t-1}+\beta_6 IRR_{i,t-1}+\beta_7 PERIOD_{i,t-1}+\varepsilon_{i,t} \quad (7)$$

$$ROA(ROE)_{i,t}=\beta_0+\beta_1 PB_{i,t-1}+\beta_2 FD_{i,t-1}+\beta_3 FD_{i,t-1}*PB_{i,t-1}+\beta_4 SIZE_{i,t-1}+\beta_5 LEV_{i,t-1}+\beta_6 CONCEN_{i,t-1}+\beta_7 RESTRI_{i,t-1}+\beta_8 IRR_{i,t-1}+\beta_9 PERIOD_{i,t-1}+\varepsilon_{i,t} \quad (8)$$

二、实证结果分析

（一）描述性统计

为比较研究商业银行引入外资股东与未引入外资股东的效果，本章将研究样本分为两组：引入外资参股样本组（Panel A）与未引入外资参股样本组（Panel B）。表 8-2 展示了实证模型中各研究变量的描述性统计结果。从 Panel A 和 Panel B 的样本量可以看出约 30.88%的商业银行引入了外资股东，说明我国商业银行引入外资参股的主动性逐渐增强。

关于银行绩效的分布，在 Panel A 中，ROE 均值 0.184，标准差为 0.046；在 Panel B 中，ROE 均值为 0.173，标准差为 0.069。可以看出，引入外资样本组的 ROE 均值大于未引入外资样本组，而标准差小于未引入外资样本组，这说明相较于未引入外资的商业银行，引入外资的商业银行的公司治理能力和经营绩效得到了提高，并且引入外资的商业银行的 ROE 均值与未引入外资的商业银行 ROE 均值的差异通过了显著性检验。

关于银行董事会中外资董事占比，Panel A 中 FD 最大值 0.467，最小值 0，说明并非所有引入外资参股的银行均为外资股东提供了董事会席位；FD 平均值 0.081，低于董事会规模的 10%，说明引入外资参股的银行董事会中外资董事人数较少；FD 标准差 0.072，这说明引入外资参股的各银行董事会中外资董事比例差异较大，使得不同中资银行董事会中外资董事掌控的话语权存在较大差异，最终表现为外资股东参与中资银行董事会治理程度和对中资银行影响力的差异。

表 8-2　**各研究变量的描述性统计结果**

Panel A：FS=1（引入外资参股样本组）						
变量	样本	均值	标准差	最小值	中值	最大值
ROA	231	0.011	0.002	0.001	0.011	0.017
ROE	231	0.184	0.046	0.008	0.182	0.367
FD	231	0.081	0.072	0	0.071	0.467

续表

变量	样本	均值	标准差	最小值	中值	最大值
BDSIZE	231	14. 913	2. 262	9	15	19
NONEXEC	231	0. 433	0. 087	0. 222	0. 429	0. 733
MF	231	9. 546	3. 817	4	9	26
PB	231	5. 359	0. 789	4	5	8
SIZE	231	27. 618	1. 652	24. 007	27. 563	30. 815
LEV	231	0. 937	0. 0261	0. 731	0. 939	0. 990
CONCEN	231	0. 273	0. 164	0. 0828	0. 200	0. 709
RESTRI	231	0. 657	0. 262	0. 107	0. 683	1
IRR	231	0. 222	0. 189	−0. 455	0. 213	1. 264
PERIOD	231	28. 974	25. 213	3	19	108

Panel B：FS=0（未引入外资参股样本组）

变量	样本	均值	标准差	最小值	中值	最大值
ROA	517	0. 012	0. 005	0. 000	0. 012	0. 056
ROE	517	0. 173	0. 069	0. 004	0. 169	0. 563
BDSIZE	517	12. 356	2. 676	6	12	19
NONEXEC	517	0. 499	0. 130	0	0. 5	0. 867
MF	517	8. 263	5. 135	2	7	47
PB	517	5. 025	1. 091	0	5	8
SIZE	517	24. 906	1. 222	22. 031	24. 811	31. 130
LEV	517	0. 927	0. 033	0. 608	0. 932	0. 988
CONCEN	517	0. 189	0. 137	0. 037	0. 168	0. 820
RESTRI	517	0. 701	0. 263	0. 056	0. 719	1
IRR	517	0. 314	0. 463	−0. 736	0. 235	5. 168
PERIOD	517	13. 826	9. 450	1	14	88

（二）董事会特征与银行绩效关系的实证结果分析

由于样本数据为面板数据，运用 Hausman 检验确定适用固定效应或随机效应，得到 Prob>chi2 = 0.0008，拒绝原假设，适用固定效应。

对引入外资参股组中的董事会特征与银行绩效的关系进行回归，并将银行绩效分别用 ROA 和 ROE 衡量，对比分析结果。见表 8-3。

表 8-3　**董事会规模与银行绩效的回归结果**

自变量	因变量	
	式（1）	
	FS=1	
	ROA	ROE
BDSIZE	0.0003*** (2.87)	0.0023* (1.82)
SIZE	0.0009 (1.53)	0.0501*** (4.35)
LEV	0.0060 (0.91)	0.3080** (2.51)
CONCEN	0.0064* (1.80)	0.1679** (2.55)
RESTRI	0.0028** (2.30)	0.0473** (2.06)
IRR	-0.0004 (-0.75)	-0.0103 (-0.93)
PERIOD	-0.0002* (-1.69)	-0.0145*** (-5.63)
_CONS	-0.0231 (-1.54)	-1.1879*** (-4.25)
YEAR	控制	控制
观测值 N	222	222
调整的 R^2	0.276	0.240

注：*、**、*** 分别代表显著性水平为 10%、5%和 1%；括号里的数值为 t 值。

表 8-3 列示了式（1）董事会规模与银行绩效关系的回归结果，当以 ROA 作为银行绩效的衡量指标时，BDSIZE 的回归系数为 0.0003，且在 1%的水平上 BDSIZE 与 ROA 显著正相关；当以 ROE 作为银行绩效的衡量指标时，BDSIZE 的回归系数是 0.0023，且在 10%的水平上 BDSIZE 与 ROE 显著正相关。说明无论银行绩效指标用 ROA 还是 ROE 衡量，在引入外资参股的银行中，董事会规模与银行绩效均呈显著正相关关系，本章假设 1 得到验证。

表 8-4 列示了式（3）非执行董事占比与银行绩效关系的回归结果。当以 ROA 作为银行绩效的衡量指标时，NONEXEC 的回归系数为 0.0042，且在 5%的水平上 NONEXEC 与 ROA 具有显著正相关关系；当以 ROE 作为银行经营绩效的衡量指标时，NONEXEC 的回归系数是 0.0670，且在 10%的水平上 NONEXEC 与 ROE 呈正相关关系。说明无论银行绩效指标用 ROA 还是 ROE 衡量，在引入外资参股的银行中，非执行董事占比与银行绩效均呈显著正相关关系，本章假设 3 得到验证。

表 8-4　　非执行董事占比与银行绩效的回归结果

自变量	因变量	
	式（3）	
	FS = 1	
	ROA	ROE
NONEXEC	0.0042** (2.21)	0.0670* (1.73)
SIZE	-0.0011** (-2.01)	0.0232** (2.08)
LEV	0.0071 (1.26)	0.3748*** (3.29)
CONCEN	0.0044 (1.53)	0.1562*** (2.66)
RESTRI	0.0019* (1.83)	0.0365* (1.77)

续表

自变量	因变量	
	式（3）	
	FS=1	
	ROA	ROE
IRR	-0.0014** (-2.36)	-0.0240** (-2.03)
PERIOD	-0.0009** (-2.03)	-0.0137 (-1.60)
_CONS	0.0564*** (3.10)	-0.5145 (-1.40)
YEAR	控制	控制
观测值 N	222	222
调整的 R^2	0.386	0.400

注：*、**、*** 分别代表显著性水平为 10%、5%和 1%；括号里的数值为 t 值。

表 8-5 列示了式（5）董事会会议频率与银行绩效关系的回归结果。可以发现，在引入外资参股的样本中，当银行绩效用 ROA 衡量时，MF 的回归系数为 0.0001，且在 10%的水平上显著正相关；当银行绩效用 ROE 衡量时，MF 的回归系数为 0.0001，且在 10%的水平上显著正相关。说明无论银行绩效指标用 ROA 还是 ROE 衡量，在引入外资参股的银行中，董事会会议频率与银行绩效均呈显著的正相关关系，本章假设 5 得到验证。

表 8-5　　　　**董事会会议频率与银行绩效的回归结果**

自变量	因变量	
	式（5）	
	FS=1	
	ROA	ROE
MF	0.0001* (1.71)	0.0001* (1.72)

续表

自变量	因变量	
	式（5）	
	FS=1	
	ROA	ROE
SIZE	-0.0035*** (-5.56)	-0.0175 (-1.29)
LEV	-0.0030 (-0.53)	0.2396** (1.99)
CONCEN	0.0020 (0.73)	0.1194** (2.02)
RESTRI	0.0006 (0.64)	0.0178 (0.85)
IRR	0.0003 (0.43)	-0.0002 (-0.01)
PERIOD	-0.0005 (-1.24)	-0.0064 (-0.75)
_CONS	0.1273*** (6.21)	0.5818 (1.33)
YEAR	控制	控制
观测值 N	202	202
调整的 R^2	0.489	0.406

注：*、**、*** 分别代表显著性水平为 10%、5%和 1%；括号里的数值为 t 值。

表 8-6 列示了式（7）专业委员会数目与银行绩效关系的回归结果。据表 8-6 可知，在引入外资参股的样本中，当银行绩效用 ROA 衡量时，PB 的回归系数为 0.0006，且在 1%的水平上显著正相关；当银行绩效用 ROE 衡量时，PB 的回归系数为 0.0134，且在 1%的水平上显著正相关。说明无论银行绩效指标用 ROA 还是 ROE 衡量，在引入外资参股的银行中，专业委员会数目与银行绩效均呈显著的正相关关系，本章假设 7 得到验证。

表 8-6　　　　**专业委员会数目与银行绩效的回归结果**

自变量	因变量	
	式（7）	
	FS=1	
	ROA	ROE
PB	0.0006*** (2.72)	0.0134*** (2.93)
SIZE	-0.0014** (-2.38)	0.0321*** (2.81)
LEV	0.0097* (1.69)	0.3491*** (3.04)
CONCEN	0.0041 (1.39)	0.1570*** (2.64)
RESTRI	0.0021** (2.00)	0.0433** (2.10)
IRR	-0.0021*** (-3.10)	-0.0176 (-1.30)
PERIOD	-0.0007* (-1.77)	-0.0151* (-1.78)
_CONS	0.0567*** (3.08)	-0.6001 (-1.63)
YEAR	控制	控制
观测值 N	216	216
调整的 R^2	0.407	0.427

注：*、**、*** 分别代表显著性水平为 10%、5%和 1%；括号里的数值为 t 值。

（三）外资董事占比对董事会特征与银行绩效关系的调节作用分析

为了探究“引入外资参股的银行中，随着外资董事占比的增加，董事会特征和银行绩效的相关关系如何变化”，本部分选取 FS=1 的商业银行样本数据进行多元线性回归。由于前一部分对董事会特征与银行绩效的相关关系进行了分析，故本部分重在分析外资董事占比对二者关系的调节作用。

表 8-7 分别列示了式（2）、式（4）选用 ROA 和 ROE 作为被解释变量的回归结果。在式（2）的回归结果中，BDSIZE * FD 对 ROA 回归的回归系数为-0.0025，且在 10%的水平上显著，对 ROE 回归的回归系数为-0.0402，且在 10%的水平上显著，这说明模型中加入 FD 后，BDSIZE 与 ROA、ROE 之间的正相关作用被削弱，即随着董事会中外资董事占比的提高，董事会规模与银行绩效之间存在的正相关关系将会一定程度地减弱，这一结果支持了本章的假设 2。在式（4）中，NONEXEC * FD 对 ROA 回归的回归系数为 0.1237，在 1%的水平上显著，对 ROE 回归的回归系数为 1.7537，在 1%的水平上显著。而本节第一部分实证结果显示 NONEXEC 与 ROA、ROE 显著正相关，由此可知，随着董事会中外资董事占比的增加，非执行董事与银行绩效的正相关关系将有所强化，这一结果验证了本章的假设 4。

表 8-7 外资董事占比对董事会特征与银行绩效关系影响的回归结果

自变量	因变量			
	式（2）		式（4）	
	FS=1		FS=1	
	ROA	ROE	ROA	ROE
BDSIZE * FD	-0.0025* (-1.72)	-0.0402* (-1.80)		
BDSIZE	0.0004*** (3.00)	0.0032 (1.31)		
NONEXEC * FD			0.1237*** (3.89)	1.7537*** (2.97)
NONEXEC			-0.0074** (-2.16)	-0.0933 (-1.45)

续表

自变量	因变量			
	式（2）		式（4）	
	FS=1		FS=1	
	ROA	ROE	ROA	ROE
FD	0.0368* (1.80)	0.6036 (1.58)	-0.0554*** (-3.49)	-0.7854*** (-2.66)
SIZE	0.0008 (1.24)	0.0471*** (4.07)	0.0008 (1.34)	0.0499*** (4.39)
LEV	0.0041 (0.62)	0.2747** (2.22)	-0.0010 (-0.16)	0.2238* (1.86)
CONCEN	0.0060* (1.69)	0.1599** (2.43)	0.0007 (0.19)	0.1024 (1.56)
RESTRI	0.0026** (2.08)	0.0429* (1.86)	0.0016 (1.28)	0.0325 (1.45)
IRR	-0.0004 (-0.74)	-0.0105 (-0.94)	-0.0007 (-1.14)	-0.0137 (-1.25)
PERIOD	-0.0002 (-1.62)	-0.0143*** (-5.58)	-0.0003* (-1.96)	-0.0151*** (-5.71)
_CONS	-0.0175 (-1.15)	-1.0902*** (-3.85)	-0.0011 (-0.08)	-0.9827*** (-3.84)
观测值 N	222	222	222	222
调整的 R^2	0.197	0.254	0.131	0.284

注：*、**、*** 分别代表显著性水平为 10%、5%和 1%；括号里的数值为 t 值。

表 8-8 分别列示了式（6）、式（8）选用 ROA 和 ROE 作为被解释变量的回归结果。在式（6）的回归结果中，MF * FD 对 ROA 回归的回归系数为-0.0028，且在 1%的水平上显著，对 ROE 回归的回归系数为-0.0562，且在 1%的水平上显著，这说明模型中加入 FD 后，MF 与 ROA、ROE 之间的正相关作用被削弱，即

随着董事会中外资董事占比的提高，董事会会议频率与银行绩效之间存在的正相关关系将会一定程度地减弱，这一结果支持了本章的假设6。在式（8）的回归结果中，PB * FD 对 ROA 回归的回归系数为-0.0244，在1%的水平上显著，对ROE 回归的回归系数为-0.2317，在10%的水平上显著。说明 FD 对于 PB 与ROA 之间的正相关关系具有削弱作用，即随着董事会中外资董事占比的增加，专业委员会数目与银行绩效的正相关关系将显著减弱，本章假设8由此得到验证。

表 8-8　　外资董事占比对董事会特征与银行绩效关系的影响

自变量	因变量			
	式（6）		式（8）	
	FS=1		FS=1	
	ROA	ROE	ROA	ROE
MF * FD	-0.0028*** (-4.03)	-0.0562*** (-4.40)		
MF	0.0001** (2.24)	0.0032*** (2.76)		
PB * FD			-0.0244*** (-3.33)	-0.2317* (-1.75)
PB			0.0010*** (2.94)	-0.0110* (-1.77)
FD	0.0284*** (4.39)	0.5028*** (4.27)	0.1234*** (3.49)	1.2446* (1.95)
SIZE	-0.0011 (-1.46)	0.0190 (1.38)	0.0003 (0.46)	0.0554*** (4.80)
LEV	-0.0073 (-1.06)	0.1372 (1.10)	0.0044 (0.66)	0.2352* (1.95)
CONCEN	0.0017 (0.50)	0.1102* (1.74)	0.0046 (1.29)	0.1587** (2.46)

续表

自变量	因变量			
	式（6）		式（8）	
	FS=1		FS=1	
	ROA	ROE	ROA	ROE
RESTRI	0.0006 （0.46）	0.0142 （0.63）	0.0023* （1.84）	0.0469** （2.11）
IRR	-0.0000 （-0.00）	-0.0044 （-0.34）	-0.0006 （-0.91）	-0.0029 （-0.24）
PERIOD	0.0001 （0.42）	-0.0101*** （-3.45）	-0.0001 （-0.95）	-0.0151*** （-5.91）
_CONS	0.0435** （2.33）	-0.2440 （-0.72）	-0.0058 （-0.40）	-1.1589*** （-4.46）
观测值 N	202	202	216	216
调整的 R^2	0.173	0.298	0.119	0.309

注：*、**、*** 分别代表显著性水平为 10%、5%和 1%；括号里的数值为 t 值。

（四）稳健性检验

为保证研究结论的可靠性，本章针对前文的回归结果进行稳健性检验。一方面借鉴吕勇斌的做法，用通货膨胀率、实际 GDP 增长率、RM2 广义货币增长率替换年度控制变量；另一方面由于我国商业银行分为国有大型商业银行、股份制商业银行和城市商业银行三种类别，银行绩效会因银行类别而产生差异，从而导致本章估计结果出现偏误，因此加入银行类别变量作为控制变量。由于本章重在研究外资参股对董事会特征与银行绩效关系的调节效应，因此，主要针对式（2）、（4）、（6）、（8）进行检验。结果发现与主检验部分的回归结果基本一致，表明本章的研究结论是稳健可靠的。

第四节　研究结论与政策建议

本章以 2012—2021 年 121 家商业银行的 748 个样本数据，实证检验了外资参股、董事会特征与商业银行经营绩效的关系，结果发现，相比于未引资商业银行，引资商业银行的公司治理能力和经营绩效得到了提高，且在引入外资参股的商业银行样本中：（1）董事会规模与经营绩效之间存在显著的正相关关系，然而随着董事会中外资董事占比的增加，该种正相关关系会减弱。（2）董事会成员中非执行董事占比与经营绩效之间存在显著的正相关关系，且随着董事会成员中外资董事占比的增加，该种正相关关系会增强。（3）董事会会议召开频率与经营绩效之间存在显著的正相关关系，然而随着董事会成员中外资董事占比的增加，该种正相关关系会减弱。（4）董事会下属专业委员会数目与经营绩效正相关，然而随着董事会成员中外资董事占比的增加，该种正相关关系会减弱。

据此，本章建议商业银行引入外资参股后：（1）应当引入外资董事参与董事会治理，适度扩大董事会规模；向外资股东提供适量的非执行董事席位；适度增加董事会会议频率，为中资董事与外资董事进行充分沟通提供必要条件；积极完善董事会下属的专业委员会体系。（2）根据实际情况，适度控制董事会中外资董事占比的不合理增加，确保外资董事与独立董事之间的实质性独立。

本章小结

董事会是公司治理的核心，本章首次从外资股东参与董事会治理的视角，在运用固定效应模型和手工收集面板数据的基础上，使用分组比较研究方法，实证检验了 2012—2021 年 121 家商业银行外资参股、董事会特征与经营绩效的关系，结果发现引入外资参股的商业银行中：（1）董事会规模、非执行董事占比、董事会会议频率、专业委员会数目均与经营绩效之间存在显著正相关关系；（2）董事会中外资董事占比的增加，董事会规模、董事会会议频率、专业委员会数目与经营绩效之间的正相关关系均会显著减弱，然而非执行董事占比与经营绩效之间的正相关关系则会显著增强。据此，本章建议商业银行引入外资参股后：（1）应鼓励外资参与董事会治理，适当扩大董事会规模；向外资股东提供适量的非执行董事席位；适度增加董事会会议频率；积极完善专业委员会体系。(2) 控制董事会中外资董事占比的不合理增加，确保外资董事与独立董事之间的实质性独立。

第九章 外资参股、股权结构与商业银行经营绩效

第一节 问题提出与文献述评

一、问题提出

1996年12月，光大银行以1900万美元向亚洲开发银行（ABD）出售3.28%的股份，揭开了商业银行境外引资的序幕。2006年1月，银监会发布《中资商业银行行政许可事项实施办法》，其中第7条明确规定："设立股份制商业银行，法人机构必须包括合格的境外战略投资者"。在监管层的强力推动下，商业银行加快了境外引资的步伐，截至2015年12月31日，已有38家商业银行进行了境外引资。

股权结构是公司治理的基础，中资银行境外引资是将外资股东定性为战略投资者，希望通过多元化的股权结构改革，在银行内部形成相互制衡的股权结构，从而达到优化公司治理的目标。然而，外资股东逐利的本性决定了其极易从名义上的战略投资者蜕变为实质上的财务投机者。如何在境外引资前甄别战略投资者与财务投机者以及在境外引资后防止外资股东性质的蜕变，是中资银行境外引资亟待解决的重大课题。

鉴于此，本章将从两个方面展开研究：其一，研究境外引资基本特征（是否境外引资、外资持股比例与持股时间）与银行绩效的关系，目的是从总体层面验证中资银行境外引资是否呈现出"战略投资者寡，财务投机者众"的现状及探讨对战略投资者与财务投机者进行量化分类的标准；其二，研究境外引资后的战略

投资组及财务投机组的股权结构特征（股权集中度与股权制衡度）与银行绩效的关系，目的是探讨战略投资者及财务投机者在帮助中资银行完善股权结构、优化公司治理方面的差异。

相比于现有研究，本章主要贡献体现在：

其一，现有研究局限于中资银行境外引资前后纵向视角的比较研究，由于中资银行经营绩效的变化是多种因素共同作用的结果，纵向视角的比较研究不能全面反映境外引资对中资银行公司治理的影响，本章首次从境外引资银行与未境外引资银行横向比较的视角，实证检验了中资银行是否境外引资与银行绩效的关系，从而为全面研究境外引资对中资银行公司治理的影响提供了一种新的视角。

其二，现有研究没有明确提出战略投资者与财务投机者的量化分类标准，缺乏前后逻辑一致的严谨理论分析框架，本章首次以实证检验得出的外资持股比例及持股时间拐点为量化分类标准，将外资股东区分为战略投资者与财务投机者，从而为系统研究境外引资对中资银行公司治理的影响提供了一个严谨的理论分析框架。

其三，现有研究没有深入分析战略投资者与财务投机者对中资银行公司治理的差异，缺乏分组检验方法，本章首次采用分组检验方法，检验了战略投资组及财务投机组的股权结构特征与银行绩效的关系，从而为深入研究境外引资对中资银行公司治理的影响提供了一种新的方法。

本章的研究成果将为中资银行境外引资前甄别战略投资者与财务投机者、境外引资后防止外资股东性质的蜕变，从而实现完善股权结构、优化公司治理的目标提供理论依据和经验支持。

二、文献述评

目前国内外学者主要是基于商业银行境外引资前后纵向比较的视角，从外资持股比例及持股时间、股权集中度及股权制衡度与银行绩效的关系等方面展开相关问题研究的。

关于境外引资后的外资持股比例及持股时间与银行绩效的关系，主要有正相关论、负相关论与倒 U 形论三种代表性观点。正相关论者认为，商业银行境外引资可引进先进技术与管理经验，外资持股比例的增加与持股时间的延长会提高银行绩效（Chelo，1998；Claessens et al.，2001；Bonin et al.，2004；韦德贞，等，2009；谭兴民，等，2010）；负相关论者认为，外资股东与引资银行的利益并不完全一致，为追求最大化利润，外资股东会热衷于在引资银行股价高时套现获利，从名义上的战略投资者蜕变为实质上的财务投机者，从长期来看，外资持股比例的增加会对银行绩效产生负面影响（李晓峰，等，2006；冯伟，等，2008；Degryse et al.，2012）；倒 U 形论者认为，外资持股比例与持股时间均存在拐点，超过拐点值的外资持股比例增加和持股时间延长均会给银行绩效带来负面影响（吴玉立，2009；张瑜，等，2014）。

关于境外引资后的股权集中度及股权制衡度与银行绩效的关系，主要有积极效应论与无效论两种代表性观点。积极效应论者认为，商业银行境外引资会使股权结构多元化，股权制衡度增强，从而形成适度集中并相互制衡的股权结构，提高银行绩效（Caprio et al.，2003；李维安，曹廷求，2004）；无效论者认为，外资股东作为少数股权股东，大多数是财务投机者，不可能从根本上完善引资银行的股权结构，也没有动力及能力去监督大股东和管理层的自利行为，因此，引资银行绩效的变化与外资股东并没有必然联系（汤燕娜，陈菊花，2008；Bektas，Kaymak，2009；Fahlenbrach，Stulz，2011）。

可见，现有研究的局限性在于：其一，仅限于纵向视角的比较研究，缺乏引资银行与未引资银行横向视角的比较研究；其二，虽然关注到了外资股东从名义上的战略投资者蜕变为实质上的财务投机者的现象，但没有明确提出战略投资者与财务投机者的量化分类标准，缺乏基本的理论分析框架；其三，没有分组检验战略投资组及财务投机组的股权结构特征与银行绩效的关系，缺乏分组检验方法。

第二节 理论分析与研究假设

外资股东如何区分为战略投资者和财务投机者，目前国内外均无清晰的界定标准。一般认为，战略投资者指以追求长远战略利益为目的，积极参与中资银行的公司治理，致力于提高中资银行长期经营绩效且主要通过股利分红方式获利的外资股东；财务投机者指以追求中短期利益为目的，不积极参与中资银行的公司治理，不关注提高中资银行长期经营绩效且主要通过投机方式获利的外资股东。其中，财务投机者根据外资股东主要获利方式的不同，可进一步区分为非投资交易财务投机者、短期财务投机者和长期财务投机者三种。非投资交易财务投机者指通过对内“技术锁定”或对外“关联交易”方式获利的外资股东，对内“技术锁定”方式获利，指外资股东借引入先进技术和管理经验的名义将商业专利、金融产品和管理服务系统高价搭售给中资银行而获利；对外“关联交易”方式获利，指外资股东借参与中资银行经营管理之机将商业信息或资金提供给其中国境内嫡系分行而获利。短期财务投机者，指3年股权锁定期满后在中资银行股价高时通过直接套现方式获利的外资股东。长期财务投机者指通过相对控股或非控股方式实质控制中资银行获利的外资股东，相对控股方式实质控制中资银行，指在中资银行股权结构分散的情况下，即使参股比例低于20%的法定限额，外资股东也极易取得第一大股东地位而实质控制中资银行；非控股方式实质控制中资银行，指在中资银行公司治理不完善的情况下，外资股东也可通过股东间协议、董事会和管理层控制、技术和品牌优势等非控股方式而实质控制中资银行，外资股东如果实质控制了中资银行，就可能通过将中资银行逐渐演变成其全球分销渠道或转嫁风险的工具而长期获利。

可见，战略投资者与财务投机者的区别主要体现在外资股东的投资目的、投资行为对中资银行公司治理及长期绩效的影响、主要获利方式等方面。由于外资股东的投资目的和主要获利方式在实践中难以观察和准确计量，这既给境外引资前中资银行对外资股东性质的甄别带来了较大困难，也给境外引资后外资股东从名义上的战略投资者蜕变为实质上的财务投机者提供了可趁之机，因此，在中资银行与外资股东的互动过程中，外资股东会占据主导地位。

鉴于可通过对外资持股比例及持股时间与银行绩效关系的实证检验，考察外资股东投资行为对中资银行公司治理及长期绩效的影响，并间接考察外资股东的投资目的和主要获利方式，本章对外资股东分类采用的具体方法是，先通过设置假设H2及H3对外资持股比例及持股时间与银行绩效的关系进行实证检验，再以实证检验得出的外资持股比例及持股时间的拐点为量化分类标准，将外资股东区分为战略投资者与财务投机者。根据本章后面第五部分实证检验的结果，外资持股比例与持股时间的拐点分别为9%及6年，结合银监会对外资持股比例不得超过20%上限的规定，本章最终将持股比例大于9%而小于20%且持股时间大于6年的外资股东定义为战略投资者，不符合此要求的外资股东定义为财务投机者。

一、是否境外引资、外资持股比例及持股时间与银行绩效

Bonin et al.（2004）研究了11个转型国家1996—2000年的银行数据，认为境外引资后的银行绩效会得到显著提高；邓明和王齐昊（2014）研究了中国14家上市商业银行2000—2009年的面板数据，结果发现，境外引资可提高银行绩效。据此，本章推测中资银行境外引资后，大多数外资股东发挥的是战略投资者而不是财务投机者的作用，即“战略投资者众，财务投机者寡”，外资股东倾向于长期稳定持股，同中资银行开展深度业务、技术和管理合作，可在全面提高中资银行技术管理水平的同时，使中资银行的股权结构更加合理、公司治理更加优化。

因此，本章提出假设：

H1：与未境外引资的银行相比，境外引资银行的经营绩效更高。

Hermes和Lensink（2004）的研究表明，只有当外资持股比例达到某个最低水平时，才会对银行绩效产生积极影响；陈玉罡等（2010）选取1995—2008年中国28家商业银行为样本，结果发现，外资持股比例超过一定水平后会对银行绩效产生不利影响。可见，当持股比例过低时，由于通过股利分红方式获得的利润较少，外资股东可能会蜕变为非投资交易财务投机者或短期财务投机者，从而对银行绩效产生负面影响；当持股比例提高时，为实现随银行绩效提高而分得更多股利的目标，外资股东更有动力作为战略投资者向中资银行提供先进技术、管理经验和优化公司治理，这会提高银行绩效；当持股比例过高时，外资股东很可能会蜕变为长期财务投机者，从而导致银行绩效下降。

因此，本章提出假设：

H2：外资持股比例与银行绩效呈倒U形关系。

张瑜等（2014）研究了17家境外引资银行的数据，结果显示，外资持股时间与银行绩效呈倒U形关系。可见，当持股时间过短时，由于通过股利分红方式

获得的利润较少，外资股东很可能蜕变为非投资交易财务投机者或短期财务投机者，这会对银行绩效产生负面影响；当持股时间延长时，外资股东作为战略投资者参与提高中资银行技术、管理水平及优化公司治理的时间也越长，提高银行绩效的效果也就越明显；当持股时间过长时，外资股东很可能会蜕变为长期财务投机者，从而导致银行绩效下降。

因此，本章提出假设：

H3：外资持股时间与银行绩效呈倒U形关系。

二、境外引资后的股权集中度与银行绩效

杨增军等（2012）发现商业银行的股权集中度与银行绩效呈倒U形关系。中资银行境外引资后，如果外资股东作为战略投资者，持股比例较大且持股时间较长，则可使中资银行的股权结构更加多元、股权集中度降低，从而形成适度集中的股权结构，有效地缓解内部人控制问题和大股东控制问题，提高银行绩效；反之，如果外资股东作为财务投机者，持股比例较小且持股时间较短，缺乏动力与能力去监督管理层与大股东，则中资银行内部不会形成合理的股权结构，银行绩效也不会得到提高。可见，战略投资者对帮助中资银行、完善股权集中度、提高银行绩效的作用应明显大于财务投机者。

因此，本章提出假设：

H4：境外引资后的股权集中度与银行绩效呈倒U形关系，但战略投资组比财务投机组更显著。

三、境外引资后的股权制衡度与银行绩效

李维安和曹廷求（2004）通过对28家城市商业银行数据的研究，结果发现，股权制衡度对银行绩效具有正向作用。中资银行境外引资后，如果外资股东作为战略投资者，则既可代表中小股东充分发挥对第一大股东的制衡作用，也可以与大股东一起有效抑制管理者的自利行为，提高银行绩效；反之，如果外资股东作为财务投机者，持股比例较少且持股时间较短，缺乏动力与能力去制衡大股东与管理层，则中资银行内部不会形成合理的股权结构，银行绩效也不会得到提高。可见，战略投资者在帮助中资银行完善股权制衡度、提高银行绩效方面的作用应

明显大于财务投机者。

因此，本章提出假设：

H5：境外引资后的股权制衡度与银行绩效呈正相关关系，但战略投资组比财务投机组更显著。

第三节　研究设计与实证检验

一、研究设计

（一）样本与数据来源

本章选取 2011 — 2019 年我国国有大型商业银行、股份制商业银行和城市商业银行的数据进行分析。受数据可获得性限制，本章将截面数据与时间序列数据结合，形成混合面板数据。在剔除数据缺失的样本后，本章最终得到 62 家商业银行的 487 个观测数据作为有效样本。其中，国有大型商业银行 5 家、股份制商业银行 12 家、城市商业银行 45 家。在这 62 家全样本银行中，24 家为境外引资银行，38 家为未境外引资银行。

本章数据主要从各银行年报及各财经资讯网手工收集，部分数据来源于 CSMAR 数据库和国家统计局官方网站。

（二）变量定义

1. 被解释变量：银行经营绩效变量

由于仅采用财务绩效指标无法全面衡量银行的经营绩效，故本章借鉴 20 世纪 70 年代美国信孚银行研究团队开发的风险调整资本收益率 RAROC（risk adjusted return on capital）指标作为银行经营绩效变量的代理变量。风险调整资本收益率的初始计算公式为：RAROC = 风险调整收益/最低监管资本 =（净利润-最低监管资本 * 社会平均资本回报率）/最低监管资本，其中，最低监管资本 = 风险加权资产 * 最低资本充足率（根据新巴塞尔协议标准法），由于部分银行未公开披露风险加权资产，本章借鉴邹志明（2007）的做法，用银行期末总资产代替风险加权资产；最低资本充足率根据新巴塞尔协议为固定值8%；社会平均资本回报率本章借鉴张勋和徐建国（2014）的做法，依据国家统计局官方网站每年公布的相关指标数据分析计算得出。最终本章采用的风险调整资本收益率计算公式为：RAROC =（净利润-期末总资产 * 8% * 社会平均资本回报率）/（期末总资产 * 8%）。

2. 解释变量

（1）是否境外引资变量、外资持股比例变量及外资持股时间变量。是否境外引资（FSI）为虚拟变量，境外引资银行取值为1，未境外引资银行取值为0；外资持股比例（FSIshare）为外资股东持有中资银行股权的比例，若有多个外资股东同时持股，取多个外资股东持股比例之和；外资持股时间（FSItime）以年为单位，若引资协议签订时间在当年6月30日之前（含6月30日），引资当年计入持股时间，反之，引资当年不计入持股时间。本章另增设外资持股比例的平方（$FSIshare^2$）和持股时间的平方（$FSItime^2$）两个二次变量。

（2）股权集中度变量。本章选用CR指数计量，其中S1、S5、S10分别表示前一、五、十大股东持股比例之和，$S1^2$、$S5^2$、$S10^2$ 分别表示前一、五、十大股东持股比例之和的平方。

（3）股权制衡度变量。本章借鉴陈德萍和陈永圣（2011）的做法，设置第二大股东持股比例与第一大股东持股比例的比值Z1、第二至第五大股东持股比例之和与第一大股东持股比例的比值Z5、第二至第十大股东持股比例之和与第一大股东持股比例的比值Z10作为股权制衡度的代理变量。

3. 控制变量

本章包括公司规模变量（Size）、资产负债率变量（Lev）、银行类别变量和银行成立时间变量（Founding time）。其中，以期末总资产的对数作为公司规模的代理变量。由于不同类别商业银行的股权结构存在较大差别，因此，本章加入两个银行类别虚拟变量Shared_comb和City_comb，其中，Share_comb为股份制商业银行虚拟变量，股份制商业银行取1，其他银行取0；City_comb为城市商业银行虚拟变量，城市商业银行取1，其他银行取0，均以国有大型商业银行为参照对象。银行成立时间变量为银行成立年度到样本研究年度的时间，以年为单位。实证结果已控制年度变量。各变量的具体定义如表9-1所示。

表 9-1 **变量定义**

<table>
<tr><th>变量类型</th><th colspan="2">变量名称</th><th>变量符号</th><th>计算方法</th></tr>
<tr><td>被解释变量</td><td colspan="2">风险调整资本收益率</td><td>RAROC</td><td>(净利润-期末总资产 * 8% * 社会平均资本回报率) / (期末总资产 * 8%)</td></tr>
<tr><td rowspan="11">解释变量</td><td rowspan="5">基本特征</td><td>是否境外引资</td><td>FSI</td><td>虚拟变量，境外引资银行取 1，未境外引资银行取 0</td></tr>
<tr><td>外资持股比例</td><td>FSIshare</td><td>外资股东持有中资银行股权的比例</td></tr>
<tr><td>外资持股比例的平方</td><td>$FSIshare^2$</td><td>外资股东持有中资银行股权比例的平方</td></tr>
<tr><td>外资持股时间</td><td>FSItime</td><td>外资股东持有中资银行股权的时间</td></tr>
<tr><td>外资持股时间的平方</td><td>$FSItime^2$</td><td>外资股东持有中资银行股权时间的平方</td></tr>
<tr><td rowspan="6">股权结构特征</td><td rowspan="3">股权集中度</td><td>S1，$S1^2$</td><td>第一大股东持股比例及其平方</td></tr>
<tr><td>S5，$S5^2$</td><td>前五大股东持股比例之和及其平方</td></tr>
<tr><td>S10，$S10^2$</td><td>前十大股东持股比例之和及其平方</td></tr>
<tr><td rowspan="3">股权制衡度</td><td>Z1</td><td>第二大股东持股比例/第一大股东持股比例</td></tr>
<tr><td>Z5</td><td>第二至第五大股东持股比例之和/第一大股东持股比例</td></tr>
<tr><td>Z10</td><td>第二至第十大股东持股比例之和/第一大股东持股比例</td></tr>
<tr><td rowspan="5">控制变量</td><td colspan="2">公司规模</td><td>Size</td><td>期末总资产的对数</td></tr>
<tr><td colspan="2">资产负债率</td><td>Lev</td><td>期末资产负债率</td></tr>
<tr><td colspan="2" rowspan="2">银行类别</td><td>Shared_comb</td><td>虚拟变量，股份制商业银行取 1，否则取 0</td></tr>
<tr><td>City_comb</td><td>虚拟变量，城市商业银行取 1，否则取 0</td></tr>
<tr><td colspan="2">银行成立时间</td><td>Founding time</td><td>从银行成立到样本研究的时间，以年为单位</td></tr>
</table>

（三）模型设计

为检验是否境外引资、外资持股比例及持股时间与银行绩效的关系（假设 H1、H2 和 H3），本章设计回归模型（1）、（2）、（3）。

$$RAROC_{i,t} = \beta_0 + \beta_1 FSI_{i,t} + \beta_2 Size_{i,t} + \beta_3 Lev_{i,t} + \beta_4 Shared\_comb + \beta_5 City\_comb + \beta_6 Ftime_{i,t} + \beta_j Year + \varepsilon_{i,t} \quad (1)$$

$$RAROC_{i,t} = \beta_0 + \beta_1 FSIshare_{i,t} + \beta_2 FSIshare_{i,t}^2 + \beta_3 Size_{i,t} + \beta_4 Lev_{i,t} + \beta_5 Shared\_comb + \beta_6 City\_comb + \beta_7 Ftime_{i,t} + \beta_j Year + \varepsilon_{i,t} \quad (2)$$

$$RAROC_{i,t} = \beta_0 + \beta_1 FSItime_{i,t} + \beta_2 FSItime_{i,t}^2 + \beta_3 Size_{i,t} + \beta_4 Lev_{i,t} + \beta_5 Shared\_comb + \beta_6 City\_comb + \beta_7 Ftime_{i,t} + \beta_j Year + \varepsilon_{i,t} \quad (3)$$

为分组检验境外引资后的战略投资组及财务投机组的股权集中度、股权制衡度与银行绩效的关系（假设 H4 和 H5），本章设计回归模型（4）、（5）。

$$RAROC_{i,t} = \beta_0 + \beta_1 Sn + \beta_2 Sn^2 + \beta_3 Size_{i,t} + \beta_4 Lev_{i,t} + \beta_5 Shared\_comb + \beta_6 City\_comb + \beta_7 Ftime_{i,t} + \beta_j Year + \varepsilon_{i,t} \quad (4)$$

$$RAROC_{i,t} = \beta_0 + \beta_1 Zn_{i,t} + \beta_2 Size_{i,t} + \beta_3 Lev_{i,t} + \beta_4 Shared\_comb + \beta_5 City\_comb + \beta_6 Ftime_{i,t} + \beta_j Year + \varepsilon_{i,t} \quad (5)$$

二、实证检验

（一）描述性统计

表 9-2 的结果显示，RAROC 的均值为 0.0293，标准差为 0.0453，说明我国银行的风险调整资本收益率在 3%左右，各银行间的经营绩效相差较大。境外引资基本特征方面，FSI 的均值为 0.4333，说明我国约有 43.33%的银行进行了境外引资；FSIshare 的均值为 16.05%，标准差为 0.067，说明外资持股比例较高且各银行间相差不大；FSItime 的均值为 6.066，标准差为 3.084，说明外资持股时间较短且各银行间相差较大。境外引资股权结构特征方面，S1 的均值为 23.33%，S10 的均值为 70.29%，说明我国银行的股权集中度较高；Z10 的均值为 2.6335，标准差为 1.6886，Z10 最小值只有 0.07，最大值高达 8.43，说明我国银行股权制衡度相对较好，但各银行间相差较大。

表 9-2　　主要变量的描述性统计结果

变量	观测值	均值	中位数	标准差	最小值	最大值
RAROC	487	0. 0293	0. 0274	0. 0453	-0. 1541	0. 1950
FSI	487	0. 4333	0	0. 4960	0	1
FSIshare	211	0. 1605	0. 1757	0. 067	0. 0686	0. 2512
FSItime	211	6. 066	6	3. 084	0	16
S1	487	0. 2333	0. 1960	0. 1598	0. 0423	0. 8700
S5	487	0. 5592	0. 5300	0. 1973	0. 1904	1
S10	487	0. 7029	0. 7181	0. 1727	0. 3101	1
Z1	487	0. 6778	0. 6900	0. 2566	0. 0200	1
Z5	487	1. 8843	1. 7992	0. 9627	0. 0400	5. 8278
Z10	487	2. 6335	2. 5490	1. 6886	0. 0700	8. 4300
Size	487	19. 2363	18. 8643	1. 8924	15. 7876	23. 8238
Lev	487	0. 9296	0. 9395	0. 0653	0	0. 9815
Founding time	487	17. 11	14	15. 22	1	103

（二）实证结果与回归分析

1. 是否境外引资、外资持股比例及持股时间与银行绩效的回归检验

表 9-3 第（1）列显示，FSI 与 RAROC 在 5%的水平上显著负相关，说明是否境外引资与银行绩效负相关，中资银行境外引资的现状是“战略投资者寡，财务投机者众”，这与本章假设 H1 相悖。原因在于：境外引资是在监管层的强力推动下进行的，不可避免地存在很大的盲目性，为追求最大化利润，大多数外资股东已从名义上的战略投资者蜕变为实质上的财务投机者。

表 9-3 第（2）列显示，FSIshare、$FSIshare^2$ 分别与 RAROC 在 10%的水平上显著正相关和显著负相关，说明外资持股比例与银行绩效呈倒 U 形关系，且拐点为 9. 06%，本章假设 H2 得到验证。原因在于：只有当外资持股比例保持在 9%左右时，外资股东才会有动力作为战略投资者。

表 9-3 第（3）列显示，FSItime 与 RAROC 在 5%的水平上显著正相关，

$FSItime^2$ 与 RAROC 在 1%的水平上显著负相关，说明外资持股时间与银行绩效呈显著的倒 U 形关系，且拐点值为 5. 75，本章假设 H3 得到验证。原因在于：只有当持股时间保持在 6 年左右时，外资股东才会有动力作为战略投资者。

表 9-3　**是否境外引资、外资持股比例及持股时间与银行绩效的回归分析**

变量	(1)	(2)	(3)
	RAROC	RAROC	RAROC
Constant	0. 0417	-0. 2142***	-0. 3643***
	(0. 77)	(-3. 56)	(-6. 10)
FSI	-0. 0122**		
	(-2. 44)		
FSIshare		0. 0511***	
		(4. 31)	
$FSIshare^2$		-0. 2821*	
		(-1. 69)	
FSItime			0. 0046**
			(1. 97)
$FSItime^2$			-0. 0004***
			(-2. 69)
Size	-0. 0009	0. 0124***	0. 0173***
	(-0. 04)	(4. 81)	(6. 29)
Lev	-0. 0085	0. 0042	0. 0045
	(-0. 29)	(0. 19)	(0. 20)
Shared_comb	-0. 0357***	-0. 0136	0. 0009
	(-3. 29)	(-1. 24)	(0. 10)
City_comb	-0. 0164	0. 0284**	0. 0466***
	(-1. 20)	(2. 02)	(3. 69)

续表

变量	(1)	(2)	(3)
	RAROC	RAROC	RAROC
Founding time	-0.0003 (-0.14)	0.0001 (0.09)	-0.0006 (-0.41)
Year	控制	控制	控制
Adj. R^2	0.128	0.349	0.312
F	8.900	14.79	10.52
N	487	211	211

注：***、**、*分别表示在1%、5%、10%水平上显著；标准差按银行聚类和异方差调整。

此外，City_comb 与 RAROC 在结果第（2）和第（3）列中分别在5%和1%的水平上显著正相关，说明外资持股对于城商行的积极影响显著高于非城商行。原因在于：城商行的股权结构更加分散，外资股东参股发挥的作用更大，更有动力作为战略投资者。

2. 境外引资后的股权集中度与银行绩效的分组回归检验

表9-4的结果显示，虽然战略投资组及财务投机组的股权集中度与银行绩效均呈倒U型关系，但比较S1与$S1^2$、S5与$S5^2$、S10与$S10^2$的系数可以发现，战略投资组的系数的显著性不仅比财务投机组更强，而且系数的绝对值更大，说明战略投资组中股权集中度对银行绩效的影响更显著，本章假设H4得到验证。原因在于：战略投资者与财务投机者相比，更有动力和能力帮助中资银行形成适度集中的股权结构提高银行绩效。此外，City_comb 与 RAROC 均在1%的水平上显著正相关，且战略投资组的系数均大于财务投机组，说明战略投资组在城商行对银行绩效的积极影响大于非城商行。原因在于：城商行的股权结构更加分散，外资股东作为战略投资者更容易形成适度集中的股权结构。

表 9-4　　战略投资组及财务投机组的股权集中度与银行绩效的回归分析

变量	战略投资组			财务投机组		
	(1)	(2)	(3)	(4)	(5)	(6)
	RAROC	RAROC	RAROC	RAROC	RAROC	RAROC
Constant	0.8622*** (5.63)	1.0494*** (5.41)	0.8542*** (4.18)	-0.4735*** (-5.95)	-0.4790*** (-5.63)	-0.4846*** (-5.73)
S1	0.1959*** (3.70)			0.1237** (1.98)		
$S1^2$	-0.5457*** (-2.59)			-0.1466* (-1.69)		
S5		0.2499** (2.37)			0.0962 (0.92)	
$S5^2$		-0.1461* (-1.72)			-0.0746* (-1.89)	
S10			0.1333* (1.67)			0.1295 (1.28)
$S10^2$			-0.1086* (-1.81)			-0.0994 (-1.29)
Size	-0.0073** (-2.25)	-0.0159*** (-3.96)	-0.0134*** (-2.75)	-0.0219*** (-6.92)	-0.0218*** (-6.86)	-0.0213*** (-6.72)
Lev	-0.5778*** (-4.31)	-0.5727*** (-3.64)	-0.5497*** (-3.02)	-0.0066 (-0.31)	-0.0077 (-0.36)	-0.0074 (-0.35)
Shared_comb	0.0663*** (7.22)	0.0706*** (4.91)	0.0694*** (4.08)	0.0101 (0.81)	0.0088 (0.75)	0.0085 (0.75)
City_comb	0.1033*** (6.16)	0.1058*** (4.62)	0.0945*** (3.47)	0.0581*** (3.52)	0.0541*** (3.53)	0.0512*** (3.49)
Founding time	0.0006*** (3.87)	0.0004*** (2.94)	0.0004*** (2.74)	0.0000 (0.12)	0.0001 (0.30)	0.0000 (0.20)
Year	控制	控制	控制	控制	控制	控制

续表

变量	战略投资组			财务投机组		
	(1)	(2)	(3)	(4)	(5)	(6)
	RAROC	RAROC	RAROC	RAROC	RAROC	RAROC
Observations	72	72	72	139	139	139
R2_a	0. 549	0. 510	0. 442	0. 388	0. 386	0. 390
F	9. 745	5. 932	4. 751	6. 826	6. 791	6. 890

注：***、**、* 分别表示在 1%、5%、10%水平上显著；标准差按银行聚类和异方差调整。

3. 境外引资后的股权制衡度与银行绩效的分组回归检验

表 9-5 的结果显示，虽然战略投资组及财务投机组的股权制衡度与银行绩效均呈正相关关系，但比较 Z1、Z5、Z10 的系数可以发现，战略投资组的系数的显著性不仅比财务投机组更强，而且系数的绝对值更大，说明相较于财务投机者，战略投资者对股权制衡度与银行绩效之间关系的影响更显著，本章假设 H5 得到验证。原因在于：战略投资者与财务投机者相比，更有动力和能力帮助中资银行增强股权制衡度提高银行绩效。此外，City_comb 与 RAROC 均在 1%的水平上显著正相关，且战略投资组的系数均大于财务投机组，说明战略投资组在城商行对银行绩效的积极影响大于非城商行。原因在于：城商行股权结构更加分散，外资股东作为战略投资者更容易形成适度制衡的股权结构。

表 9-5　　**战略投资组及财务投机组的股权制衡度与银行绩效的回归分析**

变量	战略投资组			财务投机组		
	(1)	(2)	(3)	(4)	(5)	(6)
	RAROC	RAROC	RAROC	RAROC	RAROC	RAROC
Constant	0. 6649***	0. 6922***	0. 7251***	−0. 4344***	−0. 3961***	−0. 4340***
	(3. 46)	(3. 60)	(3. 68)	(−5. 90)	(−5. 59)	(−6. 34)
Z1	0. 0257**			0. 0032*		
	(2. 53)			(1. 67)		

续表

变量	战略投资组			财务投机组		
	(1)	(2)	(3)	(4)	(5)	(6)
	RAROC	RAROC	RAROC	RAROC	RAROC	RAROC
Z5		0.0084** (2.28)			0.0053 (1.45)	
Z10			0.0034* (1.68)			0.0021 (0.90)
Size	−0.0077** (−2.01)	−0.0070** (−1.74)	−0.0090** (−2.32)	0.0205*** (7.03)	0.0196*** (6.81)	0.0204*** (7.15)
Lev	−0.4111*** (−2.70)	−0.4460*** (−2.93)	−0.4133** (−2.59)	−0.0007 (−0.03)	−0.0013 (−0.06)	−0.0007 (−0.03)
Shared_comb	−0.0250* (−1.96)	−0.0321*** (−2.77)	−0.0414*** (−3.89)	0.0055 (0.52)	0.0024 (0.23)	0.0048 (0.47)
City_comb	0.0388*** (2.61)	0.0497*** (2.64)	0.0532*** (2.79)	0.0489*** (3.73)	0.0443*** (3.45)	0.0480*** (3.80)
Founding time	0.0002 (1.08)	0.0002 (1.35)	0.0003* (1.97)	0.0000 (0.11)	0.0001 (−0.56)	0.0001 (0.30)
Year	控制	控制	控制	控制	控制	控制
Observations	72	72	72	139	139	139
R2_a	0.474	0.465	0.443	0.387	0.397	0.391
F	8.110	7.853	7.284	10.69	11.09	10.84

注：***、**、* 分别表示在1%、5%、10%水平上显著；标准差按银行聚类和异方差调整。

（三）稳健性检验

为确保实证结果的严谨性，本章进行了稳健性检验：（1）由于中资银行的经营绩效本身是外资股东选择参股银行的重要因素之一，为避免内生性的影响，本章将被解释变量进行滞后一期处理，并采用系统广义矩估计法（SYS-GMM）重新回归，并进行了 AR（1）和 AR（2）检验。结果显示一阶差分方程中的残差项存在显著一阶序列相关，不存在显著二阶序列相关，验证了一阶差分方程中的残差项不存在自相关，说明系统广义矩估计模型的效果较好，进一步控制了模型的内生性问题。(2）由于银行绩效易受宏观经济政策的影响，本章采取在控制年度变量的同时，加入宏观经济变量“实际 GDP 增长率”（Rgdp）和“M2 增长率”（Rm2）作为控制变量的方法再次回归进行稳健性检验。回归结果与主回归结果基本一致。

第四节　研究结论与政策建议

本章在检验 2011—2019 年中资银行境外引资基本特征与银行绩效关系的基础上，进一步分组检验了中资银行境外引资后的战略投资组及财务投机组的股权结构特征与银行绩效的关系。结果发现：是否境外引资与银行绩效负相关，外资持股比例及持股时间与银行绩效均呈倒 U 形关系，战略投资者在帮助中资银行完善股权结构、优化公司治理方面的作用明显大于财务投机者。本章建议：(1）境外引资前应强化对战略投资者与财务投机者的甄别，从源头上防止财务投机者进入；(2）境外引资后应禁止非投资交易以防止非投资交易财务投机者、延长股权锁定期以防止短期财务投机者、限制持股比例以防止长期财务投机者；(3）应在引进境外战略投资者的同时引进民营股东、法人股东，通过深化混合所有制改革构建“适度集中与多股制衡”的股权结构。

本章小结

本章首次从横向比较的视角，检验了 2011 — 2019 年商业银行境外引资基本特征与银行绩效的关系，结果表明，是否境外引资与银行绩效负相关，外资持股比例及持股时间与银行绩效均呈倒 U 形关系。以此结论为量化分类标准，本章首次将外资股东区分为战略投资者与财务投机者，进一步分组检验了商业银行境外引资后的股权结构特征与银行绩效的关系，结果发现，战略投资者在帮助商业银行完善股权结构、优化公司治理方面的作用明显大于财务投机者。本章的研究成果将为商业银行防止外资股东从名义上的战略投资者蜕变为实质上的财务投机者提供理论依据和经验支持。

主要参考文献

[1] 祝继高，等．制度环境、商业银行公司治理与经营绩效研究［M］．北京：北京大学出版社，2022.

[2] 朱盈盈，曾勇，李平，何佳．中资银行引进境外战略投资者：背景、争论及评述［J］．管理世界，2008（1）：22-37，56.

[3] 朱培玉．外资进入与我国银行业安全问题研究［D］．首都经济贸易大学，2009.

[4] 周丽华，张文中．中国与中亚资本流动金融安全研究［M］．北京：中国金融出版社，2018（9）.

[5] 张铁强，袁中红，蔡键．银行业全面开放条件下金融安全问题研究：国际比较与我国实证［J］．南方金融，2007（7）：7-12，18.

[6] 张明珅．金融开放进程中的金融安全分析［J］．上海金融，2014（3）：73-76，118.

[7] 张建伟，张谊浩．主要经济体金融开放的解构及启示［J］．上海经济研究，2020（10）：109-118.

[8] 张博，宋成，刘家松．外资参股、股权结构与中资银行风险承担——基于61家商业银行的实证分析［J］．宏观经济研究，2018（6）：31-42.

[9] 尹莉娅．股权集中度、战略引资与商业银行风险承担［J］．会计之友，2018（18）：88-92.

[10] 杨谊．后危机时代银行业监管体制改革探索［M］．重庆：重庆出版社，2011.

[11] 熊德平，陆智强，李红玉．谈判优势、控制权收益与大股东初始持股比

例——来自中国 865 家村镇银行的经验证据 [J]. 财贸经济, 2017, 38 (2): 44-62.

[12] 谢东昇. 外资银行进入对中国银行业的影响 [D]. 复旦大学, 2012.

[13] 文庆能. 基于新金融安全观的银行业控制权研究 [M]. 北京: 中国金融出版社, 2010 (9).

[14] 温博慧, 毕莎莎, 袁铭. 企业高杠杆率一定会引发银行系统性风险吗? ——基于企业资产质量视角的再检验 [J]. 现代财经 (天津财经大学学报), 2022, 42 (3): 3-16.

[15] 魏星. 跨国银行在我国的进入模式研究 [D]. 山东大学, 2016.

[16] 王忠生. 我国外资银行发展问题研究 [D]. 湖南大学, 2003.

[17] 王志伟. 银行引入外资战略投资者: 模式和治理效率 [J]. 金融与经济, 2006 (7): 7-10.

[18] 王兆星. 后危机时代中国金融监管改革探索 [M]. 北京: 中国金融出版社, 2015.

[19] 王伟藩. 对外资参股我国中小银行的冷思考 [J]. 特区经济, 2008 (10): 81-83.

[20] 王蒙. 银行业跨国投资的进入方式选择: 新建与并购 [D]. 山东大学, 2009.

[21] 王蕙. 外资进入对中国银行体系稳定性影响研究 [D]. 中央财经大学, 2016.

[22] 王赫. 外资银行的进入对我国银行业的影响研究 [D]. 大连海事大学, 2008.

[23] 王凤丽, 邱立成. 外资银行进入对影响我国金融安全的传导机制分析 [J]. 对外经贸实务, 2008 (9): 81-85.

[24] 王道平, 雍红艳, 范小云. 金融市场化改革、金融监管与金融危机防范 [J]. 财经问题研究, 2018 (6): 48-57.

[25] 王道平, 刘杨婧卓, 徐宇轩, 刘琳琳. 金融科技、宏观审慎监管与我国银行系统性风险 [J]. 财贸经济, 2022, 43 (4): 71-84.

[26] 王爱俭，方云龙，王璟怡．金融开放 40 年：进程、成就与中国经验［J］．现代财经（天津财经大学学报），2019，39（3）：3-15.

[27] 陶士贵，胡静怡．商业银行引进境外战略投资者的路径研究——基于国际金融公司（IFC）与中资银行的合作经验［J］．经济纵横，2019（1）：107-117.

[28] 孙立行．改革中的金融开放——中国金融体制创新与市场开放风险研究［M］．上海：上海社会科学院出版社，2014。

[29] 宋翠玲．银行开放冲击与中国商业银行竞争力提升研究［M］．苏州：苏州大学出版社，2018.

[30] 史建平．国有商业银行改革应慎重引进外国战略投资者［J］．财经科学，2006（1）：7-13.

[31] 彭洁，谢润邦．国有商业银行控制权转移的博弈分析［J］．求索，2005（10）：28-30.

[32] 庞敏，邱代坤．互联网金融风险产生的路径与防范对策分析［J］．理论探讨，2017（4）：116-120.

[33] 倪雯璟．外资银行进入我国的方式选择研究［D］．东华大学，2012.

[34] 马腾．外资银行进入对中国银行业绩效的影响［D］．海南大学，2018.

[35] 鲁康寅．外资金融机构参股中资银行研究［D］．复旦大学，2012.

[36] 刘振中．金融业放宽外资准入的逻辑路径研究［J］．宏观经济管理，2020（7）：51-59.

[37] 刘锡良，周轶海．中央银行的金融危机管理：基于货币契约论的分析视角［M］．北京：中国金融出版社，2011.

[38] 刘茂平．外资参股对我国银行业影响的争论及对策［J］．商业时代，2014（15）：87-88.

[39] 刘锦，汤旸玚．境外战略投资者与金融安全——对境外资本参股中资银行的再思考［J］．现代商业，2012（21）：26-27.

[40] 刘家松．外资参股争夺银行业控制权的方式、路径与案例［J］．宏观经济研究，2014（12）：19-29.

[41] 刘家松．外资参股银行业与金融安全的新兴市场国家比较研究［J］．宏观经济研究，2013（9）：39-45，56.

[42] 刘家松．外资参股后的银行业控制权与金融安全研究［J］．宏观经济研究，2012（7）：17-24.

[43] 刘家松，张博．外资参股银行业后的金融安全：现状、威胁及对策［J］．中国社会科学院研究生院学报，2015（1）：65-69.

[44] 刘家松，张博，罗琦．外资参股、董事会特征与商业银行经营绩效——基于中国121家商业银行的实证分析［J］．中国管理科学，2019，27（9）：119-129.

[45] 刘家松，聂宝平．商业银行境外引资、股权结构与经营绩效——基于2007—2015年62家商业银行的经验证据［J］．会计研究，2016（10）：34-41，96.

[46] 林可全，王韵亭．外资银行进入对东道国银行体系稳定的影响——基于演化和发展的阶段性研究［J］．新金融，2008（2）：31-35.

[47] 梁勇．开放的难题：发展中国家的金融安全［M］．北京：高等教育出版社，1999.

[48] 李琳．外资银行进入对中国银行业效率的影响研究［D］．复旦大学，2009.

[49] 孔艳杰．中国银行业对外开放度测评及理性开放策略研究［J］．国际金融研究，2009（3）：34-42.

[50] 孔兵兵．我国银行业的外资进入及其对策研究［D］．南京航空航天大学，2007.

[51] 康华平，等．国家安全视角下的金融发展与改革［M］．北京：中国金融出版社，2016.

[52] 金融安全协同创新中心、西南财经大学中国金融研究中心．中国金融安全问题研究（2020）［M］．北京：中国金融出版社，2020.

[53] 姜鹏．我国外资银行市场准入监管研究［D］．暨南大学，2009.

[54] 黄宪，熊福平．外资银行进入对我国银行业影响的实证研究［J］．国际金融研究，2006（5）：21-27.

[55] 胡历芳，刘纪鹏．扩大对外开放背景下中国银行业系统性风险的预警与防范［J］．经济与管理研究，2019，40（3）：21-28.

[56] 何喜有．外资银行在华进入模式选择与组织演进研究［J］．经济纵横，2010（12）：76-79.

[57] 何俊勇，万粲，张顺明．东道国金融开放度、制度质量与中国对外直接投资："一带一路"沿线国家的证据［J］．国际金融研究，2021（10）：36-45.

[58] 郭颂．外资银行进入中国：决定因素、发展战略及对本土银行的影响［D］．武汉大学，2013.

[59] 顾海峰，卞雨晨．数字金融会影响银行系统性风险吗？——基于中国上市银行的证据［J］．中国软科学，2022（2）：32-43.

[60] 傅利福．我国商业银行战略引资效应是否被高估——基于外资参股对商业银行经营效率影响的再思考［J］．财经科学，2014（7）：1-10.

[61] 方意，荆中博．外部冲击下系统性金融风险的生成机制［J］．管理世界，2022，38（5）：19-35，102，36-46.

[62] 范小云，王业东，王道平．基于新闻大数据与机器学习的中国银行业系统性风险研究［J］．世界经济，2022，45（4）：3-30.

[63] 戴志敏，王海伦．外资参股国内银行及其对金融安全的影响［J］．浙江大学学报（人文社会科学版），2008（2）：108-115.

[64] 戴小平．金融风险与防范［M］．成都：西南财经大学出版社，1998.

[65] 陈雨露，罗煜．金融开放与经济增长：一个述评［J］．管理世界，2007（4）：138-147.

[66] 陈一鼎，乔桂明．"互联网+金融"模式下的信息安全风险防范研究［J］．苏州大学学报（哲学社会科学版），2015，36（6）：124-130，200.

[67] 陈晔．外资银行进入中国及其进入方式的影响因素研究［D］．上海师范大学，2009.

[68] 陈旭东，曾勇．外资银行进入中国：少数股权还是独立发展［J］．系统工程学报，2015，30（3）：370-382.

[69] 陈卫东，张兴荣，熊启跃，原晓惠．中国银行业对外开放：发展、影响与政策 [J]. 金融监管研究，2018（10）：1-17.
[70] 曾令美．对外开放条件下的中国银行业控制力评估 [J]. 上海金融，2013（8）：37-42，117.
[71] 巴曙松．外资入股中国银行业：如何超越“贱卖”的争论与分歧 [J]. 广东金融学院学报，2006（2）：7-11，63.
[72] 安琪．我国商业银行控制权问题研究 [J]. 技术与市场，2008（7）：85.